금융과 투자의 기초

조 담　박성태

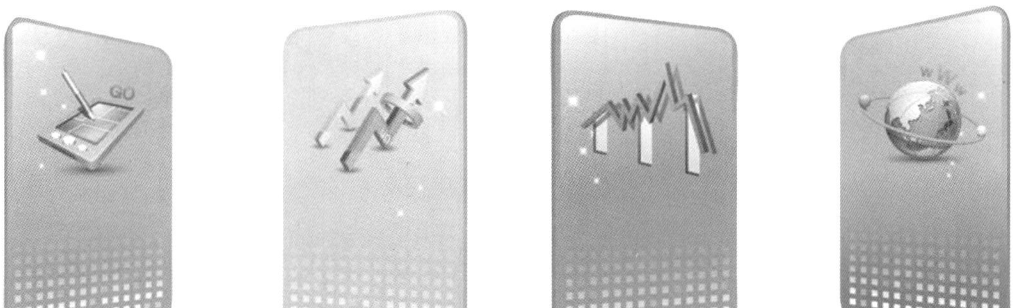

도서출판
청람

머 리 말

서점에 가면 투자와 재테크에 관련된 다양한 책들이 나와 있다. 저자들도 금융을 전공하면서 대학에서 학생들을 가르치고 있기 때문에 어떤 책들이 새로 나와 있는지, 어떤 시각에서 어떤 내용을 담고 있는지 등을 자연스럽게 살펴보게 된다. 그러면서 언제나 느낀 것이 있다. 많은 책들이 금융 기본이론의 바탕이 없이 개인의 경험, 확인되지 않은 단편적 사실 또는 허구가 마치 진실이나 비법인 것처럼 소개되고 있다는 것이 바로 그것이다.

저자들은 금융에 친숙하지 않은 독자들에게 금융의 기본을 바탕으로 투자와 재테크의 지식을 전달하고자 이 책을 썼다. 우리가 생각하는 금융의 기본은 투자수익이란 위험부담의 대가로 얻어지는 것, 다시 말해 위험이 작으면 은행금리 정도의 낮은 수익을 얻게 되고, 위험이 큰 투자 또는 투기를 하면 대박을 얻을 수도 있지만 쪽박 찰 가능성도 그만큼 크다는 평범한 사실이다.

이 책은 전체가 9개의 장으로 이루어져 있다. 금융에 관련된 지식이 광범한 만큼 더 많은 내용을 담을 수도 있지만, 기본지식으로서 꼭 필요하다고 생각되는 것만 간추렸다. 전체 내용은 크게 두 부분으로 구분될 수 있다. 제1장부터 4장까지는 투자와 재테크에 관련된 전반적 기본지식을 담고 있고 제5장부터 9장까지는 주요한 금융자산별로 필수적인 기본지식을 정리해 두었다. 제1장부터 4장 및 제9장은 조담 교수(전남대)가 제5장부터 8장까지는 박성태 교수(원광대)가 분담하여 집필하였다.

금융의 세계는 매우 활발하게 변해간다. 당연히 이 책에서 다룬 내용도 금융세계의 변화에 따라 달라져야 할 것이다. 앞으로 더 좋은 내용으로 조금씩 개선하여 나갈 예정이다.

2011년 1월

저자들 씀

차 례

제1장 금융자산과 금융시장

제1절 금융자산 | 2
1. 실물자산과 금융자산 | 2
2. 금융자산의 특성 | 3

제2절 금융시장 | 8
1. 금융시장의 기능 | 8
2. 금융시장의 분류 | 11
(1) 화폐시장과 자본시장 | 11
(2) 간접금융시장과 직접금융시장 | 12
3. 금융기관 13
(1) 금융기관의 기능 | 13
(2) 금융기관의 종류 | 15

제3절 금융규제 | 18
1. 금융규제의 정당성 | 18
2. 규제기관 | 19
3. 금융규제의 내용 | 20
4. 예금보험 | 23

제4절 은행중심 금융제도와 시장중심 금융제도 | 23

제2장 금융시장과 정보

제1절 정보비대칭으로 야기되는 문제들 | 29
1. 레몬문제와 해결방법 | 30
(1) 레몬문제란 무엇일까? | 30

(2) 레몬문제의 해결방법 | 33
2. 도덕적 해이 | 36
(1) 도덕적 해이란? | 36
(2) 대리인문제 | 38
(3) 도덕적 해이와 대리인문제의 해소방법 | 39

제2절 효율적 금융시장 | 42
1. 금융시장 효율성의 의미 | 42
2. 금융시장은 어느 정도 효율적인가? | 44

제3장 | 이자계산

제1절 이자가 발생하는 이유 | 50

제2절 미래가치 | 52

제3절 현재가치 | 55
1. 현재가치의 뜻과 계산 | 55
2. 여러 기간에 걸친 현금흐름의 현재가치 | 60
3. 연금의 현재가치 | 61
4. 단기금융자산의 현재가치 | 65
5. 이자율(또는 할인율)은 왜 변동하는가? | 66

제4절 내부수익률 | 68

제5절 인플레이션과 세금의 영향 | 70
1. 인플레이션의 영향 | 70
2. 세금의 영향 | 73

제4장 | 증권투자의 기초지식

제1절 증권이란? | 76
1. 증권의 뜻과 종류 | 76

2. 증권화 | 78

제2절 증권투자의 위험 · 수익 상충관계 | 81
1. 위험의 뜻 | 81
2. 위험 · 수익의 상충관계 | 83

제3절 증권시장과 증권거래 | 86
1. 증권의 발행시장과 유통시장 | 86
2. 증권의 발행시장 | 87
3. 증권의 유통시장 | 89
(1) 거래소 | 89
(2) 증권회사 | 91
(3) 투자신탁회사 또는 자산운용회사 | 92
(4) 장외시장 | 93
4. 증권거래 | 93
(1) 증권의 매입보유와 공매 | 93
(2) 거래비용과 세금 | 95

제4절 증권의 가치 | 97
1. 단일가격의 법칙과 차익거래 | 97
2. 금융자산의 기본가치 | 98
3. 가치평가의 몇 가지 방법 | 100
(1) 현재가치 | 100
(2) 장부가치 | 101
(3) 상대가치 | 101

제5장 | 주식투자

제1절 주식의 개요 | 104
1. 주식의 의의 | 104
2. 주식의 특성 | 104
(1) 잔여적 청구권 | 104
(2) 유한책임 | 105
3. 우리나라의 주식발행 | 105

4. 주식의 종류 | 106
(1) 보통주 | 106
(2) 우선주 | 107
(3) 후배주 | 107
(4) 혼합주 | 108
(5) 의결권주와 무의결권주 | 108

제2절 주식거래의 방법과 절차 | 109
1. 매매거래의 위탁 | 109
2. 매매거래제도 | 110
(1) 거래의 위탁 | 110
(2) 호가단위와 수량단위 | 111
(3) 거래시간 | 112
(4) 가격제한폭 | 113
(5) 매매계약 체결방법 | 113
(6) 주식시장의 매매거래중단제도 | 114
(7) 위탁수수료와 세금 | 115

제3절 주식투자과정 | 117
1. 주식의 투자가치분석 | 117
(1) 증권분석의 의의 | 117
(2) 기본적 분석과 기술적 분석 | 118
3. 주식투자과정 | 120
(1) 투자목표설정 | 120
(2) 자본배분결정 | 120
(3) 자산배분결정 | 121
(4) 증권선택 | 121
4. 주가의 변동성과 분산투자 | 122
(1) 투자자산의 가치 | 122
(2) 기대수익률과 위험의 측정 | 123
(3) 기대수익률과 위험의 상충관계 | 126
(4) 포트폴리오이론 | 127

제4절 주가지수의 종류 | 128
1. 시가총액가중방식지수 | 128

(1) 코스피지수 | 130
(2) 코스닥지수 | 130
(3) KOSPI200 | 130
(4) KRX100지수 | 130
(5) 코스닥스타지수 | 130
2. 가격가중방식지수 | 130
3. 균등가중방식지수 | 131

제6장 | 채권투자

제1절 채권의 특성과 거래관행 | 134
1. 채권의 특성과 종류 | 134
(1) 채권의 특성 | 134
(2) 채권의 종류 | 135
2. 채권은 어떻게 거래되고 있는가? | 137

제2절 채권의 가격과 만기수익률 | 140
1. 채권의 발행조건 | 140
2. 이표채권의 가격결정 | 141
3. 채권가격 변동의 특성 | 144
(1) 만기수익률(채권수익률) | 144
(2) 채권가격과 수익률 | 145
(3) 채권가격과 만기 | 147
(4) 채권가격과 이표이율 | 148
4. 채권수익률의 결정요인 | 150
(1) 채권수익률 결정의 외적 요인 | 150
(2) 채권수익률 결정의 내적 요인 | 151
5. 채권수익률의 기간구조 | 153
(1) 기대이론 | 153
(2) 유동성프리미엄이론 | 154
(3) 시장분할이론 | 155
6. 채권수익률의 위험구조 | 156
(1) 채무불이행위험과 채권수익률의 위험구조 | 156

(2) 채권등급평가 | 157

제7장 | 파생상품과 펀드의 이용

제1절 선물거래 | 162
1. 선물거래의 생성과 발전 | 162
2. 선물의 개념 및 특징 | 163
(1) 선물의 개념 | 163
(2) 선물거래의 특징 | 163
(3) 선물계약의 종류 | 164
3. 선물거래의 경제적 기능 | 165
(1) 위험의 전가 | 165
(2) 가격의 예측 | 165
(3) 여유자본의 운영 | 166
(4) 효율적이고 시기적절한 자원배분 | 166
(5) 정보의 공유 | 166
(6) 금융상품거래의 활성화기능 | 167
4. 선물가격의 결정 | 167
(1) 선물가격의 결정원리 | 167
(2) 보유비용모형 | 168
(3) 선물거래의 손익 | 170
5. 선물거래의 이용 | 171
(1) 헤지거래 | 171
(2) 차익거래 | 171
(3) 투기거래 | 172
(4) 스프레드거래 | 173

제2절 옵션거래 | 174
1. 옵션의 개념 | 174
2. 옵션의 기초개념 | 175
(1) 기초자산 | 175
(2) 행사가격 | 175
(3) 만기일 | 175

(4) 프리미엄 | 176
3. 옵션의 종류 | 176
(1) 부여된 권리의 내용에 따른 분류 | 176
(2) 권리행사의 가능시점에 따른 분류 | 177
(3) 기초자산가격과 행사가격의 관계에 따른 분류 | 177
4. 옵션거래의 특징 | 179
(1) 헤지효과가 있다 | 179
(2) 레버리지효과를 기대할 수 있다 | 179
(3) 매수자는 위험한정의 효과가 있다 | 179
5. 선물거래와 옵션거래의 차이점 | 180
(1) 선물거래 | 180
(2) 옵션거래 | 180
6. 옵션거래의 손익구조 | 181
(1) 콜옵션(Call Option)의 손익구조 | 181
(2) 풋옵션(Put Option)의 손익구조 | 182
7. 옵션가격의 결정 | 184
(1) 옵션가격(프리미엄)의 의의 | 184
(2) 옵션가격의 결정요인 | 186

제3절 우리나라의 선물 및 옵션시장 | 188
1. 주가지수상품 | 188
(1) KOSPI200선물 : 산출시점 1990년 1월 3일 100P | 188
(2) 스타지수선물 : 산출시점 2003년 1월 2일 1,000P | 188
(3) KOSPI200옵션 : 산출시점 1990년 1월 3일 100P | 189
2. 개별주식상품 | 189
(1) 주식선물 | 189
(2) 개별주식옵션 | 189
3. 채권/금리상품 | 189
(1) 3/5년 국채선물 | 189
(2) 10년 국채선물 | 190
(3) 통안증권금리선물 | 190
4. 통화상품 | 190
(1) 미국달러선물 | 190
(2) 엔선물 | 190

(3) 유로선물 | 190
5. Commodity상품 | 191
(1) 금선물 | 191
(2) 돈육선물 | 191

제4절 펀드의 이해 | 191
1. 간접투자상품의 정의 | 191
(1) 개념 | 191
(2) 금융투자상품 | 192
(3) 금융투자상품의 분류 | 192
2. 집합투자기구의 운용구조 및 이해관계자 | 192
(1) 투자신탁형 집합투자기구의 구조 | 192
(2) 투자회사형 집합투자기구의 구조 | 193
3. 집합투자기구(펀드)의 종류 | 194
(1) 일반적인 형태의 집합투자기구 | 194
(2) 특수한 형태의 집합투자기구 | 195
4. 펀드의 환매 | 196
(1) 펀드환매의 정의 | 196
(2) 환매시 기준가 적용기준 | 197
(3) 환매수수료 | 197
5. 펀드의 비용 | 198
(1) 펀드비용의 종류 | 198
(2) 판매보수와 판매수수료의 차이점 | 198

제8장 | 보험과 부동산

제1절 위험의 개념과 관리기법 | 200
1. 위험의 정의와 확장 | 200
(1) 위험의 정의 | 200
(2) 위험의 측정 | 201
2. 위험의 확장 | 202
(1) 손인 | 202
(2) 위태 | 202

3. 위험관리방법 | 202
(1) 위험통제기법 | 203
(2) 손해통제기법 | 203
(3) 위험재무기법 | 204
4. 위험관리기법의 활용 | 205

제2절 보험의 개념과 분류 | 206
1. 보험의 정의 | 206
2. 보험의 기본적 특징 | 206
(1) 우연한 사고 | 206
(2) 위험의 이전 | 207
(3) 위험의 결합 | 207
(4) 손실보상 | 207
3. 보험의 기본원리 | 208
(1) 대수의 법칙 | 208
(2) 수지상등의 원칙 | 208
(3) 급부 · 반대급부균등의 원칙 | 209
4. 보험의 분류 | 209
(1) 인보험과 물보험 | 209
(2) 공영보험과 민영보험 | 210
(3) 원보험과 재보험 | 210

제3절 생명보험과 손해보험 | 211
1. 생명보험의 의의 | 211
(1) 예정위험률 | 211
(2) 예정이자율 | 211
(3) 예정사업비율 | 212
2. 생명보험의 특징 | 212
(1) 수지상등의 원칙 | 212
(2) 책임준비금 | 213
(3) 생명보험의 대상 | 213
3. 손해보험의 의의 | 213
4. 손해보험의 특징 | 214
(1) 위험의 분담 | 214

(2) 수지상등의 원칙 | 214
(3) 실손보상의 원칙 | 214
(4) 손해보험의 대상 | 215
5. 기타 공영보험 | 215
(1) 국민건강보험 | 215
(2) 산업재해보상보험 | 215
(3) 고용보험 | 216

제4절 부동산의 개념과 이해 | 216
1. 부동산의 개념 | 217
2. 부동산의 특성 | 217
(1) 토지 | 218
(2) 건물 | 218
(3) 부동산에 대한 인식 | 219
3. 주요 용어해설 | 219
4. 부동산시장 | 221
(1) 가격과 가치 | 221
(2) 부동산시장 | 221

제5절 부동산의 권리와 거래 223
1. 부동산 권리의 개념 | 223
2. 부동산 권리분석 | 224
(1) 권리분석 | 224
(2) 수익성분석 | 224
3. 부동산 물권 | 224
(1) 성문법적 물권 | 225
(2) 불문법적 물권 | 225
(3) 물권의 효력 | 226
(4) 유사용어 | 226
4. 부동산의 거래 | 227
(1) 계약 | 227
(2) 해지 및 해제 | 228
(3) 부동산 거래 | 228
5. 부동산 거래시 유의사항 | 229

(1) 권리유무의 확인 | 229
(2) 공적서류에 의한 권리유무 확인 | 229

제9장 | 은행의 이용

제1절 은행이 하는 일 | 235
1. 은행의 업무 | 235
(1) 고유업무 | 236
(2) 부수업무 | 236
(3) 겸영업무 | 236
2. 은행은 왜 특수한가? | 237
제2절 재테크의 출발은 은행예금으로부터 | 239
1. 저축하는 습관 | 239
2. 예금의 종류와 특징 | 241
(1) 요구불예금 | 242
(2) 저축성예금 | 243
(3) 이자소득세와 예금금리 | 245
(4) 특수한 저축상품 | 246
3. 예금보험 | 246
제3절 대출의 종류와 성격 | 248
1. 대출의 종류 | 249
2. 대출을 이용할 때 고려할 것 | 250
(1) LTV와 DTI비율 | 250
(2) 금리조건과 조기상환옵션 | 251
(3) 신용등급 | 253
3. 비은행권의 특수한 대출상품 | 256
(1) 신용카드 | 256
(2) 상호저축은행의 일수대출 | 258

■ 찾아보기 | 261

Chapter 1

금융자산과 금융시장

제1절 금융자산

제2절 금융시장

제3절 금융규제

제4절 은행중심 금융제도와 시장중심 금융제도

제1절 | 금융자산

1. 실물자산과 금융자산

지방과 서울사람들의 대화내용을 보면 겉으로 보이지 않게 그러나 상당히 뚜렷한 차이가 있다는 것을 알 수 있다. 서울에서는 의례적인 인사와 대화를 나눈 다음 대화의 소재가 어느 정도 다하게 되면, 상대방이 어느 동네에서 어떤 크기의 아파트에 살고 있는지에 대해 은근한 관심을 보인다. 서울에서는 아파트와 같은 주거용 부동산이 가장 중요한 재산을 구성하고 있기 때문에, 부동산의 가치를 알면 상대방이 갖고 있는 부(富, wealth)의 크기를 어느 정도 짐작할 수 있다.

수도권 이외의 아파트 가격은 서울과 비교할 수 없을 정도로 매우 낮으며 또 가격이 크게 상승하는 일도 별로 없다. 그래서 지방사람들은 상대방이 어느 동네의 어떤 아파트에 사는지에 대해 별다른 관심을 보이지 않는다. 그 대신 상대방이 어떤 직장의 어떤 직위에 있는지에 대해 더 많은 관심을 보인다. 주관적으로나마 저자가 느낀 이런 차이는 서울과 지방사람들의 부의 구성이 다르기 때문에 나타난 현상일 것이다.

사람들의 부 또는 재산의 크기를 알고자 할 때, 우리는 ① 주택과 토지, 공장, 기계, 설비, 차량, 선박 등과 같은 유형자산, ② 특허권, 영업권, 기술, 지식, 재능, 지적재산권과 같은 무형자산, ③ 예금, 대여금, 보험, 채권, 주식 등과 같은 금전적인 자산 등을 모두 합하고 그가 지고 있는 ④ 외상이나 할부대금, 미지급채무, 차입금 등과 같은 부채를 빼서 그의 부의 크기를 계산한다.

위에서 열거한 여러 가지 자산들은 크게 실물자산과 금융자산으로 구분하기도 한다. 실물자산(real assets)은 상품과 서비스를 생산하는 데 이용됨으로써 소득을 창출하는 데 공헌하는 자산으로 정의되는 것으로서, 위의 ①의 유형자산과 ②의 무형자산이 실물자산에 포함된다.[01]

01 이 정의는 생산활동을 중시하는 경제학적 정의라고 할 수 있다. 현실에서는 재산가치를 갖는 것으로서 금융자산에 해당하지 않는 모든 자산을 실물자산으로 인식한다. 예를 들어, 어떤 사람이 희귀한 우표를 갖고 있다하자. 이 우표는 희소성 때문에 높은 자산가치를 갖는 것으로서, 그 자체로서 생산활동에 사용될 수 없는 것이지만 일반적으로 실물자산으로 분류된다.

개인이나 가계(household)도 회사나 자영업체를 경영하기 위해 다양한 형태의 실물자산을 보유할 수 있다. 그러나 개인이나 가계가 보유하는 대표적인 실물자산은 아파트나 단독주택과 같은 주거용 부동산이다.

금융자산(financial assets)은 재무적인 청구권을 의미하는 것으로서, 위의 ③에 열거된 자산들이 이에 해당된다. 여기에서 재무적 청구권이란 표현은 계약에 의해 정해진 미래의 어떤 시기에 약정된 금액을 받을 수 있는 권리라는 뜻이다.

예를 들어, 연리 5%의 1년만기 정기예금은 1년 후에 원금과 5%의 이자를 받을 수 있는 청구권이기 때문에 금융자산의 일종이다. 또 액면가가 100만원이고 5%의 이표이율과 3년만기의 조건을 갖는 회사채는 만기까지 매년 5만원의 이자를 정기적으로 지급받고(흔히 분기별로 12,500원씩 나누어 지급된다) 3년 후의 만기에 100만원의 원금을 지급받는 청구권을 나타낸다.

주식도 미래에 배당을 받을 수 있는 청구권을 내용으로 하고 있기 때문에 금융자산의 일종이다. 그러나 주식의 경우, 일반적으로 배당의 크기는 미리 정해지지 않고 기업의 경영성과와 투자전망에 따라 배당이 달라진다. 또 보험도 금융자산의 일종이다. 예를 들어, 보험료를 내고 자동차보험을 사게 되면 자동차사고가 났을 때 보험회사는 약정된 지급기준에 따라 보험금을 지급해준다. 따라서 보험은 사고가 날 때 보험금을 받을 수 있는 금융자산이다.

2. 금융자산의 특성

사람들은 흔히 금융자산의 내용이나 특성에 대해 상당히 전문적인 것이기 때문에 잘 이해하지 못하겠다고 생각한다. 실제로 자신이 특정 금융자산을 직접 선택하여 투자한 경우에도 그 금융자산이 어떤 특성을 갖고 있는지를 제대로 모르고 있는 경우도 허다하다. 저자는 이런 현상이 금융자산이 갖고 있는 추상적 특성 때문에 생긴 것으로 보고 있다. 즉, 대부분의 실물자산은 그 구체적 형상과 성능이 직접 눈으로 확인될 수 있지만, 금융자산의 경우 청구권의 내용에 관한 추상적인 내용이 전문적인 용어로 설명되어 있기 때문에 보통 수준의 사람들이 쉽게 이해할 수 없다.

모든 자산이 그러하듯, 금융자산도 구체적인 자산의 종류에 따라 자산의 구체적 내용이 매우 다르다. 따라서 금융자산의 종류별로 어떤 특성을 갖고 있는지에 대해서는 이 책의 뒷부분에서 천천히 설명하기로 하고, 여기에서는 대부분의 금융자산이 공통적으로 갖고 있는 중요한 특성에 대해서만 설명하기로 하자.

첫째, 금융자산의 청구권의 내용은 계약으로 정해져 있다.

대부분의 경우, 금융자산은 거래당사자 사이에 맺어진 명시적이고 표준적인 계약의 형태를 취한다. 예외적으로, 재무적 청구권의 가치가 그리 크지 않거나 계약내용이 관행으로 정착되어 있는 경우에는, 청구권의 내용이 문서로 정리되지 않은 묵시적 계약의 형태를 취할 수도 있다.

일반적으로 금융자산의 청구권의 내용은 흔히 약관이라고 부르는 명시적인 계약에 매우 상세하게 규정되어 있다. 예를 들어, 국민은행에서 가입할 수 있는 e-파워 정기적금의 약관의 주요 내용(2008년 2월 현재)은 [표 1-1]과 같다. 이 정기적금은 불특정한 개인을 상대로 가입자를 모집하는 것이기 때문에 모든 가입자에게 적용될 수 있도록 약관의 내용이 표준화되어 있다.

이 정기적금의 경우와 같이 불특정한 다수를 대상으로 거래되는 금융자산의 대부분은 계약의 내용이 표준화되어 있다. 예를 들어, 기업이 발행하는 주식, 회사채 및 어음, 은행에서 취급하는 예금, 적금, 대출의 대부분, 보험회사의 대부분의 보험상품 등은 다수의 상대방을 대상으로 거래하는 금융상품이기 때문에, 모든 거래상대방에게 동일한 계약내용을 공통적으로 적용하여 거래한다.

일반적으로 금융자산의 청구권과 관련하여 계약내용이 매우 상세하

표 1-1 | 국민은행 e-파워 정기적금의 계약조건(2008년 2월 현재)

가입대상	개인
계약기간	6~36개월 이내 월단위 적립.
저축금액	입금건별 1만원 이상, 월 5백만원 이내에서 만기 1개월 이전까지 자유롭게 저축.
세금우대내용	세금우대 및 생계형으로 가입 가능(세금우대는 계약기간이 12개월 이상인 경우에 한함).
중도해지이율	예치기간별로 1개월 미만은 연 0.0%, 1개월~3개월 미만은 연 1.0%, 3개월 이상은 연 1.5%.
만기후 이율	만기후 3개월 이내 : 연 1.5% 3개월 초과 : 연 0.5%

입금건별 예치기간	이율
3개월 미만	연리 4.25%
3개월 이상～6개월 미만	4.45%
6개월 이상～12개월 미만	4.65%
12개월 이상～24개월 미만	4.85%
24개월 이상～36개월 미만	5.05%
36개월	5.25%

게 정해져 있지만, 그렇다고 해서 미래에 발생할 수 있는 모든 상황을 예견하여 필요로 되는 모든 내용을 완전하게 담고 있는 계약(이런 계약을 완비계약(complete contract)이라고 한다)을 작성할 수는 없다. 따라서 계약 속에 담지 못했던 상황이 실제로 발생할 경우에 대비하여 통상적인 관행이나 법규를 적용할 수 있도록 유보조항을 계약 속에 포함시켜 놓는 것이 일반적이다.

둘째로, 금융자산은 시차를 내포하고 있다.

대부분의 금융자산은 시차를 갖는 미래에 청구권을 행사하도록 만들어져 있다. 예를 들어, 당신이 1년만기, 연리 5%의 정기예금에 1,000만원을 예금하였다 하자. 이것은 당신이 현재시점에 1,000만원을 은행에 지급하고 1년 후에 은행이 당신에게 1,000만원의 원금과 이자 50만원을 지급하기로 한 계약을 맺었다는 것을 의미한다. 이 계약에는 현재 원금을 지급하는 것과 1년 후에 원리금을 받는 것 사이에 1년의 시차가 존재한다. 은행이 1년 후 원금에 추가하여 지급하는 50만원의 이자는 바로 이 1년이라는 시차에 대한 대가로 지급한 것이다.

정기예금뿐만 아니라 다른 금융자산도 시차를 내포하고 있다. 채권에 투자할 경우에는 미래에 원금과 이자를 받기까지 시차가 존재하며, 주식에 투자할 경우 미래에 배당을 받거나 주식을 매도하여 그 대금을 회수할 때까지 시차가 존재한다. 경우에 따라서는 그 시차가 매우 짧을 수도 있다. 하루 사이에 어떤 주식을 사고파는 데이 트레이딩(day trading)이라는 거래가 있다. 이런 거래에서 주식의 매도대금을 회수하기까지의 시차는 불과 수 시간 정도에 불과하다. 또 금융기관 사이에 1일 정도의 매우 짧은 기간 동안 자금을 빌려주고 받는 콜자금이라는 것도 있다.

셋째, 대부분의 금융자산은 위험을 갖고 있다.

정기예금의 경우 은행이 1년 후에 원리금을 지급하기로 한 약속은 거의 확실하게 지켜진다. 또 정부가 발행한 채권의 경우도 국가가 망하지 않는 한 원리금의 지급이 확실하다.

그러나 회사채의 경우는 사정이 좀 다르다. 회사채도 계약에 의해 원금과 이자가 약정되어 있지만, 발행회사가 약정된 원리금을 제대로 지급하지 못할 가능성이 있다. 이런 위험을 채무불이행위험(default risk)이라고 하는데, 발행회사의 영업성과가 나쁘면 원리금을 갚지 못할 가능성이 커진다. 그러나 우리나라의 대표적인 우량기업, 예컨대 삼성전자, 포스코, 국민은행 등이 발행한 회사채의 경우 채무불이행위험이 거의 없다고 보아도 좋다.

또 금융시장의 이자율이 변동하면 회사채의 가격도 변동한다. 따라서 회사채 투자자는 원리금의 일부 또는 전부를 받지 못하게 될 위험과 이자율변동에 따른 가격변동의 위험을 부담하게 된다.

주식의 경우 투자자가 부담하는 위험은 더 크다. 미래에 배당이 어느 정도 주어질지, 주식가격이 얼마로 변동하게 될지 예측하기도 어렵고, 어느 정도 예측할 수 있다 하더라도 실제의 배당이나 주가가 예측치와 크게 다른 값을 갖는 경우가 다반사이다.

위에서 설명한 대로 대부분의 경우 투자자들은 금융자산에 투자함으로써 불가피하게 위험을 부담하기 때문에, 위험에 대가를 요구한다. 즉, 투자자가 위험을 크게 부담하면 그 대가도 크게 요구하고 작은 위험을 부담하면 그 대가도 적게 요구한다.

넷째, 금융자산의 투자결과는 발행회사의 능력, 노력, 성실성 등에 크게 의존한다.

예를 들어, 당신이 작은 카센터를 운영하고 있는 친구에게 운영자금으로 3,000만 원을 빌려주었다 하자. 이러한 사채거래도 재무적 청구권에 해당하기 때문에 일종의 금융자산이다. 돈을 빌려 갈 때에는 누구나 틀림없이 돈을 제대로 갚아주겠다고 약속한다. 그러나 실제로는 친구의 카센터의 경영실적이 나쁘거나 친구가 부정직하기 때문에 원리금의 전부 또는 일부를 회수하지 못하는 사태, 즉 채무불이행이 발생할 수도 있다.

이 예를 가지고 좀 더 현실적으로 채무불이행이 발생하는 이유를 생각해보자. 친구가 충분히 노력하여 성실하게 카센터를 운용했는데도 불구하고, 경기가 예상 밖으로 나빠졌다거나 처음부터 카센터의 입지를 잘못 선정했을 수도 있다. 또는 처음부터 친구가 카센터를 제대로 운영할 수 있는 경영능력과 자동차 수리기술을 갖추지 못하고 있었을 수도 있다. 또는 극단적으로 카센터 자체는 성공적으로 운영되었지만 친구가 사치나 도박으로 수입의 많은 부분을 낭비했을 수도 있다.

이 예를 보면 금융자산의 거래가 이루어졌다고 해서, 즉 계약이 맺어졌다고 해서 그 결과가 거래시점에 확정되지 않고 거래시점 이후의 거래당사자의 능력, 노력 또는 성실성에 의해 결과가 달라질 수 있다는 것을 알 수 있다. 이런 현상은 다른 금융자산에서도 공통적으로 나타난다. 은행예금의 건전성은 은행의 대출관리의 성실성에 크게 의존하고, 주식가격은 발행회사 임직원의 경영능력과 성실성에 크게 의존한다. 따라서 금융자산을 거래할 때에는 거래당사자들이 각자가 갖고 있는 능력과 노력 및 성실성을 최대한 발휘할 것을 계약 속에 포함시켜야 할 뿐만 아니라, 실제로 최선의 노력과 성실성을 다하고 있는지를 계약체결 후에도 지속적으로 감시할 필요가 있다. 이 점에 대해서는 제3장에서 구체적으로 설명하기로 하자.

제2절 | 금융시장

1. 금융시장의 기능

금융시장(financial markets)은 돈이 남는 사람에게서 돈을 필요로 하는 사람에게 자금이 흘러가도록 하는 시장이다. 자금은 모두 금융자산의 형태로 거래되기 때문에 금융시장은 자금의 수요자와 공급자들이 여러 가지 금융자산을 거래하는 시장이라고 할 수 있다.

우리가 은행에 예금을 하거나, 은행이 주택담보대출이나 기업운영자금대출을 행하는 것, 증권시장에서 주식을 거래하는 것, 기업이 설비투자 자금을 마련하기 위해 회사채를 발행하는 것 등이 모두 금융시장에서 이루어지는 금융거래이다.

금융시장은 ① 자원배분기능, ② 위험분담기능, ③ 위험감소기능, ④ 유동성제공기능, ⑤ 정보전달기능, ⑥ 감시와 시장규율기능 등과 같은 몇 가지 중요한 기능을 행한다.

금융시장이 행하는 일차적 기능은 자원배분기능이다. 자원배분기능은 사람들이 저축하여 형성한 자금을 유리한 투자기회에 투자될 수 있도록 하는 기능이다. 예를 들어, 은행은 저축자들의 예금을 차입자에게 대출하는 과정을 통하여, 그 자금이 가능한 한 위험이 적고 수익성이 높은 투자기회에 배분되도록 하는 기능을 행한다. 또 증권시장은 투자자들이 전망이 좋을 것으로 예상되는 기업의 주식에 투자함으로써, 위험에 비해 수익이 가장 큰 투자기회에 경제적 자원(투자자금)이 배분되도록 한다. 이와 같이 금융시장은 여러 가지 금융거래를 통해 경제적 자원이 가장 바람직한 투자기회에 투자될 수 있도록 하는 기능, 즉 자원배분(resource allocation)기능을 행한다.

두 번째의 위험분담(risk sharing)기능은 어떤 투자기회에 내포되어 있는 위험을 적절한 형태로 분할하여 투자자가 원하는 바에 따라 분담하도록 하는 기능을 말한다. 일반적으로 기업은 하나가 아닌 여러 가지 종류의 금융자산을 발행하고 있는데, 이것은 각 금융자산의 청구권의 내용을 서로 다르게 함으로써 각각의 금융자산이 기업 전체의 위험을 분담할 수 있도록 하기 위한 것이다. 예컨대, 회사채와 같은 부채는 기업의 영업이익에 대해 주식보다 우선적으로 원리금을 청구할 수 있으므로 위험의 적은 부분만을 분담한다. 주식은 부채가 청구권을 행사하고 난 나머지의 이익과 재산에 대해 청구권을 행사하기 때문에 부채가 분담하고 난 후의 모든 위험을 부담하게 된다. 결국, 저위험 · 저수익을 원하는 투자자는 기업의 부채에 투자하고 고위험 · 고수익을 원하는 투자자는 주식에 투자하게 된다. 그 밖에 다른 특수한 증권을 발행함으로써 더욱 복잡한 형태로 위험을 분담하도록 할 수도 있다. 이와 같이 금융시장은 위험의 특성과 크기가 다른 다양한 종류의 금융자산이 거래되도록 함으로써 투자자들 각자가 원하는 금융자산을 선택할 수 있도록 하여 준다.

셋째로, 위험감소(risk reduction)기능은 분산투자 또는 헤징에 의해 투자자가 부담하는 위험을 감소시키는 기능이다. 금융시장에서는 매우 다양한 종류의 금융자산이 거래되고 있으며, 투자자들은 다수의 금융자산에 분산투자함으로써, 즉 포트폴리오를 구성함으로써 그들이 부담하는 위험의 크기를 줄일 수 있다. 또 어떤 금융자산이 갖고 있는 가격변동위험을 다른 종류의 금융자산의 가격변동위험에 의해 상쇄시킬 수도 있으며, 이를 헤징(hedging)이라고 한다. 분산투자나 헤징에 의해 위험을 감소시킬 수 있기 위해서는 다양한 금융자산이 금융시장에서 활발하게 거래되고 있어야 한다.

넷째로, 금융시장은 투자자들에게 유동성을 제공하는 기능을 행한다. 유동성(liquidity)이란 금융자산 또는 다른 종류의 자산을 현금으로 전환할 수 있는 가능성과 속도를 의미한다. 삼성전자 주식은 금융시장에서 매우 활발하게 거래되고 있으므로, 투자자가 원한다면 언제라도 그가 보유하고 있는 주식을 팔아 현금으로 바꿀 수 있다. 즉 삼성전자 주식은 유동성이 큰 자산이다. 이처럼 삼성전자 주식의 유동성이 큰 이유는 삼성전자 주식을 거래하는 금융시장이 잘 만들어져 있기 때문이다. 바꾸어 말하면, 금융시장이 활발하게 움직이기 때문에 삼성전자 주식이 유동성을 갖는다고 할 수 있다.

다섯째로, 금융시장은 금융자산과 관련된 정보를 전달하는 기능을 행한다. 금융자산은 미래소득에 대한 청구권이기 때문에, 투자자들은 미래소득의 크기와 위험도에 관한 정보에 기초하여 금융자산의 가치를 평가하고 거래한다. 금융시장에는 금융자산의 미래소득과 위험도에 관한 정보가 투자자들에게 제때에 공평하게 전달되도록 여러 가지 제도와 절차가 마련되어 있다. 또 투자자들은 금융자산의 가격변동으로부터 필요한 정보를 유추하기도 하고, 투자자 자신이 갖고 있는 정보를 다른 투자자에게 알리기 위한 여러 가지 활동이 자연스럽게 이루어지기도 한다.

여섯째로, 금융시장은 감시와 시장규율기능을 행한다. 금융자산을 발행한 기업은 본래의 계약대로 투자자들의 최선의 이익을 위해 운영되어야 한다. 그러나 실제에 있어서는 기업들이 경영자나 임직원 또는 특정 투자자만의 이익을 위해 운영될 수도 있다. 따라서 기업이 투자자에게 최선의 이익을 가져다주는 방향으로 경영되고 있는지를 감시(monitoring)할 필요가 있으며, 금융시장의 금융기관이나 전문가들이 일반투자자를 대신하여 기업경영을 감시할 수 있다.

시장규율(market discipline)이란 실적이 나쁜 기업이나 무능한 경영자를 시장의 힘에 의해 퇴출시키는 것을 말한다. 예를 들어, 어떤 회사가 유망한 사업영역을 갖고 있는데도 불구하고, 전문경영자가 무능할 뿐만 아니라 사리사욕만을 챙기고 있다 하자. 만일 주주들이 기업경영을 충분히 감시할 수 있다면, 그런 경영자는 주주들의 힘에 의해 퇴출될 수 있을 것이다. 그러나 주식이 다수의 주주에게 분산되어 있기 때문에 어떤 주주도 기업경영을 충분히 감시할 수 없는 상황에 있다면, 무능한 경영자를 퇴출시킬 수 있는 마땅한 방법이 사실상 존재하지 않게 된다. 이런 경우 금융시장은 시장규율기능을 적절하게 행할 수 있다. 즉, 이 회사가 증권거래소에 상장되어 있다면 그 회사의 주가는 당연히 낮게 평가되어 있을 것이므로, 투자회사가 나서서 회사의 지배권을 행사할 수 있을 정도로 많은 주식을 매집(buyout)한 다음 경영진을 퇴진시키고 회사를 다시 살려낼 수 있을 것이다.[02]

02 흔히 PEF(private eqity fund)들은 이런 활동을 통해 투자수익을 얻고자 한다. 즉, 많은 PEF는 잠재적 가능성이 있는데도 불구하고 경영성과가 나쁘기 때문에 저평가되어 있는 회사의 주식을 매입하여 회사를 정상화시킨 다음, 다시 주식을 높은 가격에 매도함으로써 큰 투자수익을 얻는다.

2. 금융시장의 분류

금융시장은 거래되는 금융자산의 종류에 따라 화폐시장과 자본시장 또는 직접금융시장과 간접금융시장 등으로 구분된다.

(1) 화폐시장과 자본시장

거래하는 금융자산의 만기까지의 기간에 따라 금융시장은 화폐시장과 자본시장으로 나누어진다. 화폐시장(money market)은 단기금융시장이라고도 하며, 대체로 1년 이하의 만기를 갖고 유동성이 높으며 위험이 적은 금융자산을 거래하는 금융시장이다. 화폐시장에서 거래되는 금융자산은 은행의 요구불예금, 양도성예금증서(negotiable certificate of deposit : CD), 콜론(call loan), 통안증권 등의 단기 국공채, 기업어음(commercial paper : CP) 등을 들 수 있다.

자본시장(capital market)은 비교적 만기가 긴 금융자산을 거래하는 금융시장으로서, 자본시장에서 거래되는 자산들은 상대적으로 유동성이 작고 위험이 크기 때문에 높은 기대수익률이 주어진다. 자본시장에는 증권시장, 파생상품시장 및 보험시장이 포함된다.

증권시장(securities market)은 주식, 채권 등과 같은 증권이 거래되는 시장이다. 증권이란 자유롭게 양도가능한 금융자산을 의미한다. 예를 들어, 동일한 장기부채라 할지라도 은행의 장기대부는 청구권을 다른 사람에게 양도할 수 없으므로 증권이 아니지만, 회사채는 다른 사람에게 자유롭게 양도될 수 있기 때문에 증권에 해당한다. 일반적으로 증권시장에서 거래되는 대표적인 금융자산은 주식, 회사채, 국공채, 전환사채 등이다. 증권시장은 발행시장과 유통시장으로 다시 구분된다. 발행시장(primary market)은 처음 증권이 발행되어 투자자에게 매출되는 시장을 말하며, 유통시장(secondary market)은 일단 발행된 증권이 투자자들 사이에서 거래되는 시장이다.

특히 증권의 유통시장은 다양한 종류의 증권이 다수의 투자자들 사이에서 매우 빈번하게 대량으로 거래되기 때문에 특수한 설비와 거래규칙을 갖춘 구체적 시장을 필요로 한다. 이처럼 특수한 설비(주로 컴퓨터와 정보통신 네트워크)와 거래규칙을 갖춘 증권시장을 흔히 거래소(exchange)라고 한다. 우리나라의 한국거래소, 미국의 뉴욕증권거래소(NYSE)와 나스닥(NASDAQ) 등이 그런 것들이다.

파생상품시장은 선도계약, 선물, 옵션, 스왑 등과 같은 파생상품(derivatives)이 거래되는 시장이다. 파생증권은 다른 자산의 가치변동에 따라 그 가치가 결정되는 자산으로서 그 자체가 자금조달의 수단은 아니다. 그러나 파생증권을 이용하여 가격변동위험을 제거할 수도 있고 투기적 이익을 얻을 수도 있다.

보험시장(insurance market)은 보험료를 대가로 위험을 인수하는 시장으로서 생명보험시장과 손해보험시장이 있다.

(2) 간접금융시장과 직접금융시장

간접금융시장은 자금의 수요자와 공급자 사이에 금융중개기관(financial intermediary)이 개입되어 있는 금융시장이다. 금융중개기관의 대표적인 예는 은행이다. 예를 들어, 은행은 예금자들로부터 저축을 받아(예금통장이라는 금융자산을 발행) 차입자들에게 대출(차입자의 차용증서라는 금융자산에 투자)하여 준다. 이때 은행은 자금차입자들로부터 대출의 증표로 받은 금융자산(차용증서)을 그대로 자금공급자들에게 넘겨주는 것이 아니라 은행 스스로가 새로운 형태의 금융자산(예 : 예금통장, CD, 채권 등)을 만들어 예금자에게 발행한다. 이와 같이 금융기관이 금융자산을 창출하여 자금의 수요와 공급을 매개하는 금융시장을 간접금융시장이라고 한다.

직접금융시장은 자금수요자가 발행한 금융자산을 자금공급자들이 직접 매입하여 자금을 조달하는 시장이다. 예를 들어, 투자자들이 어떤 회사가 발행한 회사채나 주식에 투자하는 경우는 직접금융시장의 대표적인 예이다. 흔히 발행회사가 발행한 회사채나 주식을 증권회사 등이 인수(underwrite)하여 투자자들에게 매출하지만, 이 경우에도 증권회사는 스스로가 새로운 금융자산을 창출하지 않고 본래 발행된 증권을 그대로 투자자에게 매출하기 때문에 직접금융에 해당된다.

그 밖에 금융거래가 이루어지는 장소에 따라 국내금융시장과 국제금융시장으로, 금융상품의 표시통화에 따라 원화금융시장과 외화금융시장으로 구분하기도 한다.

3. 금융기관

(1) 금융기관의 기능

일반적인 상품거래와는 달리 금융거래는 금융자산의 내용에 관해 상당히 높은 수준의 전문지식이 필요로 된다. 금융자산과 관련된 용어도 매우 추상적일 뿐만 아니라 거래와 관련된 법규, 회계규정 및 세무 등도 까다롭기 이를 데 없다. 따라서 다른 종류의 시장과는 달리 금융시장에서는 금융거래에 관한 전문적 서비스를 행하는 다양한 종류의 금융기관(financial institution)이 활동하고 있다.

금융기관은 전문화된 금융서비스를 제공함으로써 거래비용절감, 만기 및 금액변환, 위험의 감소, 지급결제수단 제공과 같은 사회적 이득을 가져다준다.

① 거래비용의 절약 : 금융기관은 적은 비용으로 금융거래를 할 수 있도록 해준다. 금융기관이 없을 경우에는 거래자들은 거래할 때마다 직접 거래상대방을 찾아 신용정보를 분석하고 거래와 관련된 법규나 절차를 검토하여야 하는 등 막대한 거래비용이 소요될 것이다. 그러나 금융기관은 수많은 금융거래자들과 규칙적 · 반복적으로 거래를 하고 예금, 대출, 투자, 중개, 신용정보수집 및 분석, 법률서비스에 관한 전문인력을 보유하고 있으므로 더 적은 거래비용으로 대량의 금융거래가 이루어질 수 있도록 한다.

② 만기와 금액의 변환 : 금융기관은 다양한 만기와 금액의 자금을 모아 자금수요자에게 필요한 자금을 일정기간 동안 안정적으로 공급해 준다. 예를 들어, 소액의 단기예금을 모아 거액의 장기대출자금을 공급하거나, 거액의 채권발행으로 자금을 조달하여 비교적 소액의 주택대부자금으로 공급하기도 한다. 만일 금융기관이 없다면 자금의 규모, 이용기간 등에 있어 자금의 공급자와 수요자가 각각 희망하는 조건이 다르기 때문에 금융거래가 성립되지 못하거나 매우 높은 거래비용이 소요될 것이다.

③ 위험감소 : 금융기관은 채무불이행위험과 금융자산의 가격변동위험을 줄여 준다. 개인이 개별적으로 금융거래를 하면 자금공급자는 수요자의 신용도를 평가할 수 있는 충분한 능력과 정보를 갖고 있지 못하므로 매우 큰 채무불이행위험을 부담하여야 한다. 그러나 금융기관은 우월한 신용평가능력을 발휘하여 자금을 공급하므로 채무불이행위험을 큰 폭으로 줄일 수 있다. 또 금융기관은 다수의 투자자로부터 공급된 거액의 자금을 여러 가지 투자대상에 분산투자할 수 있으므로 투자자산 전체의 위험을 줄일 수 있다.

또 금융기관은 그 자신이 금융자산을 거래함으로써 금융자산의 가격변동위험을 감소시킬 수 있다. 어떤 금융자산가격이 정상적 수준 이상으로 상승하면 금융기관이 보유하는 자산을 매도할 수도 있고, 자산가격이 정상적 수준 이하로 하락하면 그 자산을 매입할 수도 있다. 이런 거래를 통하여 금융기관은 금융자산의 가격변동 위험을 줄여준다.

④ 지급결제수단의 제공 : 금융기관은 다양한 지급결제수단을 제공하여 준다. 금융기관이 제공하는 대표적인 지급결제수단은 수표, 어음, 신용카드, 계좌이체 등이다. 최근에는 정보통신기술의 발전으로 지급결제수단의 혁신적인 변화가 일어나고 있다. 그 중 가장 두드러진 것은 자금이체를 신속히 해주고 많은 양의 정보를 적은 비용으로 저장 · 분석할 수 있는 전자자금이체시스템과 일정량의 화폐가치를 디지털 형태로 저장하여 사용하는 전자화폐이다.

(2) 금융기관의 종류

우리나라의 금융기관은 취급하는 금융서비스의 성격에 따라 은행, 비은행예금취급기관, 보험회사, 증권회사, 기타 금융기관으로 분류될 수 있다.[03]

은행(bank)에는 은행법에 의해 설립된 일반은행(commercial bank, 상업은행)과 각각의 특수은행법에 의해 설립된 특수은행이 있다. 일반은행은 시중은행, 지방은행 및 외국은행 국내지점으로 이루어져 있다. 일반은행은 주로 요구불예금과 저축성예금으로 조달한 자금을 단기대출로 운용하는 상업금융(commercial banking) 업무를 주업무로 하고 장기금융업무도 취급한다. 특수은행은 일반은행이 재원과 수익성의 제약으로 필요한 자금을 공급하기 어려운 특정 부문에 자금을 공급하며 대부분 정부가 운영하는 은행이다. 특수은행에는 중요산업 및 기술개발을 위한 장기시설자금을 공급하는 한국산업은행, 수출입금융을 전문적으로 공급하는 한국수출입은행, 중소기업금융 전문은행인 기업은행이 있다. 그리고 각각 농업 · 축산업 · 수산업 금융을 취급하는 농업협동조합중앙회, 수산업협동조합중앙회 및 회원조합의 신용사업부문도 특수은행에 포함된다. 한편 일반은행과 특수은행은 별도의 인가를 받아 신탁업무를 겸영하고 있다.

03 우리나라 금융기관과 금융시장에 대한 설명은 한국은행 홈페이지(www.bok.or.kr)의 한은 DB-발간자료에서 내려받은 '우리나라의 금융시장'과 '우리나라의 금융제도'를 기준으로 하였다.

비은행예금취급기관(non-bank depository institution)에는 종합금융회사, 투자신탁회사, 상호저축은행, 신용협동기구 및 우체국예금이 있다. 종합금융회사는 증권중개업무와 보험업무를 제외하고는 장단기금융, 투자신탁, 시설대여업무 등 국내 금융기관이 취급하는 거의 모든 금융업을 취급한다. 투자신탁회사는 투자자로부터 조달한 자금을 주식, 채권 등 유가증권에 투자하여 운용수익을 배당하는 것을 주요 업무로 하고 있다. 상호저축은행은 지역의 서민과 소기업을 대상으로 하는 여 · 수신업무를 전문적으로 다루고 있다. 신용협동기구는 조합원 상호간의 상부상조를 목적으로 조합원에 대한 여 · 수신업무를 다루고 있는데 신용협동조합, 새마을금고 그리고 농협과 수협의 단위조합의 상호금융이 있다. 우체국예금은 전국의 우체국에서 취급하고 있는 공영금융기관이다.

보험회사는 다수의 보험계약자를 상대로 보험료를 받아 이를 대출, 유가증권, 부동산 등에 투자하여 보험계약자에게 노후, 사망, 질병, 사고 등이 발생할 때 보험금을 지급하는 업무를 영위하며, 생명보험회사와 손해보험회사 및 우체국보험이 있다.

증권회사는 자본시장에서 주식, 채권 등 유가증권의 발행을 주선하고 발행된 유가증권의 매매를 중개하는 것을 주요 업무로 하고 있다. 자본시장과 금융투자업에 관한 법률(흔히 자본시장통합법으로 줄임)에서는 증권회사가 행하는 업무뿐만 아니라 투자자문, 자산운용, 지급결제, 외국환 등의 업무까지 다룰 수 있는 회사로서 금융투자회사를 설립할 수 있도록 허용하였다.

그 밖에 금융시장에서 전문적인 금융서비스를 제공하는 기타 금융기관으로 여신전문금융회사, 증권금융회사, 증권투자회사, 선물회사, 자산운용회사, 투자자문회사, 유동화전문기관 등이 있다. 한편 금융기관의 범주에는 들지 않지만 금융기관과 금융거래에 밀접하게 관련된 서비스를 제공하는 금융중개보조기관으로 신용보증기관, 신용평가회사, 예금보험공사, 한국자산관리공사, 금융결제원 등이 있다.

금융허브

최근 몇년 동안 금융허브란 말이 많이 사용되고 있다. 금융허브(financial hub)는 국내금융기관뿐만 아니라 세계적 대형 금융기관들이 모여 대규모의 금융거래가 이루어지는 지역을 말한다. 영국 런던이나 미국의 뉴욕과 시카고, 아시아의 홍콩, 싱가포르 등이 대표적인 예이다.

흔히 금융허브는 글로벌금융허브, 역외금융허브, 특화금융허브, 역외기장센터 등 네 가지로 구분된다.

글로벌금융허브(global financial hub)는 국내 및 국제금융거래 모두가 대규모로 이루어지는 금융허브로서 국내외 정부 및 기업에 대한 자본조달, 증권중개 및 딜링, 자산운용 등 거의 모든 금융거래가 대규모로 이루어진다. 뉴욕이나 런던 등이 대표적인 예이다.

역외금융허브(offshore financial hub)는 국내금융시장으로부터 격리된 별도의 금융시장에서 비거주자들(주로 외국계 금융기관) 사이에 대규모의 금융거래가 이루어지는 금융허브로서 아일랜드의 더블린이 그 예이다. 흔히 외국금융기관을 유치하기 위해 조세혜택을 준다.

특화금융허브(niche financial hub)는 특정 분야의 금융서비스에 특화된 금융허브로서 싱가포르(외환, 외화표시 채권발행)와 홍콩(은행), 시카고(파생상품거래) 등이 그 예이다.

역외기장센터(offshore booking center)는 금융거래 그 자체를 행하는 것이 아니라 금융거래와 관련된 회계, 기록보관 등의 서비스만 제공하는 지역이다. 이런 지역에서는 극히 낮은 법인세율과 소득세율을 적용하며 회사설립과 외환거래에 대한 규제가 거의 없다. 따라서 많은 금융회사가 이런 지역에 서류상으로만 주소를 둔 페이퍼 컴퍼니(paper company)를 설립함으로써 세금을 회피할 수 있다. 이런 지역을 흔히 조세피난처(tax haven)라고 한다. 케이만군도, 바하마 등이 대표적인 예이다.

우리나라에서 금융허브가 중요시되는 이유는 우리나라의 차세대 핵심산업으로 금융산업을 육성할 필요가 있기 때문이다. 금융산업은 전문지식을 활용하여 높은 부가가치와 대규모의 고용기회를 얻어낼 수 있는 지식산업이다. 그러나 금융산업은 본래 대규모의 금융거래 네트워크가 형성되어야만 성장할 수 있는 산업이기 때문에, 금융산업이 경제발전을 이끌어가는 핵심산업으로 성장하기 위해서는 대규모 금융기관들이 집적된 금융허브가 반드시 필요하다.

재정경제부는 2007년까지 선도 금융산업을 육성, 2012년까지 특화금융허브를 만들고 2020년까지 아시아 3대 금융허브의 하나로 발전시키겠다는 계획을 발표한 바 있다. 그러나 우리나라의 서울이 세계적 금융허브로 발전할 수 있기 위해서는 고급 금융지식을 갖춘 전문인력을 양성하고, 자유로운 금융상품 개발 및 거래가 가능하도록 각종 금융규제를 철폐해야 한다. 더 중요한 것은 국민들이 외국기업과 외국인에 대해 진심으로 개방적인 태도를 보여줌으로써 외국금융기관들이 우리나라에 자유롭게 거래할 수 있는 사회적 분위기를 만드는 것이다.

제3절 | 금융규제

1. 금융규제의 정당성

일반적으로 시장에서 자유경쟁이 이루어지면, 모든 기업과 개인들이 자유롭게 경쟁함으로써 정부의 개입과 규제가 없이도 사회 전체적인 복지가 극대화된다고 알려져 있다. 그러나 현실에서는 여러 가지 이유로 자유경쟁이 제대로 이루어지지 못하기 때문에 사회 전체의 복지가 심각하게 훼손될 수 있다. 이런 경우 정부가 시장의 거래에 직접 개입하거나 또는 시장의 거래의 일부를 규제하는 것이 어느 정도 정당화된다.

특히 금융시장 및 금융기관은 국민경제에 미치는 영향이 너무 크기 때문에, 이 부문에 대한 규제 및 감독은 경제의 다른 어떤 부문보다 강하게 정당화되고 있다. 금융시장 및 금융기관에 대한 규제 및 감독이 정당화되는 이유로서 다음 세 가지가 중요시되고 있다.

첫째, 금융기관의 독과점의 폐해를 방지할 필요가 있다. 금융기관은 충분한 네트워크가 갖추어져 있을 때 비로소 그 기능이 제대로 행해질 수 있다. 금융기관이 충분한 네트워크를 갖추기 위해서는 대규모화되어야만 하며, 그 결과 금융시장의 특정 영역을 어느 정도 독점하지 않을 수 없다. 예를 들어, 대학캠퍼스에 양질의 금융서비스가 가능하도록 여러 개가 아닌 하나의 은행만이 점포를 설치하도록 하는 것이 일반적이다. 이런 경우 금융기관은 독점적인 지위를 이용하여 고객에게 불공정한 영향력을 행사할 수도 있으며 어느 정도의 독점이윤을 실현할 수도 있다. 따라서 규제기관은 한편으로 금융기관이 충분한 네트워크를 갖추도록 독과점을 허용하면서도, 다른 한편으로 독과점의 폐해를 방지하고 고객을 보호하기 위해 다양한 방법의 감독 및 규제수단을 사용할 필요가 있다.

둘째, 금융거래에 관한 전문적 지식이 적은 일반고객을 보호할 필요가 있다. 금융거래의 상세한 내용을 이해하기 위해서는 법률 및 금융에 관한 전문지식을 필요로 한다. 그러나 비교적 소규모의 금융거래를 행하는 일반고객들은 이런 전문지식을 갖고 있지 못하므로 자신의 이익을 돌볼 수 없다. 따라서 이런 일반고객과의 금융거래에 대해서는 상거래의 일반적 관행인 매수자 위험부담(caveat emptor)의 원칙을 그대로 적용할 수 없으며 일반고객을 보호해 줄 수 있는 여러 가지 규제가 필요하다.[04]

셋째, 금융제도의 안정이 매우 긴요하기 때문이다. 금융시장에서는 전염효과(contagion)가 매우 강하게 나타나는 것으로 알려져 있다. 즉, 금융시장의 일부에서 부실 또는 위기가 발생하면 그 부실 또는 위기는 곧바로 금융시장 전체의 위기로 확산되는 경향을 갖는다. 특히 업무의 동질성이 강하고 지급결제업무를 통해 밀접하게 연관되어 있는 은행산업에서는 이러한 위기의 확산가능성이 매우 크다. 따라서 금융제도 전반의 안정을 위해서는 개별 금융기관이 건전하게 운영되도록 규제와 감시가 행해져야 한다.

04 매수자 위험부담의 원칙이란 일단 상거래가 이루어지면 상거래로부터 발생하는 여러 가지 위험을 매수자 자신이 부담하여야 한다는 원칙이다. 예를 들어, 매수자가 어떤 물건을 일단 매입하면, 특별한 약정이 없는 한 그 물건이 비싸다거나 성능이 나쁘다고 해서 그 거래를 취소시킬 수 없다. 또 그 물건이 손상되거나 고장날 경우 매수자 자신이 그 책임을 져야 한다. 최근 구매 후의 소비자를 보호하기 위한 여러 가지 법규들은 이 매수자 위험부담의 원칙이 점차 제한받고 있다는 것을 의미한다.

2. 규제기관

우리나라는 고도로 집중된 금융규제 및 감독체계를 갖고 있다. 즉, 특별법에 의해 설립된 금융위원회와 그 집행기관인 금융감독원이 금융기관에 대한 규제 및 감독업무를 담당하고 있다.[05] 한편 한국은행과 예금보험공사도 제한적인 금융감독기능을 보유하고 있다.

05 한국은행홈페이지(www.bok.or.kr)의 「우리나라의 금융제도」, 제5장

금융위원회는 특별법에 의해 설립된 합의제 행정기구이다. 금융위원회가 심의 · 의결하는 주요 사항은 금융정책의 수립, 금융관련 법규의 제정 · 개정 또는 폐지, 금융기관에 대한 감독과 관련한 규정의 제정 · 개정, 금융기관의 설립 · 합병 · 전환 · 영업 양수도 등의 인허가, 금융기관의 경영과 관련된 인허가, 금융기관에 대한 검사 · 제재, 증권시장 · 선물시장의 관리 · 감독 · 감시 등이다.

또한 금융위원회는 금융감독원의 업무 · 운영 · 관리에 대해 지시 · 감독을 하며 금융감독원의 정관변경, 금융감독원의 조직 및 기구에 관한 사항, 금융감독원의 예산 및 결산 등을 심의 · 의결한다.

금융감독원은 금융위원회의 지시를 받아 금융기관에 대한 검사 · 감독업무를 수행하는 무자본특수법인이다. 금융감독원은 금융위원회의 업무를 보좌하고 금융기관의 업무 및 재산상황에 대한 검사 · 제재업무를 수행한다.

한국은행도 부분적으로 금융규제기능을 행하고 있다. 통화신용정책의 수행을 위하여 필요하다고 인정되는 경우 한국은행은 금융감독원에 대하여 구체적인 범위를 정하여 금융기관에 대한 검사를 요구할 수 있고, 필요할 때에는 한국은행 직원이 금융감독원의 금융기관 검사에 공동으로 참여할 수도 있다. 그리고 금융감독원에 대하여 검사 결과를 보내주도록 요청하거나 검사 결과에 따라 금융기관에 대한 필요한 시정조치를 요청할 수 있다. 한편 금융통화위원회는 금융감독위원회가 통화신용정책과 직접 관련되는 조치를 하는 경우 이의를 제기할 수 있다.

예금보험공사도 예금자 보호와 금융제도의 안정성 유지를 위하여 필요하다고 인정하는 경우에는 금융감독원에 대하여 구체적인 범위를 정하여 금융기관에 대한 검사를 실시하고 그 결과를 보내 줄 것을 요청하거나 소속 직원으로 하여금 금융기관에 대한 검사에 공동으로 참여하도록 요청할 수 있다.

3. 금융규제의 내용

금융기관의 부실 및 파산의 피해는 당해 회사에만 한정되지 않고 경제 전반으로 급속하게 파급되기 때문에 금융기관은 일반 기업보다 엄격한 법적 규제와 감시를 받는다.

본래 금융규제와 감독은 예금자보호를 위해 출발하였다. 만일 예금자보호가 제대로 안 되면 금융제도에 대한 신뢰가 무너지고 예금인출사태(bank run)가 발생하여 금융시장이 마비되는 금융공황(financial panic)으로 발전할 수도 있다. 즉, 일반 기업의 파산은 소수의 이해관계자에게만 피해를 끼치지만, 금융기관의 부실 또는 파산은 국민경제 전체에 막대한 피해를 끼치게 된다.

금융규제의 기본 목적은 금융기관의 건전성 및 금융제도의 안정성을 확보하는 데 있으며, 금융환경 및 금융시장의 발전 정도에 따라 그 내용에 차이를 보이고 있다. 최근 선진국에서는 금융의 효율성을 제고하기 위해 금융기관의 진입과 일상적인 업무에 대해서는 규제를 완화하고, 그 대신 건전성규제는 더욱 강화하는 추세이다. 특히 금융활동의 세계화에 따라 국제금융시장의 안정성과 공평한 경쟁조건을 확보하기 위해 금융기관의 건전성규제에 관한 국제적 공조체제가 형성되고 있다. 국제결제은행(Bank for International Settlements : BIS)의 은행감독위원회가 정한 BIS기준 자기자본비율규제와 바젤 2(Basel II) 규제가 그 대표적인 예이다.

금융규제는 규제의 목적, 수단 및 대상에 따라 매우 다양한 형태로 이루어지고 있지만, 그 내용을 크게 구분하면 진입규제, 건전성규제 및 경영실태평가와 적기시정조치 등으로 나눌 수 있다.

진입규제란 무분별한 군소 금융기관의 설립을 막기 위해 금융기관의 신규영업에 대해 제한을 가하는 것을 말하며, 금융기관설립규제와 업무영역규제가 여기에 해당한다. 금융기관이 특정 금융업을 영위하기 위해서는 관련 법률에 정해진 기본요건을 갖추고 금융위원회의 인허가를 받아야 한다. 한편 산업자본의 금융지배를 방지하기 위해 일부 금융업에 대해서는 엄격한 동일인 주식소유한도를 두고 있다. 은행의 경우 원칙적으로 동일인의 주식소유한도가 시중은행은 4% 이내, 지방은행은 15% 이내로 제한되어 있다. 업무영역규제에 해당하는 것으로서, 우리나라에서는 금융기관이 고유업무만을 행하도록 하는 전업주의(專業主義)를 택하고 있으며, 고유업무 이외의 다른 금융업을 겸영하고자 할 경우에는 금융위원회의 인가를 받아야 한다.

건전성규제(prudential regulation)는 금융기관의 건전성(예금자들의 예금을 보호하고 인출요구에 제대로 응할 수 있는 능력)을 유지하기 위한 규제로서 일정비율 이상의 자기자본을 보유하도록 하거나 대출금의 위험도를 고려하여 충분한 자산을 보유하도록 하는 것, 동일 차입자에게 대출이 편중되지 않도록 하는 것, 예금자들의 인출요구에 충분히 대응할 수 있는 정도의 유동자산을 보유하도록 하는 것 등이 포함된다.

금융감독원은 금융기관의 효율적인 감독을 위해 경영실태평가제도와 적기시정조치제도를 시행하고 있다. 경영실태평가제도는 금융기관의 재무상태, 경영관리능력, 법규준수상황 등 다양한 부문을 종합적이고 통일적인 방식으로 평가하는 것이다. 적기시정조치제도(prompt action system)는 부실가능성이 있는 금융기관에 대해 적절한 경영개

BIS기준 자기자본비율

1970년대 이후 급속히 진전되기 시작한 세계적인 금융규제 완화 및 국제화의 영향으로 경쟁이 격화되자 은행은 고위험·고수익 위주의 자산운용을 확대하였다. 또 1970년대 말부터 일본계 은행들이 국제금융시장에 대거 진출하자 미국 및 유럽의 은행들이 경쟁조건의 형평성 문제와 일본계 은행들의 자본적정성에 대한 우려를 강력히 제기하기 시작하였다.

이를 배경으로 1980년대 중반부터 국제금융시장의 안정성을 강화하고 국제업무를 영위하는 은행들의 경쟁조건이 공평해지도록 하기 위한 논의가 일어나고, 그 결과 1988년 7월 국제결제은행(BIS)의 은행감독위원회가 은행 자기자본의 측정과 기준에 관한 국제적 합의를 제정하게 되었다. 이 합의에서 국제업무를 영위하는 상업은행은 BIS기준 자기자본비율을 8% 이상 유지하도록 의무화하였다.

BIS기준 자기자본비율은 은행의 자기자본을 위험가중 총자산으로 나눈 값이다. 여기에서 위험가중 총자산이란 개별자산별로 위험도를 반영한 자산가치(즉, 위험도가 큰 자산항목은 장부가보다 높은 금액을 부과하고 위험이 없는 자산항목은 장부가 그대로 반영한 자산가치)의 합계이다.

1988년에 제정된 기존의 BIS기준 자기자본비율은 신용위험(credit risk, 대출금의 회수불능위험)을 주로 고려하고 있는 규제기준이다. 최근 금융기관들이 다양한 종류의 금융업무를 취급하게 됨으로써, 시장위험(market risk, 금융자산의 가격변동에 따른 위험)이나 운영위험(operational risk, 정보통신의 장애, 임직원의 부정과 사기, 각종 재난 등의 가능성)이 크게 증가하였다. 따라서 BIS 은행감독위원회는 1996년 1월에 새로운 기준인 바젤 II 기준이라는 것을 만들었다. 이 새로운 기준에서는 신용위험, 시장위험 및 운영위험 모두를 반영하여 적정수준의 자기자본을 보유하도록 규제하고 있다. 이 새로운 기준은 우리나라에서도 2008년부터 실행된다.

선조치를 취하여 정상화시키거나 정상화가능성이 없는 금융기관을 퇴출시킴으로써 금융제도의 안정성을 유지하는 제도이다.

4. 예금보험

일단 금융기관이 파산하게 되면 예금자를 보호하고 조속히 금융시장 신뢰를 회복시켜야 할 필요가 있다. 이를 위해 마련된 제도가 예금보험이다. 예금보험은 금융기관이 파산 등으로 예금, 보험계약 또는 예탁금을 지급할 수 없는 때 예금의 지급을 보장하는 제도로서, 우리나라에서는 무자본 특수법인인 예금보험공사가 담당하고 있다. 예금보험의 적용대상은 은행, 증권회사, 보험회사, 종합금융회사 및 상호저축은행 등에 예치된 예금, 예탁금, 보험금으로서 1인당 5천만원을 한도로 한다.

제4절 | 은행중심 금융제도와 시장중심 금융제도

세계의 대부분의 국가들이 비슷한 시장경제체제를 갖고 있는 것처럼 보이지만, 금융제도의 구체적인 내용에서는 상당히 큰 차이를 보이고 있다. 세계 각국의 금융제도를 단순화하여 구분하면, 은행중심 금융제도와 시장중심 금융제도로 나누어 볼 수 있다.

은행중심(bank-oriented) 금융제도는 은행과 같은 금융기관의 역할을 중시하기 때문에 기관중심 금융제도라고도 하는 것으로서, 기업의 외부자금이 주로 은행을 통해 조달되는 금융제도이다. 독일과 일본의 금융제도가 은행중심 금융제도의 대표적인 예이다. 독일에서는 은행이 밀접한 관련을 갖고 있는 기업에 대해 지속적으로 대출을 제공할 뿐만 아니라 해당 회사의 주식에도 투자하며 이사를 파견하여 경영활동을 직접 감시하며, 이런 시스템을 하우스방크시스템(Hausbank system)이라고 한다.

일본의 은행과 기업의 관계는 주거래은행제(main-bank system)라는 특징을 갖는다. 즉, 일본에서는 주거래은행의 역할을 하는 대형 은행을 중심으로 다수의 기업들이 계열을 형성하고, 주거래은행이 계열회사에 대해 투자자금을 대출해주고, 경우에 따라서는 주거래은행과 계열회사가 주식을 상호 보유함으로써 경영권을 보호해 주기도 한다.

은행은 거래 기업과 여러 차례에 걸쳐 자금을 대출하고 회수하는 금융거래를 반복적으로 행할 수 있다는 특성, 즉 관계금융(relational banking)의 특성을 갖고 있다. 그리고 기업의 신용상태와 경영성과가 나빠질 것으로 예상될 때, 은행은 재협상을 통해 대출조건을 바꿀 수 있는 재협상가능성(renegotiability)을 갖고 있다. 따라서 은행중심 금융제도에서는 은행이 관계금융과 재협상을 통해 기업에 대한 감시 역할을 담당하게 된다. 또 관계금융과 재협상가능성의 특성 때문에, 은행중심 금융제도는 투자성과에 대해 충분한 정보를 갖고 있는 산업부문과의 금융거래에 효과적인 제도이다.

또 은행중심 금융제도의 커다란 장점은 은행의 경기변동 조절기능을 기대할 수 있다는 점이다. 은행은 경기과열이 예상될 때, 미래의 급격한 경기하락으로 인한 대손(bad debt) 발생을 우려하여 가계 및 기업에 대한 대출을 억제하게 되고, 그 결과 경기과열이 조절된다. 또 기업부문의 경영성과가 크게 나빠진 경우에도 예금자들에게는 안정적인 이자가 지급되기 때문에, 극단적인 소비위축이 방지된다.

은행중심 금융제도에서 가장 큰 문제는, 은행의 부실대출이 누적되어 예금지급능력이 우려될 때 예금인출사태(bank run)가 발생할 수 있다는 점이다. 일반 대중들은 은행의 영업활동이 동질적인 것으로 인식하고 있기 때문에, 어떤 한 은행에서의 예금인출사태는 곧바로 다른 은행에 전염되는 특징을 갖고 있다. 그 결과, 예금인출사태는 언제나 대규모의 금융공황(financial panic) 및 경제공황으로 발전할 가능성을 갖고 있다. 따라서 은행중심 금융제도에서는 은행의 부실대출을 예방하고 예금지급능력을 유지하기 위한 건전성규제(prudential regulation)가 매우 중요시된다.

일반적으로 은행중심 금융제도에서는 은행이 기업활동에 대한 감시를 주로 담당하기 때문에, 자본시장을 통한 감시는 비교적 약하게 이루어진다. 즉, 은행중심 금융제도를 갖고 있는 독일이나 일본에서는 적대적 기업인수는 제도적으로 허용되어 있지만 실제로는 거의 이루어지지 않는다.

시장중심(market-oriented) 금융제도는 기업의 외부자금이 주로 증권시장을 통해 조달되는 금융제도로서 미국과 영국이 대표적인 예이다. 시장중심 금융제도에서는 기업이 발행한 채권과 주식 등의 증권을 투자자들이 직접 매입함으로써 자금조달이 이루어진다.

시장중심 금융제도에서 투자자와 기업의 관계는 증권의 발행과 매입을 통해 이루어지는 1회적 관계이므로, 기업의 경영성과가 악화될 때 재협상이 불가능하고 그 손실을 투자자가 직접 부담하여야 한다. 즉, 시장중심 금융제도에서는 원칙적으로 투자자(및 자본시장)들이 기업활동을 직접 감시하여야 하며, 투자결과에 대해서도 투자자가 직접 책임진다.

일반적으로 시장중심 금융제도에서는 투자성과에 대해 투자자가 직접 책임지므로, 투자성과에 관한 정보가 불충분하여 투자자의 개인적 판단과 책임이 중시되는 새로운 산업이나 벤처회사에 적합한 금융제도이다. 즉, 시장중심 금융제도는 위험부담의 대가로 높은 투자성과를 기대하는 투자자에게 강력한 투자유인을 제공하게 되므로, 기술혁신을 통한 지속적 경제성장을 가능하게 한다는 장점을 갖는다.

시장중심 금융제도의 중요한 단점은 은행중심에 비해 경기변동이 더 큰 폭으로 발생할 수 있다는 점이다. 시장중심 금융제도에서, 기업경영의 실패는 곧바로 증권가격 하락과 투자자의 소비위축, 기업의 자금조달 곤란 등을 가져와 경기침체가 확대될 수 있다. 반대로 일시적인 증권가격 폭등은 투자자의 소비확대와 기업의 방만한 투자확대를 가져와 비정상적인 경기과열로 연결될 수도 있다.

시장중심 금융제도가 제대로 작동하기 위해서는 투자기회와 기업경영에 관한 정보가 자본시장의 투자자들에게 신속하고 정확하게 전달되어야 한다. 그렇지 못할 경우, 투자자들은 증권의 가치를 제대로 평가하지 못하여 잘못된 투자결정을 내릴 가능성이 커진다. 따라서 시장중심 금융제도에서는 투자기회와 기업활동에 관한 정보를 투자자에게 신속하고 공평하게 배분하도록 하는 데에 금융규제의 초점이 주어진다.

또 시장중심 금융제도에서 기업활동에 대한 감시는 투자자에 의해 직접 행해지는 것이 원칙이지만, 증권이 다수의 투자자에게 분산되어 있는 오늘날의 금융시장에서는 투자자에 의한 직접적 감시가 충분히 이루어질 수 없다. 따라서 시장중심 금융제도에서는 기업활동의 감시를 위한 수단으로 적대적 기업인수와 같은 시장규율(market discipline)과 사외이사제도 등이 발달되어 있다.

1990년대 이후 전 세계적인 추세는 점차적으로 시장중심 금융제도로 이행하여 가는 추세이다. 그 이유는 ① 부실기업을 정리하기 위해 M&A 등과 같은 시장규율 수단을 더 큰 폭으로 받아들일 필요가 있고, ② 기술혁신의 속도가 빠른 현대사회에서 신기술산업에 대한 자본조달이 시장중심 금융제도하에서 더 원활하게 이루어질 수 있으며, ③ 미국의 경제제도가 국제적으로 통용되는 글로벌 스탠다드로 보급되고 있기 때문이다.

Chapter 2

금융시장과 정보

제1절 정보비대칭으로 야기되는 문제들

제2절 효율적 금융시장

금융시장 및 금융거래에서 정보가 지급히 중요한 의미를 갖는다는 것은 새삼 강조할 필요가 없다. 사람들은 금융자산에 실제 투자를 하고 있든 그렇지 않든 경제상황, 주요 기업의 경영상태, 개별 금융자산의 위험과 수익에 관한 정보에 대해 매우 깊은 관심을 보이고 있으며 실제 금융자산을 거래할 때는 새로운 정보에 대해 매우 민감하게 반응한다. 이것은 제2장에서 설명한 바대로 금융자산이 미래에 얻어질 것으로 예상되는 소득이나 금액을 청구하는 권리를 내용으로 하고 있기 때문이다.

금융시장과 정보의 관계에 대해서는 다양한 측면에서 다룰 수 있다. 그러나 이 장에서는 금융시장을 이해하는 데 반드시 필요한 두 가지 주제만을 다루고자 한다. 첫째는 정보비대칭이라는 주제이다. 즉, 금융시장에 참여하는 당사자 모두에게 정보가 공평하게 제공되지 못하고 어느 한쪽은 충분한 정보를 갖고 금융거래를 하지만 다른 쪽은 그렇지 못한 상황이 정보비대칭이다. 레몬문제, 도덕적 해이, 대리인문제 등과 같이 다소 난해한 듯 하면서도 현실경제를 이해하는 데 필수적인 개념들은 모두 이 정보비대칭과 관련되어 있는 것들이다.

이 장에서 다루게 될 두 번째 주제는 효율적 시장이라는 주제이다. 이 주제는 주어진 정보를 충분히 반영하여 금융자산의 가격이 결정되고 있는지에 관한 문제를 다룬다. 만일 주어진 정보가 모든 거래자들에게 공평하고 즉시적으로 전달된다면, 금융자산의 가격은 새로운 정보가 주어질 때 곧바로 그 정보를 반영하여 가격이 결정될 것이다. 그렇지 못하고 새로운 정보가 일부 거래자들에게만 제공된다면 그 거래자는 이 정보를 이용하여 비정상적인 투자소득을 얻게 될 것이다.

제1절 | 정보비대칭으로 야기되는 문제들

금융거래를 할 때 흔히 우리는 내가 알고 있는 금융상품의 내용은 상대방도 알고 있고 상대방이 알고 있는 것은 나도 알고 있다고 생각하기 쉽다. 단순한 금융거래에서는 이렇게 생각해도 괜찮다. 은행에 고정금리를 주는 정기예금에 돈을 맡길 때, 예금자는 금리, 만기, 이자소득세율, 예금보험 등과 같은 주요 사항에 대해 충분한 정보를 알고 행동한다. 즉, 정기예금에 관해 은행이 알고 있는 정보와 예금자가 알고 있는 정보 사이에는 큰 차이가 없다. 이처럼 거래자 쌍방이 상품 또는 계약의 내용과 효과에 대해 동일한 정보를 갖고 거래하는 경우를 정보대칭(information symmetry)이라고 한다.

그러나 현실의 많은 경우 정보대칭의 상황에서 거래가 이루어지지 않는다. 현실에서는 금융상품의 내용에 대해 거래자들의 지식이나 이해의 수준이 다른 경우가 매우 흔하다. 특히 금융상품의 내용이 복잡할수록 더욱 그러하다. 대체로 금융거래의 한 당사자는 금융자산의 내용에 대하여 충분한 정보를 갖고 있지만 다른 당사자는 그렇지 못한 경우가 일반적이다. 이와 같이 거래의 당사자들이 갖고 있는 금융상품에 관한 정보의 양과 질이 차이를 갖는 상황을 정보비대칭(information asymmetry)이라고 한다.

정보비대칭의 예는 현실에서 다양하게 존재한다. 예를 들어, 어떤 기업의 경영자들은 비밀리에 추진했던 신제품개발이 성공적으로 완료되었다는 것을 알고 있지만, 증권시장의 투자자들은 이 신제품개발의 정보를 알고 있지 못한다고 하자. 이런 상황은 정보비대칭의 전형적인 경우이다. 경영자들은 신제품개발의 정보를 알고 있고 증권시장의 일반투자자들은 그 정보를 모르고 있으므로, 경영자와 일반투자자들은 정보비대칭의 관계에 있다.

다른 예로서 자동차보험과 관련하여 가입자와 보험회사의 정보비대칭을 생각해 볼 수 있다. 어떤 사람이 새로이 자동차보험에 가입하고자 한다 하자. 가입자는 자신의 운전습관에 대해 충분히 알고 있다. 즉, 음주운전이나 신호위반, 중앙선침범 등의 습관이 있는지에 대해 가입자 자신은 잘 알고 있다. 그러나 보험회사(실제로는 보험상담사)는 가입자의 운전습관을 장기간 관찰할 수 없었기 때문에 충분한 정보를 갖고 있다고 할 수 없다. 따라서 자동차보험이라는 계약과 관련하여 가입자와 보험회사는 정보비대칭의 관계에 있다.

이렇게 생각해보면 현실의 많은 거래가 정보비대칭의 상황에서 이루어지고 있다는 것을 알 수 있다. 종업원과 사용자 사이의 고용계약, 은행의 대출, 간접투자상품(펀드)의 판매와 관리, 신주공모 등과 같은 많은 금융거래에도 정보비대칭이 존재할 수 있다.

매우 당연하게 짐작할 수 있는 일이지만, 정보비대칭은 금융자산의 가격, 거래자의 행동 등에 매우 심각한 영향을 미치며 동시에 여러 가지 바람직하지 못한 문제점을 야기한다. 정보비대칭으로 인한 문제들과 해결방법은 정보비대칭이 금융거래나 계약이 이루어지기 이전에 존재한 것인지 또는 그 이후에 존재한 것인지에 따라 크게 달라진다. 일반적으로 금융거래나 계약이 이루어지기 이전의 정보비대칭으로 인한 문제를 역선택 문제라고 한다. 그리고 금융거래나 계약이 이루어진 후의 정보비대칭으로 인한 전형적인 문제가 도덕적 해이의 문제이다. 이 절에서는 역선택문제와 도덕적 해이에 관해 먼저 설명하고, 도덕적 해이의 일종으로서 특히 중요시되고 있는 대리인문제에 대해 추가적으로 설명하기로 한다.

1. 레몬문제와 해결방법

(1) 레몬문제란 무엇일까?

일상생활에서 어떤 사람을 잘 모른다는 이유만으로 그 사람에 대해 부정적인 태도 또는 더 심하게 적대적인 태도를 취하는 경우를 어렵지 않게 관찰할 수 있다. 평소에 상당히 합리적으로 행동한다고 생각되는 사람도 흔히 그런 태도를 보인다. 물건을 고를 때에도 제조회사나 상표가 낯익은 것이 아니면 그 상품에 대해 다소 부정적인 평가를 내리게 된다.

이런 현상은 충분한 정보를 갖고 있지 못하는 모든 거래에 공통적으로 관찰되는 현상으로서 흔히 역선택(adverse selection)문제 또는 레몬(lemon)문제라고 부르는 문제이다.

좀 더 정확하게 말하면, 구매자들이 상품의 품질에 대하여 충분한 정보를 갖고 있지 못할 경우 좋은 상품과 나쁜 상품을 구분하지 못하기 때문에, 결과적으로 상품의 가격이 제대로 형성되지 못하는 문제가 역선택(逆選擇) 또는 레몬문제이다.[01]

중고차시장의 예를 보면 레몬문제를 쉽게 이해할 수 있다. 전문지식이 없는 일반인들은 중고차시장에서 겉만 보고 그 차의 성능을 짐작할 수 없다. 수많은 중고차 중에는 겉만 번지르르하고 성능이 빈약한 중고차, 즉 레몬(lemon)이 많이 섞여 있다. 중고차시장에서 판매자는 중고차의 성능에 대하여 충분한 지식을 갖고 있지만 구매자는 그렇지 못하기 때문에 정보비대칭이 존재한다. 설명을 단순하게 하기 위해, 중고차시장에 좋은 차와 나쁜 차의 두 가지만 나와 있고, 판매자와 구매자 모두가 차의 성능에 대해 충분한 정보를 갖고 있을 경우 좋은 차는 800만원에 팔리고 나쁜 차는 200만원에 팔려야 되며, 시장에는 좋은 차와 나쁜 차가 각각 50%씩 차지하고 있다 하자.

실제의 상황은 구매자가 중고차의 성능에 대해 아무런 정보도 갖고 있지 않고 판매자는 충분한 정보를 갖고 있는 상황, 즉 전형적인 정보비대칭의 상황이다. 이 상황에서 어떤 구매자가 중고차의 성능을 모른다는 이유로 기대가격인 500만원(= 800만원×0.5+200만원×0.5)의 가격으로 사겠다고 할 수 있을까? 그 경우 좋은 차를 갖고 나온 판매자는 500만원의 가격이 성능에 비해 너무 싸다는 것을 알고 있으므로 중고차를 팔지 않고 시장에서 탈퇴할 것이고, 결국 나쁜 차의 판매자들만 남아서 중고차시장을 형성하게 될 것이다. 이 정보비대칭의 상황에서 이성

01 레몬문제는 애커로프(G. Akerlof)가 1970년에 처음 제시한 개념이다. 레몬(lemon)이란 겉만 번지르르하고 성능이 빈약한 중고차를 말하는 속어이다.

적인 구매자들이라면 이런 상황을 충분히 예견할 수 있을 것이므로 처음부터 200만원의 가격을 부르거나 아예 중고차시장에서 중고차를 구매하지 않으려 할 것이다. 이렇게 되면 중고차시장에는 나쁜 차만 남게 되고 결국 중고차시장은 무너지게 된다. 이처럼 정보비대칭 때문에 상품의 시장가격이 상품의 질을 제대로 반영하지 못하여 시장이 제대로 형성되지 못하는 상황이 레몬문제이다.

레몬문제로서 매우 심각한 예는 은행이 대출심사능력을 제대로 갖추고 있지 못하는 경우이다. 은행영업의 기본은 예금을 받아 그 자금을 대출하는 것이다. 은행예금은 원금보전이라는 신뢰에 기초한 금융자산이다. 어느 누구나 은행에 예금할 때에는 만기에 원금과 이자를 제대로 상환해 줄 것이라는 확실한 믿음을 갖고서 예금한다. 그러나 은행이 예금을 받아 조성된 자금을 대출할 때에는 원리금을 확실하게 상환받을 수 있는 차입자에게만 대출하는 것은 아니다. 물론 신용도가 높은 차입자도 있지만 차입자에 따라서는 상당한 크기의 신용위험(credit risk)을 갖고 있다(신용위험은 원리금의 전부 또는 일부를 상환하지 못할 가능성을 의미한다).

대출신청이 들어오면 은행은 먼저 차입자의 신용도를 평가한다. 만일 은행이 충분한 신용평가능력을 갖추고 있다면, 차입자의 신용도에 따라 대출 여부와 대출이자율이 결정된다. 그러나 은행이 신용평가능력을 갖추지 못할 경우 차입자는 자신의 신용도에 대해 충분한 지식을 갖고 있지만 은행은 차입자의 신용도를 알지 못하는 상황, 즉 정보비대칭이 존재한다. 이런 경우에도 레몬문제가 발생한다. 즉, 대출심사능력을 갖추지 못한 은행은 모든 차입자들에게 무조건 높은 금리를 부과하려고 할 것이며, 그 결과 신용도가 좋은 건실한 차입자는 차입을 포기하고 신용도가 낮은 차입자만이 높은 금리로 은행대출을 받게 되어 결국 은행이 부실화된다.

위의 두 가지 예를 보면 레몬문제가 다양한 금융거래에서 발생할 수 있음을 짐작할 수 있다. 보험계약 시 사고가능성에 대한 보험회사와 가입자 사이의 정보비대칭이나 증권을 발행할 때 발행회사의 미래 전망에 관한 경영자와 투자자 사이의 정보비대칭 등의 여러 가지 경우에 레몬 문제가 발생할 수 있다.

(2) 레몬문제의 해결방법

레몬문제는 금융거래를 행하는 당사자들뿐만 아니라 국민경제 전반에 나쁜 영향을 미친다. 1998년 정부는 5개 은행의 문을 닫고 다른 은행이 가져가도록 하였다. 그때까지 사람들은 은행의 신용과 안전에 대해 추호도 의심하지 않았으며 은행이 부실화되어 문을 닫는다는 것은 상상할 수도 없었다. 그러나 1998년에 실제로 그런 일이 발생하였다. 이유는 간단하다. 5개 은행이 너무 많은 부실대출을 안고 있기 때문이었다.

은행에서 부실대출이 발생하는 가장 큰 이유는 은행이 차입자의 신용도를 제대로 평가하지 못함으로써 발생한 레몬문제 때문이다. 당시 정부는 부실대출을 털기 위해 수십조 원의 공적자금을 은행권에 투입하여야만 했다. 이 공적자금의 많은 부분은 레몬문제 때문에 치루어야 했던 비용이라고 할 수 있다.

레몬문제 때문에 치룬 대가의 대부분은 눈에 잘 띄지 않지만 그 크기는 엄청나게 클 수 있다. 따라서 금융시장에서는 레몬문제가 발생하지 않도록 여러 가지 제도적 장치가 마련되어 있으며, 거래자 개개인의 차원에서도 레몬문제를 해소하기 위해 다양한 수단을 사용한다.

레몬문제를 해소하기 위해 사용되는 일차적이고 가장 중요한 방법은 정보생산이다. 은행은 대출업무와 관련된 정보비대칭을 해소하기 위해 신용평점제도(credit scoring system : CSS)라는 것을 개발하여 사용한다. 이것은 차입자의 신용도에 영향을 미치는 중요한 요인들을 고려하여 신용도를 평가하는 시스템으로서 정보를 생산하여 정보비대칭을 해소하는 예라고 할 수 있다. 이와 비슷한 경우로서, 증권회사의 애널리스트들이 상장회사의 미래수익 및 위험과 관련된 정보를 수집·분석하여 주식가치를 평가하는 것도 정보생산의 한 예이다.

레몬문제를 해소하기 위해 마련된 제도적 장치의 대표적인 것은 공시

(disclosure)제도이다. 상장회사에는 다수의 주주들이 투자하고 있기 때문에 상장회사는 중요한 정책이나 거래 또는 경영성과를 지체없이 공시하도록 법으로 정해져 있다.

경우에 따라서는 신호전달(signalling)이라는 방법을 사용하여 정보를 갖고 있는 당사자가 그렇지 못한 당사자에게 정보를 우회적으로 알려주기도 한다. 예를 들어, 경영진은 충분한 정보에 기초하여 자기 회사의 미래 수익력이 매우 좋을 것이라는 전망을 갖고 있지만 증권시장의 투자자들은 그렇지 못하기 때문에 주가가 너무 낮게 평가되어 있다 하자. 이런 상황에서 경영진이 자신의 판단을 투자자들에게 그대로 알려준다면(즉, 공시한다면), 경영성과가 예상대로 나오지 못하는 만일의 경우 경영진은 허위공시의 책임을 져야만 한다. 이런 경우 경영진은 안정적이고 높은 수준의 배당정책을 밝힐 수 있다. 배당정책 그 자체는 회사의 미래성과에 관한 어떤 내용도 포함하고 있지 않지만, 미래성과에 경영진의 낙관적인 전망을 우회적으로 알려주는 신호로 해석될 수 있다.

신호로서의 품질보증

현대자동차는 미국에서 "10년 또는 10만 마일 이내"라는 조건의 품질보증을 제공한 적이 있었다. 즉, 구입 후 10년 또는 주행거리 10만 마일 중 일찍 도래한 시기까지 운전자의 사고나 과실이 아닌 경우 무료로 고장을 수리해준다는 것이다(일반적으로 소모성 부품대금과 인건비는 차주가 부담한다). 대체로 다른 자동차회사들은 3년 또는 5만 마일 이내의 품질보증조건을 제시하고 있었다.

현대차가 왜 이렇게 파격적인 품질보증조건을 제시하였을까? 이것은 현대차의 제품이 낮은 품질의 자동차가 아니라는 것을 설득력 있게 소비자들에게 알리기 위한 일종의 신호전달이다.

세상의 모든 회사들은 자사제품이 높은 품질을 갖고 있다고 광고하지만 그 말을 그대로 믿는 소비자는 아무도 없다. 오히려 고품질을 강조할수록 소비자들은 그 제품의 품질을 의심한다. 이럴 때 고객을 설득할 수 있는 유효한 방법은 품질보증이라는 신호를 사용하여 자사제품의 품질에 관한 정보를 알려주는 것이다. 그 이유를 이해하기 위해 [표 2-1]을 보기로 하자.

제품의 실제품질이 고품질이거나 저품질의 두 가지 경우의 하나에 해당하며 제조회사는 자사의 품질에 대해 충분한 정보를 갖고 있고 고객들은 그렇지 못하다 하자. 그리고 회사가 제공할 수 있는 신호로서 높은 품질보증와 낮은 품질보증의 두 가지 수단이 있다 하자.

표 2-1 | 신호전달의 예

		신호수단(품질보증 수준)	
		높은 품질보증	낮은 품질보증
실제 품질	고품질	O	X
	저품질	X	O

제조회사가 높은 품질보증을 제공한다 하자. 실제품질이 고품질인 경우, 높은 품질보증을 제공한다 하더라도 수리비용이 적게 들 것이기 때문에 제조회사는 적은 비용으로 품질에 관한 고객의 신뢰를 얻을 수 있다. 그러나 실제품질이 저품질인 경우 제조회사 입장에서는 높은 품질보증이라는 거짓신호를 제공하고 싶은 유혹이 있을 수 있다. 이 경우 일시적으로 고객의 믿음을 얻어 매출이 늘겠지만, 높은 품질보증을 약속했기 때문에 제조회사는 커다란 패널티(penalty, 벌금)를 부담하게 된다. 즉, 품질보증을 이행하기 위해 높은 수리비용을 부담하여야 하고 또 장기적으로 매출액이 감소하게 되는 대가를 치루지 않으면 안 된다. 따라서 제조회사는 저품질임을 알고서 높은 품질보증이라는 신호를 제공할 수 없다. 그러나 거짓신호를 제공하여 제조회사가 부담하는 패널티가 그리 크지 않다면 제조회사는 높은 품질보증이라는 거짓신호를 제공하여 고객들을 속이려 할 것이다.

제조회사가 낮은 품질보증이라는 신호를 제공하는 경우를 생각해보자. 실제품질이 고품질인데도 낮은 품질보증이라는 신호로 제공하는 것은 품질에 대한 고객의 불신만을 가져와 매출을 감소시키게 된다. 따라서 고품질 제품에 대해 낮은 품질보증이라는 신호를 사용할 필요가 없다. 반대로 실제품질이 저품질인 경우 높은 품질보증을 제공한다는 대안을 택할 수 없는 경우 제조회사에게 남아 있는 수단은 낮은 품질보증이라는 신호를 제공하는 것이다.

고객과 사회 전반적인 입장에서 볼 때, 위의 예에서와 같이 정보의 실제 내용과 동일한 내용의 신호가 전달되는 상황이 바람직한 상황일 것이다. 그러나 현실에서는 정보를 갖고 있는 쪽(위의 예에서 제조회사)이 거짓신호를 제공하여 정보가 없는 쪽을 속일 수도 있다. 그러면 어떤 경우에 정보의 내용과 신호의 내용이 일치할까? 첫째, 정보를 갖고 있는 쪽이 자신이 갖고 있는 정보를 제공함으로써 자신에게 유리한 결과가 얻어질 수 있어야 한다. 위의 예에서 제조회사가 자사제품이 고품질이라는 것을 알려 줌으로써 매출액 증가라는 이득을 얻기 때문에 높은 품질보증이라는 신호를 제공하게 된다. 둘째, 거짓신호에 대해 충분한 패널티가 부과될 수 있어야 한다. 충분한 패널티가 존재하지 않으면 정보의 실제내용에 관계없이 자기에게 유리한 신호만을 제공하게 된다. 셋째, 정보의 내용이 사후적으로 확인될 수 있어야 한다. 거짓신호의 패널티가 충분히 크다 하더라도 정보의 실제내용이 결코 확인될 수 없다면 거짓이 결코 밝혀질 수 없기 때문에 패널티를 부과할 수도 없다.

2. 도덕적 해이

(1) 도덕적 해이란?

언론에서 정치인이나 공무원을 비판하면서 가장 많이 사용하는 말 중의 하나가 도덕적 해이(moral hazard)라는 표현일 것이다. 그런데 도덕적 해이라는 용어를 사용할 때에는 그 뜻을 잘 알고 있는 것처럼 생각되지만, 막상 그 의미를 정의하려고 하면 그리 간단치 않다는 것을 알게 된다.

본래 도덕적 해이라는 용어는 1800년대 영국의 보험업계에서 일반화되었다고 한다. 그래서 오늘날에도 보험과 관련하여 도덕적 해이라는 말의 뜻을 풀이하는 경우가 많다. 예를 들어, 위키피디아(www.wikipedia.org)에서는 도덕적 해이를 "위험부담이 없는 당사자가 위험에 완전히 노출되었을 경우 행동하는 방식과 다르게 행동하게 되는 상황"이라고 정의하고 있다. 이 정의를 이해하기 위해 차량도난보험에 가입한 사람의 예를 생각해보자. 만일 이 사람이 보험에 가입하지 않았다면 차량도난의 위험을 자신이 모두 부담하여야 하기 때문에 차량도난을 방지하기 위해 많은 신경을 쓸 것이다. 그러나 보험에 일단 가입하고 나면 그 사람은 차량도난으로 인한 손실을 부담하지 않게 되기 때문에 차량관리에 더 적게 주의를 기울일 것이다. 이와 같이 위험부담이 없을 때 다른 행동을 취하게 되는 현상이 도덕적 해이이다.[02]

02 흔히 도덕적 해이라는 말의 "도덕적(moral)"이라는 단어 때문에 이 용어가 부도덕하거나 비윤리적인 행동을 의미하는 것으로 흔히 해석되고 있다. 그러나 도덕적 해이라는 말이 일반화되기 시작했던 1800년대 영국에서는 moral이라는 표현이 흔히 subjective라는 의미로 사용되었다고 한다.

오늘날 도덕적 해이라는 말은 보험이나 금융거래뿐만 아니라 사회생활의 거의 모든 영역에서 널리 사용되고 있다. 일상생활에서 도덕적 해이라는 말은 어떤 계약당사자가 계약을 충실히 이행하지 않음으로써 다른 당사자에게 피해를 끼치는 경우를 의미하는 것으로 흔히 사용된다. 여기에서 계약은 문서로 작성된 명시적 계약뿐만 아니라 사회적 관행이나 보이지 않는 어떤 기대 등과 같이 문서로 나타나 있지 않은 묵시적 계약일 수도 있다. 예를 들어, 공무원들이 사회적 기대를 저버리고 부정이나 불법을 저지르는 경우, 자산운용회사가 펀드관리를 태만하게 하여 충분한 수익을 올리지 못하는 경우, 경영진이 자신의 이익을 위해 주주의 이익을 침해하는 경우 등이 모두 도덕적 해이에 해당된다.

일반적으로 도덕적 해이는 계약당사자가 다른 당사자의 행동을 충분히 감시(monitoring)할 수 없기 때문에, 즉 계약이행에 관한 정보비대칭 때문에 발생한다. 만일 계약상대방이 계약을 제대로 이행하고 있는지를 충분히 감시할 수 있다면, 서로의 행동에 대하여 충분한 정보를 갖게 되기 때문에 도덕적 해이는 크게 발생하지 않는다. 그러나 감시에 너무 많은 비용이 소요되거나 감시가 사실상 불가능하다면, 상대방의 계약이행에 관하여 정보비대칭이 발생하게 되므로 도덕적 해이가 발생하게 된다.

금융거래 또는 금융계약의 경우, 본래의 특성 때문에 도덕적 해이가 발생할 가능성이 상당히 크다. 금융자산의 성과는 대부분의 경우 상당한 시간이 지난 미래에 얻어지기 때문에 금융자산의 관리를 장기간 지속적으로 감시할 수 없기 때문이다. 예를 들어, 3년만기 회사채에 투자하면 3년 후까지 여러 기간에 걸쳐 원리금이 발생한다. 따라서 채권자들은 3년후 만기가 도래할 때까지 발행회사가 회사채의 약관을 성실하게 이행하는지 감시하고 있어야 한다. 그러나 이런 장기적이고 지속적인 감시활동은 많은 비용과 시간을 필요로 하기 때문에, 감시가 소홀하게 이루어질 가능성이 크다. 따라서 발행회사는 회사채 발행으로 조달된 자금을 위험이 큰 투자에 사용함으로써 채권자의 이익을 침해하는 도덕적 해이를 범할 수 있다.

도덕적 해이의 예로서, 어떤 경영자가 주주를 위해 최선의 노력을 쏟기로 약속하고 회사의 CEO(chief executive office, 최고경영자)가 되었지만 실제로는 주주들의 이익을 외면하고 자신의 이익만을 추구하는 경우를 들 수 있다. 이것은 다음에 설명하게 될 대리인문제에 해당하는 것으로서, 주주가 경영자의 행동을 충분히 감시하지 못할 때 발생하는 도덕적 해이의 한 가지 예라고 할 수 있다.

금융기관의 부실대출도 도덕적 해이의 대표적 예이다. 예금자들이 은행의 대출활동을 충분히 감시할 수 없기 때문에, 은행이 대출심사를 소홀히 하고 대출 후 차입자의 행동을 충분히 감시하지 않는 것과 같은 도덕적 해이를 범할 수 있다.

(2) 대리인문제

투자자가 자산운용회사의 펀드에 투자하는 것은 그 회사가 투자자의 돈을 잘 관리하여 만기에 최선의 투자수익을 가져다주도록 위탁하는 계약이다. 이 경우 투자자는 투자자금의 주인이고 자산운용회사는 투자자금을 위임받아 관리해주고 보수를 받는 대리인이라고 할 수 있다. 또 회사의 경영자는 주주를 위해 회사를 운영하도록 주주가 고용한 사람이며, 경영자의 일차적 사명은 주주의 이익을 위해 최선의 노력을 다하여야 한다. 이 경우 주주는 주인이고 경영자는 대리인이다. 이와 같이 대리인(agent)이 주인(principal)을 위해 일하고 그 대가로 주인은 대리인에게 보수를 지급하는 계약관계를 주인 · 대리인 관계라고 한다.

현실적으로 대리인도 기본적으로 자기 자신을 위해 일하는 존재이기 때문에 자신의 이익을 위해 주인의 이익을 침해하는 행동을 취할 수 있다. 만일 주인과 대리인이 미래에 발생하게 될 모든 사태를 예견하고 충분히 상세한 계약을 작성하고(이런 계약을 완비계약(complete contract)이라고 한다) 그 계약이 제대로 지켜지는지 충분히 감시할 수 있다면 주인과 대리인 사이에 이해관계의 마찰이 크게 발생하지 않을 것이다. 그러나 현실에서는 미래의 모든 가능한 경우를 예측하여 충분히 상세한 계약을 작성할 수가 없고 또 주인이 대리인의 행동을 충분히 감시할 수 없기 때문에 주인과 대리인 사이에 이해상충(conflict of interests)이 발생하게 된다. 그리고 주인과 대리인 사이의 이해상충 때문에 발생하는 여러 가지 문제들을 대리인문제(agency problem)라고 한다.

대리인문제는 주인 · 대리인관계가 존재하는 사회의 모든 영역에서 발생하고 있다고 보아도 좋다. 국민의 세금을 방만하게 관리하는 정부, 자신의 이익만을 챙기거나 회사 돈으로 사치와 낭비를 일삼는 경영자,

2001년 엔론사태

2001년의 엔론사태는 금융시장에서 정보가 얼마나 중요한지를 보여주는 예이다. 엔론(Enron)회사는 본래 소규모 송유관회사였으나, 1990년대 초·중반에 전기와 가스의 중개 비즈니스를 새로이 창출함으로써 미국 최대 에너지회사 중의 하나로 성장하였을 뿐만 아니라 에너지의 효율적 이용과 에너지가격 안정에 공헌한 회사로 평가되었다. 그 이후 회사의 경영진은 거액의 매출과 이익이 얻어진 것처럼 보이기 위해 회계장부를 조작하여 주가상승을 유도함과 동시에 높은 임원보수를 챙겼다. 엔론사태는 미국증권거래위원회(Securities Exchange Commission : SEC)가 엔론의 대규모 분식회계를 적발함으로써 엔론사가 파산하게 된 사건을 말한다.

이 엔론사태는 미국 대기업에 대한 일반대중들의 신뢰가 깨짐으로써 1990년대 신경제로 발생한 거품이 꺼지도록 만든 계기가 되었다. 만일 엔론회사의 경영에 관한 정보가 금융시장에 투명하게 전달되었다면, 즉 정보비대칭이 없이 충분한 감시가 가능했다면 이런 일이 발생하지 않았을 것이며 엔론회사는 새로운 아이디어로 미국경제의 효율성을 개선하는 데 공헌하는 회사로 남아있을 수도 있었을 것이다.

부채로 조달된 자금을 위험이 큰 곳에 투자하는 회사, 위험에 비해 낮은 투자수익을 올리는 펀드매니저 등은 모두 대리인문제의 예이다.

(3) 도덕적 해이와 대리인문제의 해소방법

이미 설명한 대로 도덕적 해이와 대리인문제는 계약이 완전하게 작성되어 있지 못하거나 거래상대방의 행동을 충분히 관찰할 수 없기 때문에 발생한다. 현실적으로 미래의 모든 상황을 예상하고 각 상황에 대비할 수 있도록 완비계약(complete contract)을 작성하는 것도 쉬운 일이 아니며, 거래상대방의 행동을 완전하게 감시하는 것도 불가능하다. 그렇다고 해서 도덕적 해이의 가능성을 그대로 방치해 둘 수도 없다.

도덕적 해이나 대리인문제를 해결하는 하나의 방법은 계약을 해지하거나 주인·대리인관계를 해소하는 것이다. 예를 들어, 경영자가 무능하거나 심각한 대리인문제를 야기할 경우 주주들이 취할 수 있는 최종적 수단은 투표에 의해 경영자를 해임하는 것이다. 그러나 경영에 관심이 없는 소액주주들에게 대부분의 주식이 분산되어 있는 경우 주주들이 경영자의 무능과 대리인문제의 심각성을 제대로 인식하지 못할 수도 있고, 그것을 인식한다 하더라도 경영자에게 우호적인 주주집단의 방해 때문에 주주총회를 소집할 수 없는 경우가 많다. 또 주주들이 투표를 통해 무능한 경영자를 해임할 수 있다 하더라도, 결과적으로 기업비밀이 누출되거나 기업 내 일부 임직원들이 업무를 태만히 하는 등의 심각한 대가를 수반해야만 하는 경우가 많다.

도덕적 해이와 대리인문제를 해소하기 위해 사용하는 좋은 방법의 하나는 유인합치계약(incentive compatible contracts)을 맺는 것이다. 유인합치계약이란 어떤 계약당사자가 자신의 유인(incentive, 일하도록 만드는 대가나 소득)을 위해 행동하면 그것이 결국 다른 당사자의 유인도 증가시키게 되는 결과가 얻어지도록 설계된 계약을 의미한다. 기업의 경영성과가 높을수록 경영자의 보수가 증가하도록 계약하는 것도 유인합치계약의 예이다. 이런 계약이 맺어지면 경영자는 자신의 보수를 극대화하기 위해 노력하게 되고, 그 결과 경영성과도 좋아져 주가도 상승할 것이므로 경영자와 주주의 이익이 일치하게 된다.

도덕적 해이와 대리인문제를 해소하는 다른 방법은 감시(monitoring)를 더욱 충실히 하는 것이다. 감시는 계약상대방이 신의와 성실을 다하여 계약을 이행하고 있는지를 살펴보는 것이다. 기업에서 이루어지는 여러 가지 내부감사 및 외부감사활동은 대부분이 대리인을 감시하기 위해 이루어지는 활동이다. 감시에는 상당한 비용이 수반되므로 현실적으로 완벽한 감시는 불가능하다.

대리인문제를 해소하는 데 사용되는 또 다른 수단은 시장규율(market discipline)이다. 시장규율이란 경쟁시장에서 지켜져야 할 정상적인 게임의 규칙에 의해 경제활동의 결과가 결정되는 것을 의미한다. 예를 들어, 방만하게 운영되는 기업은 결국 시장경쟁에서 버티지 못하고 망하게 되고 효율적으로 경영되는 기업이 성장 · 발전하게 되는 것이 시장규율이다. 시장규율의 예로서 활성화된 경영자시장이나 M&A 시장을 들 수 있다. 만일 경영자시장(management market)이 제대로 작동된다면 무능하거나 낭비가 심한 경영자는 경영자시장에서 나쁜 평판을 얻게 되어 결국 직업을 잃거나 보수가 나쁜 회사로 밀려갈 것이다. 또 M&A(기업인수 및 합병, merger and acquisition)가 활발하게 이루어진다면, 무능한 경영자가 운영하고 있는 회사는 다른 회사에 의해 인수 또는 합병되고 무능한 경영자는 축출될 것이다. 따라서 경영자시장과 M&A를 활성화시키는 것은 대리인문제를 크게 감소시키는 효과를 가져다준다.

스톡옵션과 스톡그랜트

우리나라에서도 많은 기업들이 경영진의 동기부여수단으로 스톡옵션을 주고 있다. 스톡옵션(stock option)은 일정한 행사가격만을 지급하고 약정된 수량의 주식을 매수할 수 있는 권리이다. 경영진은 주가가 행사가격 이상으로 상승할 경우에만 스톡옵션을 행사하여 이익을 얻을 수 있다. 스톡옵션은 경영진의 유인이 주주의 유인과 일치하도록 하는 효과를 갖기 때문에 유인일치계약의 예라고 할 수 있다.

예를 들어, 주주총회는 최고경영자(CEO)를 선임할 때 3년의 임기를 마칠 경우 1주당 2만원의 행사가격으로 5년의 행사기간 동안에 10만주의 자사주를 매수할 수 있는 권리(즉, 스톡옵션)를 주기로 결의할 수 있다. 경영자가 우수한 경영성과를 올리면 주가도 상승하게 될 것이다. 만일 CEO가 임기를 마친 후 주가가 행사가격인 2만원 이상으로 상승하면 CEO는 스톡옵션을 행사하여 주가와 행사가격의 차이만큼을 자신의 소득으로 실현할 수 있다. 그러나 주가가 행사가격보다 낮으면 스톡옵션을 포기하게 될 것이다.

일반적으로 스톡옵션은 경영진이 주주를 위해 일하도록 하기 위해 상당히 강한 동기부여의 효과를 갖는 것으로 알려져 있다. 그러나 주가가 경영성과에 관계없이 다른 외부적 요인에 의해 크게 변동하기 때문에, 우수한 경영성과를 올린 경영진이 스톡옵션을 행사하지 못하게 되거나 또는 그 반대의 경우가 일어날 수 있다.

스톡옵션이 경영성과 이외의 다른 외적 요인의 영향에 너무 민감하다는 문제점을 해소하기 위해 스톡옵션 대신 스톡그랜트가 주어지기도 한다. 스톡그랜트(stock grant)는 경영자의 경영성과에 따라 정해진 수량의 주식을 무상으로 경영자에게 부여하는 제도이다. 즉, 임기 동안에 이룬 경영성과에 따라 얼마만큼의 자사주를 부여할 것인지에 대해 경영진의 선임시점에 미리 계약하고, 임기종료시점에 경영성과의 크기에 따라 자사주를 무상으로 부여하는 것이 스톡그랜트이다.

경영진이 우수한 경영성과를 달성할 때 더 많은 수량의 자사주를 받게 되고 또 그 결과로 주가도 더 많이 상승할 것이므로, 스톡옵션은 경영진은 우수한 경영성과를 달성하기 위해 노력하게 된다.

제2절 | 효율적 금융시장

1. 금융시장 효율성의 의미

금융자산은 미래소득에의 청구권(claim)이다. 따라서 금융시장에서 형성되는 자산의 가격은 미래소득에 대한 투자자들의 예상을 반영하여 결정된다. 그리고 미래소득에 대한 투자자들의 예상은, 단순한 직관에 의하여 형성되는 것이 아니라, 자산의 미래소득에 관한 다양한 정보를 반영하여 형성된다. 즉, 미래소득에 관한 여러 가지 정보가 투자자들의 예상에 영향을 미치고, 이 예상에 기초하여 자산가격이 결정된다.

효율적 시장(efficient market)이란 자산의 시장가격이 이용가능한 모든 정보를 충분히 반영하여 결정되는 시장을 말한다. 만일 새로운 정보가 금융시장에 주어졌을 때, 자산가격이 이 정보를 곧바로 정확하게 반영하여 준다면, 그 금융시장은 효율적이라고 할 수 있다. 즉, 시장의 모든 투자자들이 모든 새로운 정보를 지체 없이 곧바로 입수할 수 있게 되면, 투자자들은 이 정보를 반영하여 그들의 미래소득에 대한 예상을 수정하고 그 예상에 기초하여 자산을 사거나 팔 것이며 그 결과 시장가격이 새로운 정보를 반영하여 곧바로 움직일 것이다. 따라서 금융시장 효율성은, 시장가격이 이용가능한 모든 정보를 충분히 반영한다는 의미를 더 분명히 나타내기 위하여, 흔히 정보효율성(informational efficiency)이라고 부르기도 한다.

만일 금융시장이 비효율적이라면 어떻게 될까?

첫째로, 자본의 효율적 배분이 저해된다. 사회 전체적으로 자본이 효율적으로 투자되고 이용되기 위해서는 금융시장의 효율성이 필수적인 조건이다. 왜냐하면, 자산가격이 새로운 정보를 충분히 반영하지 못한다면, 사회적으로 형성된 자본이 효율적으로 배분되지 못할 것이기 때문이다. 예를 들어, 어떤 회사가 매우 좋은 신기술을 개발하였다 하자.

그러나 이 뉴스가 제대로 알려지지 않는다면, 투자자들은 신기술에 투자하지 못하게 되어 좋은 투자기회가 사라지게 될 수도 있으며, 그 결과 자본이 비효율적으로 이용되고 부의 감소가 일어난다.

둘째로, 금융시장이 비효율적이면 부의 배분이 불공평하게 된다. 예를 들어, 정부가 대규모 공사를 H회사에 발주하기로 내정하였다는 정보가 일부 소수의 투자자들에게만 사전에 누설되었다 하자. 이들 소수의 투자자들은 이 정보를 이용하여 미리 H회사 주식을 매입하여 두었다가, 이 정보가 공식적으로 공표되어 모든 투자자들이 알게 될 때 그 주식을 팔고자 할 것이다. 이와 같이 정보를 일부 투자자들이 차별적으로 이용하게 되는 경우, 자산가격은 그 정보를 즉시적으로 충분히 반영하지 못하고, 그 결과 소수의 투자자들에게 불공평한 비정상적 이득을 가져다 줄 것이다. 바꾸어 말하면, 정보를 차별적으로 이용하는 일부 소수의 투자자들만이 H회사의 이익을 독점하게 되고, 일반투자자들은 H회사의 이익을 전혀 배분받지 못하거나 조금밖에 배분받지 못하게 된다.

효율적 시장의 정의에서 시장가격이 이용가능한 정보를 '충분히(fully)' 반영한다는 의미는 관련된 정보가 금융시장에 즉시적으로 전달되고, 모든 투자자들에게 비용 없이 공평하게 배분되며, 시장가격에 정확하게 반영되어야 한다는 것을 의미한다.

여기에서 '즉시적'의 의미는 정보가 생성되자마자 곧바로 금융시장에 전달되어 가격에 반영될 수 있어야 한다는 것을 의미한다. 만일 어떤 정보가 상당한 시차를 두고서 금융시장에 전달되어 가격에 반영된다면, 그 정보를 미리 알고 있는 사람은 이 정보를 이용하여 다른 사람들보다 높은 비정상성과(abnormal performance), 즉 평균적 투자자들이 얻어낼 수 있는 수익보다 더 큰 수익을 얻어낼 수 있다(이른바 '업무상 기밀을 이용하여 축재한 자'들이 바로 이런 사람들이다).

'비용 없이 공평하게'의 의미는 정보가 비싼 대가를 치러야 얻을 수 있거나 특정 투자자들에게만 제한적으로 배분되지 않는다는 뜻이다. 만일 어떤 정보가 비싼 대가를 필요로 하거나 특정 투자자들에게만 제한적으로 배분된다면, 그 정보를 입수한 일부의 투자자들만이 그 정보를 이용하여 비정상성과를 얻어낼 것이다.

마지막으로 '정확하게'의 의미는 정보가 지니고 있는 신호 또는 내용이 제대로 자산가격에 반영되어야 한다는 것을 의미한다. 예를 들어, 어떤 회사의 새로운 투자안이 1주당 200원의 주가상승을 가져올 정도의 가치를 갖고 있다 하자. 이 경우 투자안 채택의 뉴스에 대하여 대략 200원 정도의 주가상승이 나타나면, 정보가 시장가격에 정확하게 반영되고 있다고 말할 수 있다. 만일 같은 뉴스에 대하여, 일시적으로 기대보다 큰 300원의 주가상승이 나타나면, 시장가격이 정보에 대하여 과민반응(overreaction)을 보이고 있다고 할 수 있다. 그리고 같은 정보가 주어졌음에도 불구하고 주가는 100원 정도만 상승하고 나머지 부분은 서서히 시차를 두고서 가격에 반영된다면, 이것은 시장이 정보에 대해 지체된 반응(delayed reaction)을 보이기 때문이다.

2. 금융시장은 어느 정도 효율적인가?

금융시장은 다른 종류의 시장, 예컨대 상품시장이나 노동시장에 비해 관련 정보가 훨씬 활발하게 전달되고 있다. 주가, 금리, 환율 등에 관한 뉴스가 거의 실시간으로 쏟아져 나오고 있고 개별회사의 영업성과나 경영진 및 노사관계의 동향도 매우 상세하게 투자자들에게 전달되고 있다. 이런 점에서 보면 금융시장은 매우 효율적으로 움직일 것이라고 짐작할 수 있다.

그러면 금융시장은 실제로 효율적 시장이라고 할 수 있는가? 겉보기에 금융시장이 효율적인 것처럼 보인다고 해서 실제로도 효율적일 것이라고 결론내리는 것은 좀 성급한 판단이다. 이 문제는 금융시장이 효율적이냐 아니냐를 판단할 문제가 아니고 어느 정도 효율적인지에 관한 문제이다. 금융시장이 전혀 효율적이 아니라거나 완전히 효율적이라고 결론내릴 수도 없고 어떤 종류의 정보는 잘 반영하고 있지만 다른 종류의 정보에 대해서는 그렇지 못할 수도 있기 때문이다.

또 금융시장이 효율적인지를 판단하기 위해서는 구체적인 증거가 중요하다. 즉, 어떤 정보가 금융자산의 가격에 충분히 반영되고 있는지를 알기 위해서는, 어떤 정보가 주어졌을 때 이와 관련된 금융자산이 실제로 어떤 반응을 보이고 있는지를 관찰해야 하며 이런 관찰을 한두 번이 아니라 충분히 많은 횟수에 걸쳐 관찰해 보아야만 한다.

학자들은 금융시장, 그 중에서도 다양한 정보가 주어지는 증권시장을 중심으로 금융시장의 효율성에 대해 매우 다양한 형태의 실증적 연구를 진행해 왔으며, 그 결론도 정보의 종류와 시기, 국가 등에 따라 크게 다르다. 지금까지의 연구결과들을 종합하면, 금융시장이 정보의 종류에 따라 효율성의 정도가 상당히 다르다. 예를 들어, 액면분할이나 주식배당, 회계처리방법변경 등의 정보에 대해 주가는 매우 효율적으로 반응한다. 그러나 기업의 이익의 공표는 투자자들의 관심이 매우 큰 것인데도 불구하고 정보의 공표 즉시 모든 내용이 주가에 즉시 반영되지 않고 상당한 시차를 갖고 서서히 반영되는 것으로 알려져 있다.

그동안의 연구결과들 중에서 금융시장의 비효율성을 보여주는 현상으로서 여러 연구에서 반복적으로 관찰되는 현상을 흔히 이상현상(anomalies)이라고 부른다. 다음은 증권시장에서 흔히 발견되는 이상현상 중 일부만을 정리한 것이다.

① 정월효과(January effect) : 매년 해가 바뀌면 1월이 온다. 1월이 온다는 것은 너무나 단순해서 정보라고 할 것도 없는 사실이며, 1월이라고 해서 특히 투자수익이 높아야 할 이유가 없다. 그러나 증권시장에서 1월은 특별한 의미를 갖는 것으로 알려져 있다. 즉, 장기간의 평균을 볼 때, 1월의 주식투자수익률은 다른 달의 투자수익률보다 훨씬 높은 것으로 알려져 있다. 이 현상은 1950년대에 처음 발견된 현상이지만 최근의 연구에서도 흔히 발견되고 있다

② 가치주 퍼즐(value stock puzzle) : 주식은 흔히 성장주와 가치주로 구분된다. 성장주(growth fund)는 미래에 풍부한 성장기회를 갖고 있는 주식이고 가치주(value stock)는 미래의 성장가능성은 적지만 회사의 보유자산이나 수익력이 높은 가치를 갖고 있는

주식을 말한다. 증권시장의 일반적인 상식에 의하면, 미래의 이익이나 배당을 현재가치로 평가한 것이 주가이기 때문에 풍부한 미래 성장기회를 갖고 있는 성장주에 투자하는 것이 더 높은 투자수익률을 얻을 것이라고 예상될 수 있다. 이와는 달리, 효율적 시장의 이론에서는 어떤 주식이 성장주인지 또는 가치주인지에 따라 수익률의 차이가 발생하는 것이 아니라 그 주식의 위험도에 따라 투자수익률이 결정된다고 본다.

그러나 1990년대에 발견된 미국의 연구결과에 의하면 가치주의 투자수익률이 성장주보다 현저히 높다. 즉, PBR(price to book ratio, 이 비율은 주가를 1주당 장부가로 나눈 값으로서 PBR이 높으면 성장주이고 PBR이 낮으면 가치주로 분류된다)이 낮을수록 높은 평균 투자수익률을 보여준다. 이런 결과는 증권시장의 일반적인 상식뿐만 아니라 효율적 시장의 이론과도 맞지 않는 결과이다.

③ 주식의 과잉변동성 : 사람들은 흔히 주식은 본래 위험이 큰 자산이기 때문에 주가가 큰 변동성을 보이면서 움직이는 것이 당연하다고 생각한다. 그러나 1980년대에 제시된 실증적 연구결과에 의하면, 주가의 실제 변동성은 이론적으로 타당하다고 판단되는 수준보다 훨씬 더 크다. 이런 현상은 특정 정보가 아닌 거의 모든 정보에 대해 주가가 너무 과민하게 반응하고 있다는 것을 의미한다.

④ 거품 : 금융시장의 비효율성을 보여주는 대표적인 현상은 금융시장에서 반복적으로 거품이 발생하고 있다는 사실이다. 거품(bubble)이란 자산의 가격이 정상적인 가치보다 현저히 높게 형성되어 있는 현상을 의미한다. 거품은 크고 작은 규모로 오랫동안 되풀이되어 왔다. 세계사에서 중요하게 다루어지는 것만을 예로 들면, 1637년의 튜립구근버블(네덜란드), 1720년 South Sea Co. 주가버블(영국)과 Mississippi Co. 주가버블(프랑스), 1929년 Florida 부동산버블(미국), 1980년대 도쿄 부동산버블과 주가폭등, 2000년 전후 IT주 버블과 미국 등의 부동산버블 등이 있다.

대규모의 거품이 꺼지게 되면 경제 전반은 심각한 위기에 빠지게 된다. 1929년의 세계대공황, 1990년대 일본의 장기불황, 2008년의 세계 금융위기가 모두 금융자산의 거품이 꺼지면서 발생한 것들이다. 따라서 증권이나 부동산가격에 거품이 발생하지 않도록 하는 것이 매우 중요한 일이다.

튤립구근버블

튤립은 16세기 중반에 오스만 터키로부터 유럽에 소개되어 네덜란드에서 특히 인기를 끌었다. 16세기 말에는 네덜란드에서도 활발하게 재배되었으며 여러 가지 변종이 만들어졌다. 이미 이 시기에 튤립이 사치품의 일종으로서 지위의 상징(status symbol)으로 취급되었다.

그림 2-1 | 튤립 그림

튤립은 4, 5월경에 꽃을 피우기 때문에 구근 그 자체는 주로 6월부터 9월 사이에 거래되었다. 그러나 당시 네덜란드에서는 튤립구근을 미래의 약정된 시기에 약정된 가격으로 사고팔기로 하는 계약의 형태로 연중 활발하게 거래되었다. 오늘날 이런 형태의 거래를 선물(futures)거래라고 부르며, 여러 가지 농산물, 축산물, 금속, 원유, 각종 금융자산의 거래에 이용되고 있다.

당시 특히 인기를 끈 튤립은 꽃에 모자이크 무늬가 있는 것이었다(오늘날 이것은 바이러스에 감염된 튤립이라는 것이 밝혀졌다). 이런 종류의 튤립은 오직 구근을 통해서만 번식될 수 있기 때문에 오랫동안 희소성이 유지되었고 그 결과 높은 가격을 유지할 수 있었다.

1634년에는 프랑스의 투기꾼들이 튤립거래에 끼어들고 1636년에는 튤립구근을 거래하는 공식적인 선물거래소가 설립되었다. 당시 선물거래소는 계약가격의 2.5%(최대 3플로린 한도 내)의 수수료만을 납부하면 증거금이나 현물매입대금이 없이도 튤립 구근을 거래할 수 있었다. 따라서 거래자들은 큰 투자액이 없이도 투기목적의 거래를 자유롭게 행할 수 있었다. 이런 투기거래 때문에 1636년 11월부터 튤립구근의 선물가격이 폭등하기 시작하였다.

[그림 2-1]은 1637년 카탈로그에 실린 튤립그림으로서 당시 가장 인기 있던 Viceroy라는 품종이다.[03] 이 그림의 아래쪽을 보면 튤립구근 하나에 3,000~4,200플로린을 호가하고 있다는 것을 알 수 있다. 당시 숙련공의 연간 수입이 300플로린이었다는 것을 감안하면 튤립구근의 가격이 얼마나 비쌌는지 짐작할 수 있었다.

튤립구근 가격에 거품이 일기 시작한 것은 대체로 1636년 11월경으로 보고 있다. 11월 초까지만 해도 평균가격이 10플로린 내외이던 선물가격이 12월에는 100플로린을 상회하였으며 1637년 2월 초에는 200플로린까지 상승하였다. 그 이후 선물가격이 급속도로 하락하여 5월에는 원래의 10플로린 내외 수준으로 하락하였다. 오늘날 많은 학자들이 튤립구근 버블이 어떤 과정으로 형성되었고 어떤 이유로 거품이 꺼지게 되었는지 연구하고 있지만, 아직 그 경과와 원인이 명확하게 밝혀지지 않고 있다.

03 이 그림은 위키피디아(www.wikipedia.org)의 tulip bubble 항목에서 발췌한 것이다.

Chapter 3

이자 계산

제1절 이자가 발생하는 이유

제2절 미래가치

제3절 현재가치

제4절 내부수익률

제5절 인플레이션과 세금의 영향

현재의 어떤 금액이 미래의 얼마에 해당하는지, 미래의 어떤 금액이 현재의 금액으로 얼마에 해당하는지, 어떤 상품을 할부로 구입할 때 매월 얼마씩 나누어 지불해야 하는지 등등은 모두 이자계산과 관련되어 있다. 대부분의 사람들은 이자계산이 필요할 때 다른 사람이 계산해준 결과를 그대로 믿고 따르는 것이 일반적이다. 그러나 이재에 능한 사람들은 결코 남의 말을 그대로 믿고 금융거래를 하는 법이 없다. 그들은 자기 스스로 이자계산을 해보고 그 거래가 유리한 것인지를 나름대로 판단하는 데 익숙해 있다.

사실 이자계산은 매우 간단한 수학지식과 계산기만을 갖추고 있으면 누구나 쉽게 할 수 있는 일이다. 컴퓨터로 엑셀이라는 소프트웨어를 다룰 줄 안다면 매우 복잡한 이자계산도 쉽게 다룰 수 있다.

제1절 | 이자가 발생하는 이유

돈을 예금하거나 차입할 때 왜 이자가 붙은 것일까? 여기에 대해 여러 가지 이론이 주어져 있다. 예를 들어, 공산주의이론을 창시한 칼 마르크스는 가진 자가 못가진 자로부터 착취하기 위한 수단으로 이자를 요구한다고 주장한다. 그렇다면 착취관계가 아닌 서민들 사이의 돈거래에도 이자가 붙어 있고 때로 정상적 이자보다 더 높은 이자가 붙어 있는데, 이런 현상을 마르크스이론이 제대로 설명할 수 있을까?

일반적인 금융이론에서는 이자는 화폐의 시간가치(time value of money)라는 인간의 본성 때문에 발생한다고 생각하고 있다. 화폐의 시간가치란 동일한 금액에 대해 먼 미래로 갈수록 더 적은 가치로 평가되고 현재에 가까워질수록 더 큰 가치로 평가되는 현상을 말한다. 예를 들어, 동일한 100만원이 갖는 가치는 그 금액이 언제 얻어지느냐에 따라 달라진다. 즉, 1년 후에 얻어지는 100만원은 현재의 100만원보다 더 낮은 가치를 갖는다. 이 화폐의 시간가치라는 개념은 제4장에서 설명하게 될 위험 · 수익의 교환관계라는 개념과 함께 금융시장을 지배하는 가장 중요한 원리 중의 하나이다.

화폐의 시간가치는 사람들이 먼 미래의 소비보다는 현재의 소비를 더 원하기 때문에 나타나는 현상이다. 1년 후에 100만원을 소비해서 얻는 즐거움이 당장 100만원을 소비해서 얻는 즐거움보다 더 작다고 생각하는 것이 대다수 인간들의 본성이다. 따라서 현재 갖고 있는 100만원을 소비하지 않고 1년 후로 소비를 연기하게 되면 소비의 즐거움이 줄어들기 때문에, 그 대가가 주어질 때에만 소비를 1년 후로 연기하려 한다.

이자율은 소비를 연기할 때 사람들이 요구하는 대가이다. 예를 들어, 현재의 100만원을 빌려주고 1년 후에 105만원의 원리금을 확실하게 받는 금융거래가 일반화되어 있다면, 이것은 사람들이 소비를 연기하는 데 대한 대가로 1년에 5%의 이자율(또는 '금리' 라고도 한다)이 주어지고 있다는 것, 즉 이자율이 5%라는 것을 의미한다.

여기에서 이자율은 미래의 금액에 어떤 위험이나 불확실성도 존재하지 않는 경우의 이자율이다. 이를 좀 더 분명하게 나타내기 위하여 무위험이자율이라고 부르기도 한다. 예를 들어, 은행의 정기예금이나 국고채는 미래의 원리금이 보장되어 있기 때문에, 이런 자산의 이자율이 무위험이자율을 나타낸다고 보아도 좋다.

이자율과 관련하여 중요한 사실의 하나는 만기가 다르면 이자율도 달라질 수 있다는 점이다. 경제신문을 보면 매일 오늘의 실세금리 등과 같은 기사를 통해 여러 가지 종류의 금융자산에 대한 매일 매일의 금리가 실려 있다. 예컨대 1년만기 통화안정증권의 금리는 4.5%이고 3년만기 국고채의 금리는 5%로 주어져 있다 하자. 통화안정증권은 한국은행이 발행하는 채권이고 국고채는 재무부가 발행하는 채권이기 때문에 모두 위험이 없는 안전한 채권이라고 할 수 있지만 두 채권의 금리는 서로 다르게 결정되어 있다. 이것은 두 채권의 만기가 다르기 때문이다. 이와 같이 만기의 차이에 따라 이자율이 달라지는 현상을 이자율의 기간구조

(term structure of interest rate)라고 한다.

우리나라의 최근의 금융시장에서 흔히 관찰되는 이자율의 기간구조는 만기가 길수록 이자율도 높게 결정되는 형태를 보이고 있다. 그러나 만기가 길다고 해서 반드시 이자율도 높게 주어진다고 할 수는 없다. 때로는 만기가 긴 채권이 더 낮은 이자율을 가져다 줄 수도 있다.

이자율 또는 수익률의 표기에 관한 금융관행

숫자 중 일상생활에서 가장 많이 사용하는 것 중의 하나가 이자율이나 수익률을 나타내는 숫자일 것이다. 이자율이나 수익률은 돈과 관련되어 있기 때문에 그것을 잘못 표기하면 분쟁의 소지가 될 수 있다. 따라서 중요한 금융계약에서는 이자율이나 수익률의 의미와 계산방법을 구체적으로 미리 정해 놓는다. 그러나 일반적인 금융거래에서는 금융권에서 사용하는 일정한 관행에 따라 이자율이나 수익률을 표기한다. 그 중 일반인들이 알아두어야 할 관행은 기간과 표시단위와 관련된 것이다.

일반적으로 이자율이나 수익률은 연율(annual rate), 즉 1년 단위의 수익률을 기준으로 표시한다. 예를 들어, 어떤 은행이 91일 만기, 액면 1,000만원의 양도성예금증서(CD)를 5%의 수익률로 발행하였다고 하자. 이 CD는 91일 동안에 5%의 수익률이 얻어진다는 것이 아니라 365일에 5%, 즉 91일 동안에 1.25%(=5%×(91÷365))의 수익률이 얻어진다는 것을 의미한다. 만일 이자율이나 수익률이 연율이 아닐 경우에는 이를 명료하게 나타내어 혼란을 피하도록 해야 한다.

다음으로 이자율이나 수익률을 표기할 때 흔히 bp(basis point)를 단위로 한다. bp는 1/10,000, 즉 0.01%이다. 예를 들어, 이자율을 표기할 때 7.20% 또는 5.54% 등과 같이 %로 나타낼 때에는 bp단위인 소수점 아래 두 자리까지 표시한다(일반적으로는 소수점 아래 세 자리까지 구해서 반올림한다). 또 이자율이 5.23%에서 4.97%로 하락하면, 26bp만큼 하락했다고 말한다.

제2절 | 미래가치

어느 누구나 은행에 어떤 금액을 예금하고자 할 때 가장 큰 관심을 갖는 것은 이자율이 어느 정도이고 만기에 얼마의 원리금을 받게 될 것인지일 것이다. 이때 현재의 어떤 금액을 대가로 미래에 받게 될 금액을 미래가치라고 한다. 즉, 이자율이 정해져 있을 때 화폐의 시간가치를 반영하여 현재의 어떤 금액과 교환될 수 있는 미래의 금액을 구할 수 있으며, 이것을 미래가치(future value : FV)라고 한다.

미래가치는 복리(compounding)라는 계산방법에 의해 구해진다. 예를 들어, 은행의 정기예금 이자율이 연 6%로 주어져 있다 하고 이자는 연말에 단 한 번만 계산된다 하자. 이 경우 현재 100만원을 정기예금에 넣어두면 1년 후의 원리금은 다음과 같이 계산된다.

$$FV = 100\text{만} \times (1 + 0.06)^1 = 106\text{만원}$$

이 106만원의 원리금이 현재의 100만원에 대한 1년 후의 미래가치이다.

이와 비슷한 경우로서, 현재 100만원을 정기예금에 2년간 예치해 둘 경우 2년 후의 미래가치는 다음과 같이 계산된다.

$$FV = 100\text{만} \times (1 + 0.06)^2 = 112\text{만}\ 3,600\text{원}$$

이 식은 현재의 원금 100만원에 대한 1년 후의 미래가치 106만원에 또다시 6%의 이자가 덧붙여져서 2년 후에 112만 3,600원의 미래가치가 얻어질 것이라는 것을 보여주고 있다.

더 복잡한 예로서, 이자율이 6%일 때, 현재의 100만원에 대한 5년 후의 미래가치는 다음과 같이 133만 8,226원으로 계산된다.

$$FV = 100\text{만} \times (1 + 0.06)^5 = 133\text{만}\ 8,226\text{원}$$

일반적으로, 연간이자율이 i이고 연 1회 복리계산할 경우, 현재의 원금이 P_0일 때 t년 후의 미래가치는 다음 식에 의해 구해진다.

미래가치

$$FV = P_0(1+i)^t \qquad [3\text{-}1]$$

단, FV는 미래가치, P_0는 현재의 원금, i는 이자율, t는 만기까지의 기간이다.

이자율은 특별한 언급이 없는 한 연간이자율, 즉 연리(annual rate)를 기준으로 표시한다. 따라서 은행이나 금융기관에서 몇 %의 금리를 준다고 할 때 그 몇 %는 다른 특별한 조건이 붙어 있지 않는 한 연리 몇 %라는 것을 말한다. 만일 반기(6개월, semi-annual) 또는 분기(3개월, quarterly)이자율을 알고자 한다면, 연리를 2 또는 4로 나누어 구하면 된다. 예컨대 연리 6%의 이자율을 분기이자율로 바꾸면 1.5%(= 6%/4)이다.

위의 식에서 알 수 있는 사실의 하나는 이자율이 올라가면 미래가치도 커진다는 점이다. 예를 들어, 이자율이 7%이면 현재의 100만원에 대한 5년 후의 미래가치는 다음과 같이 140만 2,552원으로 증가한다.

$$FV = 100만 \times (1+0.07)^5 = 140만\ 2,552원$$

위의 미래가치 공식에서 곧바로 알 수 있는 것은 아니지만, 만기가 동일하고 이자율이 동일하다 하더라도 이자계산의 간격이 짧을수록 미래가치는 더 커진다는 사실도 기억해 두어야 하다. 즉, 다른 조건이 같다면 이자계산을 자주 해주는 예금일수록 만기에 받게 될 원리금이 더 커진다.

실제로 금융기관에서는 반기, 분기 또는 일별로 이자계산을 한다. 그런 경우에는 위의 미래가치 공식을 사용하되 이자계산의 간격에 맞는 이자율을 사용하고 기간 수를 조정해주면 된다. 예를 들어, 이자율이 6%이고 연 4회 분기별로 복리계산할 경우, 현재의 100만원에 대한 5년 후의 미래가치는 다음과 같이 134만 6,855원으로 계산된다.

$$FV = 100\text{만} \times \left(1 + \frac{0.06}{4}\right)^{5\times4} = 134\text{만 } 6{,}855\text{원}$$

앞에서 복리계산을 연 1회 할 경우의 미래가치는 133만8,226원으로 계산되었던 것과 비교해보면, 연간이자율과 만기가 같은데도 불구하고 연 4회 복리계산할 경우의 미래가치가 8,629원만큼 더 크다는 것을 알 수 있다. 이 차이는 그리 큰 것처럼 보이지 않을지 모르지만, 수천 억 또는 수조 원의 자금을 운용하는 기관투자자의 경우에는 그렇지 않다. 예를 들어, 1,000억원의 자금을 은행에 예치할 경우, 복리계산주기를 연 1회가 아닌 4회로 하면 8억 6,290만원의 차이가 난다. 이 차이는 무시할 수 없는 차이라고 할 수 있다.

제3절 | 현재가치

1. 현재가치의 뜻과 계산

앞 절에서는 현재의 원금이 미래의 어떤 금액과 동일한 가치를 갖는지를 계산하였다. 이와 반대로, 이자율이 정해져 있을 때 미래의 어떤 금액과 동일한 가치를 갖는 현재의 금액이 얼마인지도 어렵지 않게 계산할 수 있으며, 이렇게 계산된 현재의 금액을 현재가치(present value : PV)라고 한다. 예를 들어, 무위험이자율이 6%이고 1년 후에 100만원이 확실하게 얻어질 예정일 때, 이 1년 후의 100만원과 동일한 가치를 갖는 현재의 어떤 금액이 현재가치이다.

현재가치라는 개념은 앞에서 설명한 미래가치보다 더 중요하게 사용된다. 예를 들어, 어떤 사람이 그동안 모은 재산 20억원을 투자하여 5년 정도 임대한 후 매도할 예정으로 작은 상가빌딩을 매입하고자 한다 하자. 그는 먼저 그 빌딩을 임대하여 매년 어느 정도의 임대수입이 얻어질 것인지, 관리비나 세금은 어느 정도 지출될 것인지, 5년 후 빌딩의 가격은 어느 정도가 될 것인지 등을 추정하고, 이 추정결과를 정리하여 빌딩으로부터 기대되는 매년의 순소득을 계산해 볼 것이다. 그 다음 이 순소득의 현재가치를 계산하여 그 크기가 20억원의 투자지출보다 큰지 또는 작은지를 알아볼 것이다. 만일 빌딩에서 기대되는 순소득의 현재가치가 투자지출보다 크다면 이 상가빌딩은 투자할만한 것으로 판단될 것이다.

위의 예에서와 같이 거의 모든 중요한 재무문제들은 미래에 어떤 금액을 얻거나 지출하는 것과 관련되어 있으며, 합리적인 결론을 얻어내기 위해서는 미래금액을 현재가치로 평가해 볼 필요가 있다.

현재가치는 금융시장에서도 매우 중요한 의미를 갖고 사용된다. 금융이론에서는 금융시장에서 결정되는 자산의 가격은 그 금융자산으로부터 미래에 얻게 될 소득, 즉 원리금이나 배당의 현재가치에 의해 평가된다고 보고 있다. 예를 들어, 부동산의 가치는 그 부동산의 임대로 얻게 될 순소득과 부동산을 처분할 때의 예상가격을 현재가치로 평가한 것으로 본다. 또 채권의 가격은 채권의 원금과 이자소득을 현재가치로 평가한 것이다. 주식의 경우, 그 가치의 평가가 더 복잡하긴 하지만, 기본적으로 동일한 방법을 사용하여 평가한다.

현재가치는 미래의 어떤 금액과 교환될 수 있는 현재의 금액이기 때문에, 미래가치를 계산하는 것과 반대의 계산방법으로 계산될 수 있다. 예를 들어, 이자율이 6%일 때, 3년 후에 확실하게 얻어지는 100만원의 현재가치는 다음과 같이 83만 9,619원으로 계산된다.

$$FV = \frac{100\text{만}}{(1+0.06)^3} = 83\text{만 } 9,619\text{원}$$

즉, 이자율이 i일 때 t기 후에 얻게 될 어떤 금액 C_t에 대한 현재가치 PV는 다음의 계산공식에서와 같이 C_t를 $(1+i)^t$로 나누어 구해질 수 있다.

현재가치

$$PV = \frac{C_t}{(1+i)^t} \qquad [3\text{-}2]$$

단, PV는 현재가치, C_t는 t기 후에 얻게 될 금액, i는 이자율이다.

[식 3-2]에서와 같이 현재가치를 구하는 계산을 할인(discounting)이라고 한다. 그리고 미래의 어떤 금액을 현재가치로 할인하기 위하여 사용하는 이자율을 특히 할인율(discount rate)이라고 한다.

현재가치의 특성을 더 명확하게 이해하기 위하여, 이자율이 6%일 때 동일한 금액 100만원이 언제 얻어지는지에 따라 현재가치가 어떻게 달라지는지를 비교해 보기로 하자.

1년 후의 100만원 : $PV = \frac{100만}{(1+0.06)^1} = 94만\ 3,396원$

2년 후의 100만원 : $PV = \frac{100만}{(1+0.06)^2} = 88만\ 9,996원$

3년 후의 100만원 : $PV = \frac{100만}{(1+0.06)^3} = 83만\ 9,619원$

5년 후의 100만원 : $PV = \frac{100만}{(1+0.06)^5} = 74만\ 7,258원$

10년 후의 100만원 : $PV = \frac{100만}{(1+0.06)^{10}} = 55만\ 8,395원$

20년 후의 100만원 : $PV = \frac{100만}{(1+0.06)^{20}} = 31만\ 1,805원$

동일한 금액이 더 먼 미래에 얻어질수록 더 낮은 가치를 갖는다는 사실이 위의 계산에서 쉽게 확인된다. 그리고 기간이 지날수록 현재가치는 급격하게 줄어든다. 이자율이 6%일 때 10년 후의 100만원에 대한 현재가치는 약 56만원 정도이고 20년 후의 100만원의 현재가치는 31만원 정도에 지나지 않는다. 따라서 상당히 먼 미래에 얻어지기로 약속된 상당히 큰 금액이라 할지라도 그것을 현재가치로 평가하면 그리 큰 금액이 아닐 수 있다. 따라서 먼 미래의 어떤 소득이나 금액이 관련되는 거래를 행할 때에는 반드시 현재가치를 계산해보고 그 거래가 유리한지 또는 불리한지를 판단해야 한다.

현재가치 공식이 갖고 있는 보다 중요한 특성은 이자율이 달라질 때 현재가치가 어떻게 달라지는지를 비교해 봄으로써 알 수 있다. 이를 위해, 이자율이 5%로 내려 간 경우 위의 각 경우에 대한 현재가치가 어떻게 달라지는지를 계산해보자.

1년 후의 100만원 : $PV = \dfrac{100만}{(1+0.05)^1}$ = 95만 2,381원(0.95% 상승)

2년 후의 100만원 : $PV = \dfrac{100만}{(1+0.05)^2}$ = 90만 7,029원(1.92% 상승)

3년 후의 100만원 : $PV = \dfrac{100만}{(1+0.05)^3}$ = 86만 3,838원(2.88% 상승)

5년 후의 100만원 : $PV = \dfrac{100만}{(1+0.05)^5}$ = 78만 3,526원(4.85% 상승)

10년 후의 100만원 : $PV = \dfrac{100만}{(1+0.05)^{10}}$ = 61만 3,913원(9.94% 상승)

20년 후의 100만원 : $PV = \dfrac{100만}{(1+0.05)^{20}}$ = 37만 6,889원(20.87% 상승)

위의 계산에서 오른쪽 괄호 안은 이자율이 6%에서 5%로 내려갈 때 현재가치가 어느 정도 상승하게 되는지를 보여준다. 이 계산에서 이자율이 내려가면 현재가치는 상승한다. 반대로 이자율이 올라가면 현재가치가 하락한다. 이것은 금융자산이나 다른 자산의 가격의 움직임을 이해할 때 상당히 중요하다. 예를 들어, 이자율이 상승하면 채권가격이 하락하여 채권투자자들이 자본손실을 보게 되는데, 이것도 이자율상승으로 채권의 현재가치(=가격)가 하락하기 때문이다. 물론 이자율이 하락하면, 위의 계산에서와 같이 채권가격은 상승하게 되어 투자자들은 자본이득을 얻게 된다.

위의 계산에서 알 수 있는 또 하나의 중요한 특성은 이자율이 달라질 때 발생하는 현재가치의 변동률은 만기가 길수록 더 크다는 사실이다. 이자율이 6%에서 5%로 내려갈 때, 1년 후 100만원의 현재가치는 0.95%만큼 상승한다. 그러나 5년 후의 것은 4.85%, 10년 후의 것은 9.94%, 20년 후의 것은 무려 20.87%나 상승한다. 이것은 만기가 긴 자산일수록 이자율변동의 영향을 더 크게 받는다는 사실이다. 즉, 단기금융자산보다는 장기금융자산이 이자율변동의 영향을 더 크게 받고, 주식이나 부동산은 만기가 거의 무한이라고 할 수 있으므로 이자율변동의 영향을 매우 크게 받을 것이라고 생각할 수 있다(그러나 주식이나 부동산은 변동성이 매우 큰 자산으로서 이자율뿐만 아니라 다른 다양한 요인들의 영향도 크게 받기 때문에, 이자율의 영향만을 따로 구분하기가 매우 어렵다).

앞의 미래가치를 계산할 때 복리계산기간이 짧을수록 미래가치가 더 크게 계산된 것을 보았다. 이와 비슷한 현상으로서, 이자율과 만기가 동일하다 하더라도 할인계산기간이 짧을수록, 즉 연간 할인횟수가 빈번할수록 현재가치는 작아진다. 앞에서 이자율이 6%일 때, 연 1회만 할인계산을 할 경우 5년 후의 100만원의 현재가치는 74만 7,258만원으로 계산되었다. 그러나 할인계산을 분기별로 한다고 생각해보자. 그 경우 분기이자율은 6%/4, 즉 1.5%로 되고 만기까지의 기간 수는 5년×4=20회로 된다. 따라서 현재가치는 다음과 같이 74만 2,470원으로 계산된다.

$$PV=\frac{100\text{만}}{\left(1+\frac{0.06}{4}\right)^{5\times4}}=74\text{만 } 2{,}470\text{원}$$

이 계산에서 할인계산을 연 4회 행함으로써 현재가치는 4,788원만큼 감소하였다. 이 차이는 그리 큰 것이라고 할 수 없지만, 수천 억 또는 수조 원의 자금을 운용하는 펀드의 경우 할인계산의 기간을 달리함으로써 커다란 차이가 발생할 수 있다.

2. 여러 기간에 걸친 현금흐름의 현재가치

지금까지는 미래의 어느 한 시점에 어떤 금액이 얻어질 경우 현재가치가 어떻게 계산되는지를 설명하였다. 그러나 일상생활에서 다루는 많은 금융거래들은 미래의 어느 한 시점이 아니라 여러 기간에 걸쳐 소득이나 금액이 얻어진다. 이처럼 여러 기간에 걸쳐 발생하는 현금의 수입이나 지출을 현금흐름(cash flow)이라고 한다. 현금흐름은 현금유입(cash inflow)과 현금유출(cash outflow)로 더 상세하게 구분할 수도 있다.

예를 들어, 액면가가 100만원이고 매년 말에 5만원을 지급하는 채권이 있다 하자(따라서 3년도 말에는 원금 100만원과 이자 5만원, 합계 105만원의 금액이 얻어진다). 현재 이자율이 6%라면, 이 채권의 현금흐름(원금상환액과 이자)의 현재가치는 다음과 같이 97만 3,270원으로 계산된다.

$$PV = \frac{5\text{만}}{(1+0.06)^1} + \frac{5\text{만}}{(1+0.06)^2} + \frac{105\text{만}}{(1+0.06)^3} = 97\text{만 } 3{,}270\text{원}$$

이 예에서 알 수 있는 바와 같이, 여러 기간에 걸쳐 현금흐름이 발생하는 경우의 현재가치는 매기 현금흐름의 현재가치를 계산하고 이들을 합계하여 구한다.

일반적으로, T기에 걸쳐 얻어지는 현금흐름의 현재가치는 [식 3-3]과 같이 구해진다.

다기간 현금흐름의 현재가치

$$PV = \sum_{t=1}^{T} \frac{C_t}{(1+i)^t} \quad [3\text{-}3]$$

단, PV는 현재가치, C_t는 t기에 얻게 될 금액, i는 이자율이다.

Excel로 여러 기간에 걸친 금액의 현재가치 계산하기

Excel을 이용하여 [식 3-3]의 공식에 따라 다기간 현금흐름의 현재가치를 계산해 보기로 하자.

① 빈 스프레드시트의 A1 셀에 '기간', B1에 '이자율', C1에 '금액', D1에 '현재가치'라고 써넣는다. A2~A4에 '1', '2', '3'을 써넣고(기간이 긴 경우에는 [편집-채우기] 메뉴를 사용), B2~B4 셀에 '0.06'이라고 써넣고, C2~C4에 '50000', '50000', '1050000'을 써넣는다.

② 커서를 D2에 놓고 '=C2/(1+B2)^A2'를 써넣으면 D2에 제1기의 금액 5만원에 대한 현재가치가 계산된다.

③ 커서를 D2에 놓고 [편집-복사]를 선택한다. 그 다음 커서를 D3에 놓고 D4까지 끌어당긴 후, [편집-붙여넣기] 메뉴를 선택한다. 그러면 D3, D4에 제2기와 3기 금액의 현재가치가 구해진다.

④ 커서를 D5에 놓고 [삽입-함수] 메뉴를 선택하고 함수종류에서 [수학/삼각], 함수이름에서 [SUM]을 선택한 다음, 확인단추를 누른다.

⑤ SUM 대화상자에서 Number1의 범위단추를 누르면 본 화면이 다시 나타난다.

⑥ 커서를 D2에 놓고 D4까지 끌어당긴 다음, 범위입력행의 오른쪽에 있는 범위단추를 누른다. 그러면 다시 SUM 대화상자가 나타난다. 확인단추를 누르면 본 화면의 D5 셀에 구하고자 하는 현재가치가 973270으로 얻어진다.

※ 주의 : 함수마법사에서 함수이름으로 PV를 선택해서는 안 된다. Excel에서 PV는 다음 항에서 설명하게 될 연금의 현재가치를 구하는 함수이다.

3. 연금의 현재가치

일상생활에서 흔히 관찰되는 다기간 현금흐름의 대표적인 예는 연금(annuity)이다. 어떤 상품을 구입한 다음, 매달 동일한 금액을 갚아나가는 할부구매나 월정액을 저축하는 정기적금, 매일 일정금액을 갚아 나가는 일숫돈 등은 모두 연금의 예이다.

앞으로 T기 동안 매기 C만큼의 현금흐름이 주어지는 연금이 있다면 그 연금의 현재가치는 다음과 같이 표현할 수 있다.

$$PV = \sum_{t=1}^{T} \frac{C}{(1+i)^t} \qquad [3\text{-}4]$$

연금의 지급기간이 길 경우 우변의 항의 수가 많기 때문에 위의 식은 상당한 번거로움이 따른다. 따라서 연금의 현재가치는 다음 공식을 사용하는 것이 편리하다.[01]

연금의 현재가치

$$PV = C\left[\frac{(1+i)^T - 1}{i(1+i)^T}\right] \quad [3\text{-}5]$$

예를 들어, 어떤 회사원이 퇴직하면서 매년 1,500만원씩 15년간 연금을 받기로 하였고 앞으로 이자율이 5% 수준에서 유지될 것으로 예상된다면, 그 연금의 현재가치는 다음과 같이 1억 5,569만원으로 계산된다.

$$PV = (1,500\text{만})\left[\frac{(1+0.05)^{15} - 1}{(0.05)(1+0.05)^{15}}\right] = 1\text{억 } 5,569\text{만 원}$$

여러 가지 형태의 연금의 현재가치

(1) 영속연금의 현재가치

연금의 특수한 경우로서 매기 동일한 금액을 영속적으로 받을 수 있는 연금을 영속연금(perpetuity)이라고 한다. 현실적으로 영속연금은 찾아보기 힘들다. 그러나 영속연금과 동일한 성격을 지닌 증권으로서 영속채권(consol)이라는 것이 발행된 사례는 있다. consol이라는 용어는 consolidated annuity라는 말의 약자로서, 1752년 영국 정부가 기존의 국채들을 통합하여 액면가의 3.5%를 이자로 지급하는 영속채권을 발행했던 데에서 유래한다. 이 영속채권은 그리 규모는 크지 않지만 현재까지도 존속하고 있다.

매기 C만큼의 금액이 영속적으로 얻어지는 영속연금의 현재가치는 다음 식과 같이 매우 간단하게 구해진다.[02]

영속연금의 현재가치

$$PV = \frac{C}{i} \quad [3\text{-}6]$$

이 공식이 보여 주는 것처럼 영속연금의 현재가치는 매기의 연금을 할인율로 나누어 구해진다. 예를 들어, 매년 1,200만원의 연금을 영속적으로 지급하기로 되어 있고 이

---

01 연금의 현재가치는 제T기말까지 매기 C의 현금흐름이 얻어지는 두 가지 영속연금의 차이로 파악할 수 있다(영속연금의 현재가치 공식에 대해서는 아래의 참고에서 구체적으로 설명한다). 첫 번째의 영속연금 A는 제1기 말부터 매기 C만큼의 금액이 주어지는 영속연금으로서 그것의 현재가치 PV_A는 $PV_A = C/i$로 구해진다. 두 번째의 영속연금 B는 제$T+1$기 말부터 매기 C만큼의 금액이 얻어지는 영속연금으로서, 그것의 현재가치 PV_B는 제T기 말의 시점에 평가한 현재가치를 다시 $(1+i)^T$로 나누어 현재시점의 현재가치를 구한 것과 같다. 즉, $PV_B = (C \div i)/(1+i)^T$이다. 끝으로, T기 말까지 C의 현금흐름을 주는 연금의 현재가치 PV는 위의 PV_A에서 PV_B를 뺀 것과 같으며, 이렇게 얻어진 식을 정리하면 [식 3-5]가 얻어진다.

02 영속연금은 매기 C만큼의 금액이 영속적으로 얻어지는 연금이므로 그것의 현재가치는 다음 식과 같이 놓을 수 있다.

$$PV = \frac{C}{1+i} + \frac{C}{(1+i)^2} + \frac{C}{(1+i)^3} + \cdots \quad ①$$

이 식①의 양변에 $(1+i)$를 곱하면,

$$PV(1+i) = C + \frac{C}{1+i} + \frac{C}{(1+i)^2} + \frac{C}{(1+i)^3} + \cdots \quad ②$$

위의 식②에서 ①을 빼면 우변 첫 항의 C를 제외한 다른 항은 모두 상쇄되므로 $PV(1+i) - PV = C$으로 정리된다. 이 식을 PV에 관해 정리하면 영속연금의 현재가치는 $PV = C/i$가 얻어진다.

자율이 5%라면, 이 영속연금의 현재가치는 다음과 같이 2억 4,000만원으로 계산된다.

$$PV = \frac{2,400만}{0.05} = 2억\ 4,000만원$$

(2) 일정성장 영속연금의 현재가치

영속연금의 특수한 형태로서 매기의 얻어지는 연금이 일정한 증가율로 증가하는 영속연금이 있으며, 이런 종류의 연금을 일정성장 영속연금(constant growth perpetuity)이라고 부른다. 현실적으로 이런 일정성장 영속연금은 거의 존재하지 않는다. 그러나 매기 얻어지는 배당이 매기 증가할 것으로 예상되는 주식은 일정성장 영속연금의 일종으로 간주될 수 있다. 나중에 설명하겠지만, 주식가치를 평가하는 방법의 하나로서 고든모형(Gordon model)이라는 것이 증권분석실무에서 사용되고 있는데, 이 모형은 매기의 배당이 영속적 일정한 증가율로 증가할 것으로 가정하고서 주식가치를 평가한다.

일정성장 영속연금의 현재가치는 다음 공식에 의하여 매우 간단하게 얻어진다.[03]

일정성장 영속연금의 현재가치

$$PV = \frac{C_1}{i - g} \qquad [3\text{-}7]$$

단, C_1은 제1기 말에 얻어지는 연금이고, g는 연금의 증가율이다.

위의 [식 3-7]을 사용할 때 우변의 분자가 전기 말이 아니라 제1기말, 즉 당기말에 얻어지는 연금인 C_1이라는 점에 주의하여야 한다. 또 [식 3-7]은 이자율 i가 성장률 g보다 크다는 조건에서만 성립한다. 왜냐하면 분자에서 이자율 i가 성장률 g보다 작으면 현재가치가 무한대로 되어 유한한 크기의 현재가치가 얻어지지 않기 때문이다.[04]

예를 들어, 제1년도 말에 1,500만원의 연금이 얻어지고 그 연금이 매기 3%씩 영속적으로 증가하며 할인율이 5%라면, 이 연금의 현재가치는 다음과 같이 계산된다.

$$PV = \frac{1,500만원}{0.05 - 0.03} = 7억\ 5,000만원$$

03 일정성장 영속연금으로부터 매기 얻어지는 연금은 C_1, $C_1(1+g)$, $C_1(1+g)^2$, $C_1(1+g)^3$, …으로 놓을 수 있다. 이 연금의 현재가치도 앞의 각주에서 영속연금의 현재가치를 구하는 것과 동일한 방법을 사용하여 구해진다.

04 연금의 증가율(g)이 할인율(i)보다 더 크면, 아주 먼 미래의 금액의 현재가치가 무한대로 된다. 즉, $C_1(1+g)^\infty/(1+i)^\infty = C_1[(1+g)/(1+i)]^\infty$에서 큰 괄호 안의 값이 1보다 크기 때문에 이 현재가치의 값은 무한대가 된다.

장지리라는 것을 아십니까?

저자는 1980년대 중반에 일제하 농촌금융에 관한 사례연구를 행한 적이 있었다. 그 때 저자의 관심은 일제강점기에 농촌의 부자들이 어떻게 부를 형성하였는지, 특히 근대적 금융기관이 부의 형성에 어떤 역할을 하는지를 파악하는 것이었다. 일제 때부터 1960년대 말까지 번성했던 농촌 고리대(高利貸) 문제도 이 연구작업의 일부를 구성하였다.

당시 저자는 전남 무안군 망운면을 사례로 연구하였는데, 고리대와 관련하여 매우 흥미있는 사실을 관찰하였다. 일제시대부터 1960년대까지 이 지역에서 최대의 지주이자 부자로 이름을 날렸던 ○○○라는 분이 있었다. 그는 맹인인데도 불구하고 망운 5일장에서 포목상과 고리대로 초기의 부를 일으켰다. 맹인이기 때문에 포목을 볼 수는 없지만 손끝으로 만져서 포목의 품질을 정확하게 감정할 수 있었다 한다. 또 당시 성행하던 장지리라는 고리대 방식으로 큰 돈을 벌었다.

장지리라는 것은 장날에 9원을 빌려 쓰고 5일 후 장날부터 5일마다 돌아오는 장날마다 10번에 걸쳐 1원씩 갚아나가는 고리대 방식이다. 장지리는 얼핏 보기에 목돈을 빌려 푼돈을 갚는 것처럼 보이지만, 실제로는 매우 금리가 높은 고리대이다. 차입자는 주로 인근에 사는 가난한 농민들이었기 때문에 신용도가 낮을 수밖에 없었다. 따라서 큰 규모로 고리대를 운용하는 사람들은 주먹패를 고용하여 차입자를 폭력적 방법으로 위협하여 채무상환을 강제하였다.

○○○는 이미 상당한 지주이었기 때문에 당시의 농촌금융을 주로 담당하고 있던 금융조합으로부터 농지를 담보로 거액을 차입할 수 있었다. 당시 금융조합의 담보대출 이자율이 어느 정도이었는지 잘 모르지만, 저자의 기억으로 조선인에 대한 대출금리가 연리 15%를 넘지 않았던 것 같다. 따라서 1년 동안 약 72회 정도의 장이 열리게 되므로, 연리 15%를 5일간 이자율로 환산하면 0.2083% 정도가 된다. 장지리는 1원씩 10회에 걸쳐 5일마다 상환하는 고리대이므로 ○○○의 입장에서 현재가치를 구해보면 다음과 같다.

$$PV = (1\text{원})\left[\frac{(1+0.002083)^{10}}{(0.002083)(1+0.002083)^{10}}\right] = 9.8863\text{원}$$

장지리는 9원을 빌려주고 현재가치로 9.8863원을 받는 거래이기 때문에, 충분한 규모로 고리대를 운용하고 제대로 돈을 받아낼 수만 있다면 공짜로 9원 투자하여 9.8863원을 얻어내는 돈 만드는 기계(money machine)나 다름없다. 여기서 문제되는 것은 꾸어준 돈을 제때 받아낼 수 있는지의 문제이다. 당시 상당한 규모로 사채놀이를 했던 사람들은 폭력배를 동원하여 억지로 돈을 받아내기도 했지만, 일부러 돈을 제때 못 갚도록 유도하기도 하였다. 돈을 제대로 갚지 못하면 그것을 핑계로 더 큰 가치의 자산, 예컨대 토지, 건물, 골동품, 또는 노동력 등을 강제로 빼앗을 수 있기 때문이다. 고리대나 사채업자의 생리는 옛날이나 지금이나 크게 다르지 않은 것 같다.

○○○의 몰락과정을 보면 다소 동정의 여지가 있다. 그의 재산이 무너진 결정적인 계기는 6 · 25전쟁 이후 행해진 토지개혁과 1961년 5 · 16쿠데타 직후 행해진 농어촌 고리대정리 사업이다. 6 · 25전쟁 직후 지주들의 토지 중 일정부분을 제외한 나머지를

정부가 유상으로 몰수하여 소작농들에게 분배하여 주었다. 토지를 유상몰수한 것이긴 하지만 토지대금을 직접 현금으로 받지 못하고 지가증권(地價證券)으로 받았다. 지가증권은 원리금이 확정된 것이기 때문에 인플레이션이 높아지면 그 가치는 크게 하락한다. 1950년대와 1960년대는 생필품 공급이 크게 부족하였기 때문에 매년 10% 이상으로 물가가 올랐다. 따라서 토지개혁으로 받은 지가증권의 가치는 인플레이션으로 인해 크게 감소하였으며, 그 결과 대부분의 지주들이 몰락하게 되었다.

또 5 · 16쿠데타 직후, 당시 농어촌의 오랜 병폐라고 할 수 있는 고리대를 정리하기 위하여 혁명정부는 채무자들로 하여금 고리대를 모두 신고하도록 하고 신고 내용을 심사한 후 원금의 일부를 탕감해 주고 금리를 공금리 수준으로 낮추어주었다. 지역에서 인심을 얻지 못하고 있었던 ○○○의 경우, 채무자들이 채권의 거의 대부분을 신고했었기 때문에 큰 손실을 보았다고 한다. 그렇지만 워낙 큰 재산을 모았었고 평소에 알뜰하게 재산을 관리해 왔기 때문에 1960년대 초까지도 여전히 큰 부자였다고 한다.

그러나 ○○○에게 닥친 가장 큰 비극은 여자 때문에 생겼다. 그는 커다란 재산을 배경으로 줄곧 첩을 바꾸어가면서 살았다고 한다. 첩을 새로 들일 때마다 상당한 재산을 주었어야 했기 때문에 재산이 계속해서 줄어들었다. 그런데 노년에 접어든 ○○○이 1960년대 초에 매우 예쁘고 애교스러운 첩을 들이게 되었다고 한다. 그런데 그 첩의 말재간이 너무 좋아서 불과 2~3년 사이에 ○○○의 모든 재산을 빼내어 도망갔다고 한다. 그 후 ○○○는 얼마 살지 못하고 죽었는데 제대로 집 한 칸, 묘지 한 평도 없이 비참하게 죽었다고 한다. 평생을 살면서 인심을 얻지 못했기 때문에 사람들의 동정도 받지 못했다. 결국 그는 그토록 집착하던 돈도 한 푼 못 건지고 불쌍하게 죽었다. 인생을 어떻게 살 것인지에 대해 다시 생각하도록 하는 이야기이다.

4. 단기금융자산의 현재가치

위에서 설명한 현재가치 계산방법은 어떤 금액이 1년보다 더 먼 미래에 얻어질 때 사용되는 방법이다. 만기가 1년 미만인 금융자산의 경우에는 이른바 단리계산이라는 방법으로 미래가치를 계산한다. 예컨대 어음할인의 경우를 생각해보자.

어음할인은 채무자는 약정된 만기에 액면가에 해당하는 금액을 지급할 것을 약속하는 어음을 발행하고, 은행이나 상호저축은행은 그 어음의 현재가치만큼을 지급하고 어음을 매입하는 거래이다. 물론 만기가 도래하면 채무자는 어음의 액면가만큼을 어음소지인에게 상환하여 주어야 한다. 예를 들어, 어떤 중소기업이 당장의 운영자금을 조달하기 위해 91일 후에 5,000만원을 지급할 것을 약속하는 어음을 발행하고, 이 회사의 신용상태를 잘 알고 있는 상호저축은행이 연리 7%의 이자율로 이 어음을 할인하여 매입하고자 한다하자. 이 경우 어음의 현재가치, 즉 어음의 가격은 다음과 같은 방법에 의해 4,912만 7,397원으로 계산된다.

$$PV = 5{,}000\text{만} \times \left(1 - 0.07 \times \frac{91}{365}\right) = 4{,}912\text{만 } 7{,}397\text{원}$$

이 식을 보면 어음의 현재가치는 만기에 받게 될 액면가 5,000만원에서 91일간에 해당하는 이자를 빼서 구해지고 있다.

일반적으로 만기가 가까운 단기금융자산의 현재가치는 아래의 식에 의해 구해진다.

단기금융자산의 현재가치

$$PV = F \times \left(1 - i \times \frac{d}{365}\right) \qquad [3\text{-}8]$$

단, PV는 금융자산의 현재가치이고, F는 만기에 받게 될 액면가이며, i는 할인율, d는 만기까지의 일수이다.

이 공식에서는 1년이 365일인 것으로 보고 있다. 그러나 이자계산을 할 때 사용하는 1년의 일수는 국가에 따라 다르다. 미국에서는 1년을 360일로 계산한다. 그러나 우리나라와 유럽에서는 1년을 365일로 본다.

4. 이자율(또는 할인율)은 왜 변동하는가?

지금까지 이자율 또는 할인율이 일정하게 주어져 있는 것으로 간주하고 미래가치와 현재가치를 구하였다. 그러나 실제로는 경제상황의 변화에 따라 이자율은 변동하며, 또 개별 금융자산의 특성에 따라 다르게 결정된다.

다양한 요인들이 이자율에 대해 영향을 미치지만, 그 중에서도 물가상승률과 경기수준 등이 이자율수준에 중요한 영향을 미치는 것으로 알려져 있다. 일반적으로 물가상승률이 높을 것으로 예상되면 화폐가치가 하락하므로 이자율은 상승한다고 알려져 있다. 그리고 경기회복기에는 자금수요가 많아지므로 이자율이 상승하고 경기침체기에는 자금수요가 적어지므로 이자율이 하락한다고 알려져 있다.

이자율은 개별 금융자산의 특성을 반영하여 다르게 결정되기도 한다. 이자율에 영향을 미치는 것으로서 특히 중요한 특성은 만기(maturity)와 채무불이행위험(default risk)이다.

은행에서는 1년만기 정기예금보다는 3년이나 5년만기 정기예금에 대해 더 높은 금리를 주는 것이 일반적이다. 또 정부가 발행한 국고채에 투자할 경우에도 만기가 길수록 더 높은 이자율이 얻어진다. 이와 같이 만기가 길수록 더 높은 이자율이 주어지는 경우가 일반적이다. 그러나 반드시 그런 것만은 아니다. 경우에 따라서는 만기가 길수록 이자율이 낮아지는 경우도 있다.

채무불이행위험도 금융자산의 이자율에 중요한 영향을 미친다. 채무불이행위험이란 원금 또는 이자가 약정대로 이루어지지 않을 가능성을 의미한다. 채무불이행위험이 클수록, 사람들은 그 대가로 더 높은 이자율을 요구하게 된다. 은행에서 자금을 대출해 줄 경우에도 신용도가 낮은 회사, 즉 채무불이행위험이 큰 회사에 대한 대출이자율은 신용도가 높은 회사에 대한 대출이자율보다 높다.

제4절 | 내부수익률

지금까지 화폐의 시간가치를 반영하여 현재가치를 계산하는 방법을 설명하였다. 화폐의 시간가치를 고려하기 위해 현재가치와 함께 널리 사용되고 있는 개념으로서 내부수익률(internal rate of return : IRR)이라는 것이 있다.

일상적인 용어로 내부수익률이라는 단어는 자주 사용되는 용어가 아니다. 그러나 현금흐름이 여러 기간에 걸쳐 발생하는 투자의 경우, 수익성을 측정하기 위해서 가장 흔히 사용되는 척도가 내부수익률이다. 그리고 채권시장에서도 '수익률(yield)' 이나 '이자율' 을 기준으로 모든 거래가 이루어지는데, 이 경우의 '수익률' 은 채권에 투자하여 얻게 될 '내부수익률' 을 말한다. 따라서 내부수익률은 경제문제를 이해하고자 할 때 반드시 이해해 두어야 할 개념이다.

내부수익률은 현재의 투자지출과 미래 현금흐름의 현재가치를 같게 하여 주는 할인율로 정의된다. 예를 들어, 어떤 사람이 처음 사업을 시작할 때 각종 시설비 및 임차료로 4,500만원을 지출하여 그 이후 1년도 말에 1,200만원, 2년도 말에 2,500만원, 3년도 말에 2,700만원의 소득이 얻어질 것으로 예상된다 하자. 이 투자의 내부수익률 R은 다음과 같이 표현된다(단위 : 만원).

$$4{,}500 = \frac{1{,}200}{1+R} + \frac{2{,}500}{(1+R)^2} + \frac{2{,}700}{(1+R)^3}$$

이 식의 우변에 약 17.46%의 할인율을 사용하여 현재가치를 구하면 좌변의 값인 4,500만원과 같은 값이 얻어진다. 따라서 17.46%는 이 투자의 현재의 투자지출과 미래 현금흐름의 현재가치를 같도록 만드는 할인율, 즉 내부수익률이다.

내부수익률을 일반화하여 표현하면, 다음의 [식 3-9]에서 현재의 투자액인 P_0와 미래에 얻게 될 매기의 현금흐름 C_t의 현재가치를 일치시켜 주는 어떤 할인율 R이다.

내부수익률

$$P_0 = \sum_{t=1}^{T} \frac{C_t}{(1+R)^t} \qquad [3-9]$$

단, R은 내부수익률(IRR).

이 식에서 내부수익률의 값을 손으로 계산하는 것은 결코 쉽지 않다. 흔히 사용하는 방법은 적절한 할인율의 값을 임의적으로 대입하여 P_0에 가장 가까운 현재가치를 가져다주는 할인율을 시행착오에 의해 구하는 방법이다. Excel과 같은 스프레드시트 프로그램은 내부수익률을 구하는 메뉴가 주어져 있으므로 이것을 이용하면 매우 간단하게 내부수익률을 구할 수 있다. Excel을 이용하는 방법은 아래에서 설명하기로 한다.

내부수익률의 경제적인 의미는 어떤 투자로부터 여러 기간에 걸쳐 얻게 될 복리수익률이다. 이를 확인하기 위하여 위의 예에서 투자지출 4,500만원을 내부수익률인 17.46%의 복리수익률로 3년간 투자할 경우 3년 후의 미래가치를 구하면 7,292만원이 된다. 마찬가지로 1년도의 현금흐름 1,500만원을 2년간, 2년도의 현금흐름 2,500만원을 1년간, 3년도의 현금흐름 2,700만원을 0년간 17.46%의 복리수익률로 투자할 경우의 3년 후의 미래가치도 다음과 같이 7,292만원이 된다.

$$1{,}200(1+0.1746)^2 + 2{,}500(1+0.1746)^1 + 2{,}700(1+0.1746)^0$$
$$=7{,}292\text{만원}$$

이 사실은 투자지출을 내부수익률로 복리투자하여 얻어진 결과는 투자로부터 얻어질 현금흐름을 내부수익률로 복리투자하여 얻어질 결과와 같다는 것을 의미하며, 결국 내부수익률이란 어떤 투자의 복리수익률과 같다는 것을 뜻한다.

Excel로 내부수익률을 계산하기

Excel을 이용하여 위에서 예로 든 현금흐름의 내부수익률을 계산해 보기로 하자.

① A1에 't', B1에 'C(t)'를 써넣고, A2~A5에 '0', '1', '2', '3', B2~B5에 '-4500', '1200', '2500', '2700'을 써넣는다.

② 커서를 B7에 가져다 놓는다. [삽입-함수] 메뉴에서 함수종류로 [재무], 함수이름으로 [IRR]을 선택하고 확인단추를 누른다.

③ IRR 대화상자에서 Values행의 범위단추를 누른다. 본 화면이 나타나면 B2에 커서를 놓고 B5까지 끌어당긴다. 그 다음 범위입력행의 범위단추를 누른다.

④ IRR 대화상자에서 Guess행에 적당한 근사치로 생각되는 '0.1을 기입하고 확인단추를 누른다. 그러면 B7셀에 구하고자 하는 내부수익률인 17.4564%가 얻어진다(계산결과의 자릿수를 조정하기 위해서는 「서식-셀」 메뉴를 사용할 것).

제5절 | 인플레이션과 세금의 영향

1. 인플레이션의 영향

일상생활에서 경험할 수 있는 중요한 현상의 하나는 우리가 소비하는 여러 가지 상품과 서비스의 가격이 지속적으로 상승하고 있다는 사실이다. 물가가 상승하면 동일한 소득으로 소비할 수 상품의 양이 줄어든다. 즉, 화폐가치가 하락한다. 물가가 상승하면 일정한 크기의 소득으로 생활해야 하는 소비자의 입장에서 볼 때 소비를 줄이거나 포기해야만 하기 때문에 그만큼 큰 고통을 느끼게 된다.

이처럼 물가상승으로 화폐가치가 하락하는 현상을 인플레이션(inflation)이라고 한다. 물가상승률, 즉 인플레이션의 크기는 상품의 종류에 따라 다를 수 있지만, 일상생활에서는 소비자물가의 상승률을 기준으로 측정한다.

예를 들어, 앞으로 1년 동안에 물가가 3% 정도 상승할 것으로 예상된다고 하자. 이것은 현재 10,000원짜리 상품의 가격이 1년 후에 10,300원으로 상승할 것이라는 것을 의미하므로, 물가가 3% 상승함으로써 1년 후의 10,300원은 현재의 10,000원과 동일한 가치를 갖게 된다. 이처럼 인플레이션이 발생하면 동일한 상품을 사기 위해 더 많은 돈을 지불하여야 하기 때문에 그만큼 화폐가치(구매력)가 하락한다고 말할 수 있다.

이런 상황을 금융거래와 관련시켜 생각해 보자. 어떤 사람이 1년 후 찾을 예정으로 100만원을 1년만기 정기예금에 넣어 두었다 하자. 정기예금금리가 연 5% 수준이라면 그 사람은 1년 후에 105만원을 찾게 될 것이다. 1년 후의 105만원을 5%의 이자율로 할인한 현재가치는 당연히 100만원(=105만/(1+0.05))으로 계산된다. 그러나 1년 후의 105만원을 현재의 화폐가치(구매력)로 평가하면 얼마나 될까? 1년 동안 물가수준이 3%만큼 상승한다면, 그만큼 화폐의 구매력이 하락하므로 1년 후의 105만원을 현재의 구매력으로 평가하면 다음과 같이 101.94만원으로 계산된다.

$$\frac{105\text{만}}{(1+0.03)} = 101.94\text{만원}$$

즉, 현재 100만원을 예금하여 1년 후에 105만원의 원금과 이자가 얻어진다 하더라도, 물가가 3%만큼 상승할 것으로 예상될 경우 실제로 얻게 될 화폐가치(구매력)는 이자 50만원만큼 증가하는 것이 아니라 1.94만원만큼만 증가한다. 만일 인플레이션이 더 높게 발생할 것으로 예상되면 화폐가치는 더 큰 폭으로 하락하게 된다.

이 예에서 1년 후에 받게 될 정기예금의 원리금 1,050만원은 인플레이션을 수정하지 않고 그 시점의 물가수준으로 표시된 금액으로서 명목가치(nominal value)라고 부른다. 그리고 이 명목가치 105만원을 현재의 화폐가치로 표시한 101.94만원은 인플레이션을 수정하여 현재시점의 구매력으로 나타낸 가치로서 실질가치(real value)라고 부른다.

그리고 정기예금에 대해 주어지는 5%의 이자율은 화폐가치 변동을 수정하지 않은 이자율로서 명목이자율(nominal rate of interest)이라고 한다. 그러나 이 정기예금은 현재 100만원을 투자하여 1년 후에 101.94만원의 실질가치를 얻는 것과 동일하므로, 실질가치를 기준으로 연간 1.94%(=(101.94만원−100만원)÷100만원)의 이자율을 받는 것과 같다. 이 1.94%는 화폐가치 변동을 수정한 후의 실질가치 증가분을 기준으로 얻어진 이자율을 나타내는 것이므로 실질이자율(real rate of interest)이라고 부른다.[05]

05 일반적으로 실질이자율은 다음 공식에 의해 계산된다.
$$\text{실질이자율} = \frac{1+\text{명목이자율}}{1+\text{인플레이션율}} - 1$$

위의 설명에서 실질이자율은 실질가치를 계산해야만 구해지는 것처럼 설명하였다. 그러나 물가상승률이 10% 이상으로 상당히 높은 수준이 아니면 구태여 복잡하게 계산할 필요가 없이 명목이자율에서 물가상승률을 곧바로 빼서 실질이자율의 근사치를 계산해도 일상생활에서 큰 불편이 없다. 위의 예에서 명목이자율이 5%이고 연간 물가상승률이 3%이므로 실질이자율은 5%−3%=2%로 계산된다. 이 2%는 정확하게 계산된 1.94%와 약간의 차이를 갖지만, 이 차이는 금액이 크지 않거나 물가상승률이 높지 않을 경우 중요하게 다룰 필요는 없다. 그러나 큰 금액을 다루거나 물가상승률이 높게 예상될 경우에는 미래가치의 실질가치를 계산한 다음 실질이자율을 계산해 볼 필요가 있다.

정기예금의 실질이자율

[그림 3-1]은 1년만기 정기예금에 저축했을 때 어느 정도의 실질이자율을 얻었는지를 보여준다. 은행 정기예금을 기준으로 볼 때, 실질이자율은 2000년까지 6% 내외의 수준을 유지해 왔으나, 그 이후 급격하게 하락하여 2004년에는 0.27%까지 하락하였다. 그러나 2005년 이후 정기예금이자율이 상승하여 2% 이상의 실질이자율을 가져다주고 있다.

많은 사람들은 물가상승을 생각하면 구태여 저축할 필요가 없다고 한다. 또 착실하게 근검절약하여 은행에 예금할 일이 아니라 운이 좋으면 대박을 터뜨릴 수 있는 주식을 잘 골라 투자하는 것이 낫다고 한다.

물론 인생을 어떻게 살 것인지에 대해 정답이 있을 수 없다. 그러나 목돈이 만들어져야 집도 살 수 있고 자신의 사업자금을 마련할 수 있다는 것은 너무나 분명한 사실

그림 3-1 | 정기예금의 실질이자율

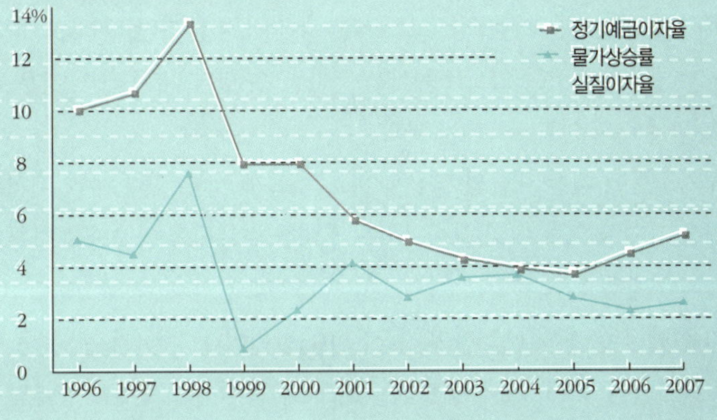

이다. 따라서 미래를 설계하고 사는 사람이라면 실질이자율이 적더라도 저축을 하고 목돈을 만들어야 한다. 또 증권에 투자하여 대박을 기대하는 것도 그 사람 나름의 선택이다. 분명한 사실은 대박을 기대한 것만큼 위험도 크다는 사실이다. 대박이 있으면 쪽박도 있다. 세상에 공짜점심은 없다.

2. 세금의 영향

인간이 세상을 살면서 피할 수 없는 두 가지가 있는데, 그 하나는 죽음이고 다른 하나는 세금이라고 한다. 소득이 생기면 소득세가 붙고 물건을 사면 부가가치세가 붙는다. 아무 일도 안하고 그저 숨만 쉬고 살아도 주민세가 붙는다. 금융거래에도 세금이 따라다닌다는 것도 분명한 사실이다.

금융거래와 관련하여 염두에 두어야 할 중요한 세금은 소득세(이자 및 배당소득에 대한 소득세)와 양도소득세이다. 우리나라에서는 빈번한 세법 개정으로 세율이 자주 변경되어 왔다. 대체로 이자와 배당에 대한 소득세율은 15%이며 여기에 주민세로 소득세의 10%가 추가되므로 합계 16.5%가 과세된다. 그러나 연간 4,000만원 이상의 금융자산 소득은 종합소득에 포함되어 과세되므로 이보다 높은 세율이 부과된다.

양도소득세는 시세차익에 대해 과세되는 세금으로서 주식과 부동산의 거래에서 특히 문제된다. 상장주식을 거래소를 통해 매도하여 시세차익이 얻어질 경우에는 양도소득세를 부담하지 않지만, 거래소 밖의 장외거래에 대해서는 양도소득세가 부과될 수 있다. 부동산의 경우 매우 높은 수준의 양도소득세가 부과된다.

투자소득에 대한 세금의 영향은 비교적 쉽게 알 수 있다. 여기에서는 설명을 간단하게 하기 위해 이자소득에 대한 소득세의 영향만을 다루기로 한다. 예를 들어, 이자소득세율이 16.5%라고 하자. 연리 5%로 100만원을 예금할 경우 1년 후 원리금은 105만원이다. 예금자는 이 중 이자소득 5만원의 16.5%에 해당하는 8,250원을 이자소득세로 납부하게 된다. 따라서 예금자가 받는 납세후 소득은 4만 1,750원이다. 이 예에서 예금자가 받는 납세전 이자율(before-tax interest rate)은 5%이지만, 납세후 이자율(after-tax interest rate)은 4.175%이며 이것은 납세전 이자율에 (1-이자소득세율)을 곱한 것과 같다.[06]

여기에서 강조하고 싶은 점은 납세전이 아닌 납세후 소득이 중요하다는 점이다. 은행에 가면 세금우대나 면세혜택을 주는 예금이 있는데, 그 혜택만큼 이자를 더 많이 주는 효과가 있으므로 그런 혜택이 있는 금융자산에 우선적으로 투자하는 것이 좋다.

06 납세후 실질이자율은 납세후 이자율에서 물가상승률을 빼서 구한다

Chapter 4

증권투자의 기초지식

제1절 증권이란?

제2절 증권투자의 위험 · 수익 상충관계

제3절 증권시장과 증권거래

제4절 증권의 가치

증권투자에서 명심해야 할 세 가지

소위 증권전문가라고 하는 사람들이 쉽게 하는 말의 하나는 "금리가 낮은 오늘날 은행예금으로 목돈이 만들어지지 않는다. 수익이 큰 증권에 투자하여야 한다"라는 것이다. 이 말을 들을 때에는 다음 세 가지 사실이 간과되어 있다는 점을 인식하여야 한다.

① 증권투자를 할 때 가장 명심해야 할 첫 번째 교훈은 자기책임의 원칙, 즉 투자결과에 대해 아무도 책임져주지 않으며 오직 투자자 자신만이 그 책임을 져야 한다는 사실이다. 은행예금은 별도의 계약이 없는 한 원칙적으로 원금을 보장해 준다. 그러나 증권투자에서는 투자원금을 결코 보장해주지 않는다. 따라서 투자자 자신이 어떤 투자결과가 얻어질지를 신중하게 판단하여 투자하여야 한다.

② 공짜점심은 없다. 은행예금은 원금을 보장해주기 때문에 커다란 위험을 부담하지 않는다. 그러나 증권투자는 다양한 종류의 위험을 갖는 증권에 투자하여 위험의 대가를 얻는 거래이다. 따라서 큰 수익이 예상되면 그 대가로 위험도 클 것이라는 것을 명심해야 한다. 국고채나 우량기업 회사채와 같은 증권은 위험이 매우 적은 대신 수익률도 은행금리 수준 정도로 낮은 수준이다. 그러나 대부분의 주식은 위험이 큰 대신 높은 수익률을 기대할 수 있다. 커다란 수익은 커다란 위험부담을 대가로 한다. 즉, 투자의 세계에서 공짜점심은 없다.

③ 알고 투자하자. 증권은 그 자체가 매우 복잡한 특성을 갖고 있고 투자수익도 미래의 상황변화에 따라 크게 달라질 수 있다. 따라서 투자자는 투자하고자 하는 증권의 특성과 계약조건을 면밀하게 검토한 후 투자하여야 하며 또 미래에 나타날 수 있는 여러 가지 결과를 충분히 검토한 다음에 투자하여야 한다. 증권투자는 배짱으로 하는 것이 아니다.

제1절 | 증권이란?

1. 증권의 뜻과 종류

증권(securities)은 시장성을 갖는, 즉 시장에서 자유롭게 양도 또는 거래될 수 있는 금융자산으로 정의된다.[01] 예를 들어, 정기예금은 원리금에 대한 청구권을 나타내고 있기 때문에 금융자산의 일종이지만, 금

01 법률적으로는 해당 법률의 필요에 따라 그 나름대로 증권의 개념을 정의하여 사용하기도 한다. 자본시장과 금융투자업에 관한 법률(2007년 8월 3일 제정) 제3조에서는 투자원금의 회수를 보장하지 않는 모든 금융자산을 금융투자상품으로 정의하고, 증권과 파생상품(장내 및 장외파생상품)을 포함시키고 있다. 제4조에서는 투자자가 취득과 동시에 지급한 금전 등 외에 어떠한 명목으로든지 추가로 지급의무를 부담하지 아니하는 금융투자상품을 증권으로 정의하고 있다.

융시장에서 다른 사람에게 양도될 수 없기 때문에 증권이라고 할 수 없다. 그러나 양도성예금증서(certificate of deposit : CD)는 정기예금에 시장성을 부여하여 증권화(securitization)한 것이므로 증권의 일종으로 분류된다.

일상생활에서 가장 친숙하게 관찰되는 증권은 주식(stocks)이다. 주식은 주식회사의 출자자의 지분을 나타내는 증권으로서 1주를 단위로 하여 다수의 단위로 세분되어 있다. 예를 들어, 세계적 철강회사인 포스코의 자기자본은 2008년 4월 현재 8,718만 6,835주의 주식으로 나누어져 있다.

개인의 투자대상으로 친숙한 것은 아니지만 금융시장에서 매우 중요하게 다루어지는 증권으로서 채권(bond)이 있다. 채권은 원금과 이자에 대한 청구권을 나타낸 증권으로서, 원금과 이자의 금액과 지급시기가 계약에 의해 약정되어 있다.

주식과 채권 이외에도 파생상품(derivatives)으로 분류되는 다양한 종류의 증권이 거래되고 있다. 선물, 옵션, 선도계약 등과 같은 것들이 파생상품에 속한다. 이에 대해서는 따로 장을 마련하여 보다 구체적으로 설명하기로 한다.

주식, 채권과 같은 증권은 발행회사(또는 발행기관)가 다수의 투자자로부터 거액의 자본을 조달하기 위하여 발행한 자본조달수단이므로, 동일한 권리와 의무를 갖는 다수의 지분으로 나누어져 있으며, 특별한 제한이 주어져 있지 않는 한 자유롭게 양도할 수 있는 권리가 보장되어 있다. 따라서 투자자들은 소유하고 있는 증권의 매도를 통하여 언제라도 투자자금을 회수할 수 있으며, 증권의 매입을 통하여 언제라도 증권이 지닌 재산권을 획득할 수 있다.

증권은 소득이 계약에 의해 약정되어 있는지 여부에 따라 확정소득증권(fixed-income securities)과 변동소득증권(variable-income securities)으로 나누어진다. 전자는 계약에 의해 미래소득의 크기와 시기가 약정되어 있는 증권으로서 채권이 대표적인 형태이다. 매년 액면가의 5%를 이자로 지급하고 만기에 액면가를 지급하는 회사채가 확정소득증권의 예이다. 이와 같이 이자와 원금이 정해져 있기 때문에, 발행회사는 경영실적이 양호하다 하더라도 약정된 이자와 원금보다 더 많은 금액을 채권자들에게 지급하지 않는다. 그러나 발행회사의 경영실적이 나빠서 원리금을 약정된 대로 지급하지 못할 수도 있다. 따라서 확정소득증권이라고 해서 위험이 없는 안전한 자산이라고 할 수 없다.

변동소득증권은 미래소득의 크기와 시기가 약정되어 있지 않은 증권으로서 주식과 같은 지분증권이 대표적인 예이다. 주식은 배당에 대한 청구권을 갖는 증권이다. 발행회사가 주주들에게 지급하는 배당의 크기는 그 회사의 이익이나 경영정책에 따라 달라질 수 있다. 따라서 주식은 전형적인 변동소득증권이다.

2. 증권화

현대 금융시장의 중요한 특징 중의 하나는 증권화(securitization)라는 현상이다. 증권화는 증권이 아닌 일반적인 금융자산을 자유롭게 양도할 수 있도록 함으로써 증권의 특성을 갖도록 하는 현상을 말한다. 예를 들어, 은행의 정기예금을 증권화한 것이 CD, 즉 양도성예금증서(certificate of deposit)이다. 정기예금은 일정기간 동안 은행에 예치하도록 함으로써 요구불예금보다 훨씬 높은 이자를 제공하지만, 예금주가 만기 이전에 돈이 필요하더라도 예금을 인출할 수 없다는 단점을 갖고 있다. 그러나 CD는 예금주가 일정기간 동안 자금을 은행에 예치한다는 점에서는 정기예금과 같고 따라서 높은 이자를 받을 수 있다. 그러나 CD는 예금증서 자체를 다른 사람에게 양도할 수 있기 때문에 예금주가 원할 때 큰 손실이 없이 원금과 이자를 회수할 수 있다.

다양한 형태의 원리금이체증권(pass-through)도 증권화의 예이다. 예를 들어, 지니매(Ginnie Mae)라는 것은 미국의 부동산담보대출공사(Government National Mortgage Association : GNMA)의 부동산담보 장기대출로부터 발생하는 원리금에 대해 청구권을 행사할 수 있는 채권이다. GNMA는 정부의 지급보증을 받아 지니매를 발행함으로써 비교적 낮은 금리로 거액의 주택담보 대출자금을 조달할 수 있다. 또 투자자는 지니매에 투자함으로써 국채보다는 높은 수익률로 비교적 안전한 금융자산에 투자할 수 있다.

증권화의 다른 예로서 다양한 형태의 실물펀드를 들 수 있다. 흔히 부동산펀드, 선박펀드, 유전펀드 등이 실물펀드이다. 이것들은 부동산이나, 선박 또는 유전개발에 필요한 자금을 증권을 발행하여 조달하고, 그 투자수익을 받을 수 있는 증권들이다.

실물펀드의 대표적인 예가 부동산투자신탁증권(real estate investment trust securitires : REITS)이다. 일반적으로 부동산 투자는 거액의 투자자금을 필요로 할 뿐만 아니라 유동성이 낮기 때문에 투자자가 원하는 시기에 자유롭게 투자자금을 회수할 수 없다. 그러나 부동산 투자수익에 대해 청구권을 행사할 수 있는 REITS를 발행하면, 다수의 투자자로부터 거액의 투자자금을 조성할 수 있기 때문에 개인적 투자의 한계를 벗어나 대규모의 부동산투자가 가능해진다. 또 투자자 입장에서 보면 금융시장에서 부동산투자신탁증권을 자유롭게 팔 수 있기 때문에 원하는 시기에 투자액을 회수할 수 있다.

오늘날 증권화현상은 상상하기 어려울 정도로 복잡하게 진행되고 있다. 부실화된 대출을 증권화하여 새로운 형태의 증권으로 만든 신용파생상품(credit derivatives), 기존 금융자산과 증권을 여러 가지 방법으로 결합하여 새로운 특성을 갖도록 만든 구조화증권(structured securities) 등은 일반인들이 그 구조를 거의 이해하기 어려울 정도로 복잡하게 이루어져 있다. 이와 같이 증권화가 복잡하게 진행됨으로써 한편으로 투자자의 다양한 요구에 맞는 증권을 만들어낼 수 있다는 장점이 있다.

그러나 다른 한편으로, 증권화가 복잡하게 진행됨으로써 특정 자산의 위험이 다른 자산의 위험으로 전가되고 또 위험의 크기를 확대시킬 수 있다는 문제점도 나타난다. 그 예로서 2000년대 후반에 미국의 부동산 경기가 침체하면서 나타난 서브프라임 파동을 들 수 있다. 서브프라임 파동은 2007~2008년 미국 부동산 경기침체를 계기로 나타난 세계적 규모의 금융위기를 말한다. 만일 신용도가 낮은 부동산담보대출, 즉 서브프라임(subprime)이 부실화되더라도 증권화가 진행되지 않았다면 부동산 경기침체는 부동산시장과 대출기관의 손실으로 끝날 수 있었다. 그러나 서브프라임에서 예상되는 원리금을 기초로 다양한 형태의 구조화증권이 만들어졌기 때문에, 부동산 경기침체는 대출기관의 범위를 넘어서 그 구조화증권에 투자한 전 세계 금융시장에 치명적인 영향을 미치게 되었다.

CD 출현의 배경

CD가 출현하게 된 계기는 1970년대 미국의 금융기관 사이의 경쟁과 관련되어 있다. 당시 미국에서는 요구불예금, 즉 예금주가 수시로 예치금을 인출할 수 있는 예금에 대해서 이자를 지급할 수 없도록 규제되어 있었다. 요구불예금의 대부분은 가계수표를 발행할 수 있는 당좌예금(check account)이며, 이는 은행에서만 취급할 수 있었다.

당시 저축대부조합(savings and loan association : S&L)은 지역주민들로부터 예치금을 받아 주택구입 및 수리자금을 빌려주는 일종의 서민금융기관이었다. S&L의 중요한 문제는 금리가 낮은 요구불예금을 유치할 수 없기 때문에 대출금리가 높고 또 대출을 위한 재원도 충분히 확보할 수 없다는 점이었다. 그래서 S&L은 NOW(nogotiable order of withdrawal, 양도성 인출지시서)를 취급하기 시작하였다. 이것은 잔고가 있을 경우 수표라는 이름만 붙이지 않을 따름이지 사실상 수표와 동일한 인출지시서를 발행할 수 있기 때문에 실질적으로 당좌예금과 동일한 것이다. 그런데 NOW는 당좌예금이라는 이름을 사용하지 않기 때문에 예치금 잔액에 대해 이자를 지급할 수 있었다.

S&L이 취급하는 NOW 때문에 은행의 당좌예금은 크게 감소하였고 그 결과 자금조달비용 상승뿐만 아니라 고객이탈현상도 심각하게 발생하였다. 그때 은행이 자구책으로 내놓은 것이 CD이다. 즉, 은행은 CD를 발행함으로써 비교적 높은 금리를 지급한 대신 3개월이나 6개월 정도의 단기 유휴자금을 은행에 예치하도록 함으로써 고객이탈을 막을 수 있었다. 1970년대에는 주로 만달러 이상의 거액 CD만을 취급하였으나 1980년대에 들어서는 천달러 이상의 소액 CD도 등장하게 되었다.

제2절 | 증권투자의 위험 · 수익 상충관계

1. 위험의 뜻

일상생활에서 위험을 말할 때 우리는 흔히 부상, 교통사고, 질병, 실업, 도난, 강도, 홍수나 폭풍으로 인한 피해 등과 같은 사태를 머리에 떠올린다. 실제로 위험(risk)은 "예상 밖의 손실이나 재난이 발생할 가능성"으로 정의될 수 있으므로 이런 사태도 위험의 범주에 포함된다.

그러나 투자 또는 재테크와 관련하여 위와 같은 재난이 발생할 것으로 생각하기 어렵다. 그래서 많은 사람들이 투자 또는 재테크에 관한 결정을 내릴 때 위험의 존재를 소홀히 하는 경우가 많으며, 또 일부 재테크 전문가라는 사람들조차도 투자위험의 존재를 의도적으로 은폐하기도 한다. 그러나 재테크 또는 투자와 관련된 우리들의 모든 행동에는 예상 밖의 손실이나 재난이 발생할 가능성, 즉 위험이 내포되어 있다.

그림 4-1 | 삼성전자 주식의 일간수익률(2007년)

예를 들어, 어떤 사람이 1,000만원을 우리나라 대표기업인 삼성전자 주식에 투자하였다 하자. 그 투자자는 삼성전자 주식을 매입한 순간부터 주가가 하락하지 않을까를 걱정해야 한다. [그림 4-1]은 2007년 1월초부터 12월말까지 삼성전자 주식의 일간수익률을 그린 것이다. 일간수익률은 어떤 날의 주가가 전일의 주가에 비해 어느 정도 상승 또는 하락했는지, 즉 주가변동을 계산한 값이다. 이 그림을 보면 하루에 주가가 5% 이상 하락한 날이 여러 번 있다. 구체적으로 5% 이상 큰 폭으로 하락한 날을 보면, 11월 8일에 5.96%, 7월 16일에 5.39%, 8월 1일에 5.37%, 8월 16일에 5.23% 하락하였다. 어떤 사람은 주가가 상승과 하락을 반복하므로 서로 상쇄되어 결국 평균수익률을 얻게 된다고 말할지 모른다. 그러나 주가가 고르게 상승과 하락을 반복하는 것이 아니라 때로는 상승보다 하락이 더 많이 나타나 단기간 내에 주가가 큰 폭으로 하락하여 투자자에게 회복할 수 없을 정도로 큰 손실을 가져다주기도 한다.

주가하락의 위험을 피하기 위해 그 1,000만원을 연리 5%의 정기예금에 넣어 두었다 하자. 이제 원리금이 깨질 위험이 없어졌다고 해서 모든 위험이 완전히 사라진 것일까? 아니다. 1년 후에 1,050만원이 확실하게 얻어지겠지만 물가가 예상 밖으로 너무 많이 오르면 1년 후 1,050만원의 실질가치는 원래 예상하던 것보다 적은 금액이 될 것이다. 즉, 예상 밖의 화폐가치 하락의 위험, 즉 인플레이션위험을 부담해야 한다. [그림 4-2]는 1998년부터 2007년까지 10년 동안 정기예금금리와 소비자물가상승률, 그리고 이자소득세를 공제한 후의 정기예금 실질금리의 움직임을 보여주고 있다. 이 그림을 보면 정기예금의 경우에도 예상 밖의 물가상승으로 실질금리가 기대치보다 크게 낮게 얻어질 수 있음을 알 수 있다. 예를 들어, 2004년의 경우 약간 음의 실질금리가 얻어졌고 2003년이나 2005년의 경우에도 0에 가까운 실질금리만이 얻어졌다.

그러면 어떻게 투자해도 위험을 부담하니까 위험을 고려하지 않아도 된다는 말일까? 그렇지 않다. 위의 설명은 자산의 종류에 따라 위험의 성격이나 크기가 다르다는 것을 시사하고 있다. 주식의 경우, 투자자는 가격변동의 위험을 주로 부담하게 되며 단 하루에도 몇 퍼센트의 가격

그림 4-2 | 은행 정기예금금리 동향

변동이 발생할 수 있다. 그러나 은행예금의 경우 예금자가 부담하는 위험은 예상 밖의 물가상승으로 인한 실질가치 하락의 위험이며, 이 위험은 대체로 1년 동안 2~3%를 넘지 않는다.

어떤 자산에 대해 어떤 종류의 위험이 중요한지, 그 크기는 어느 정도인지에 대해서는 해당 자산에 대해 상세하게 설명하는 부분에서 구체적으로 다루기로 한다. 여기에서 강조해 둘 필요가 있는 점은 어떤 투자이든 나름대로의 위험을 수반하지만, 그 성격과 크기가 매우 다르기 때문에 실제로 투자하기 전에 투자위험의 성격과 크기에 대해 충분히 이해해 두어야만 한다는 사실이다.

2. 위험 · 수익의 상충관계

거의 모든 자산이 위험을 수반하고 있음에도 불구하고 투자자들은 그런 자산에 왜 투자하는 것일까?

이 문제를 생각해보기 전에 먼저 사람들은 과연 위험을 싫어하는 것일까라는 문제를 먼저 생각해 볼 필요가 있다. 사람들이 위험을 싫어하는 것인지 또는 어느 정도 싫어하는지는 개개인의 선호의 문제이다. 그러나 일반적인 경향은 대부분의 사람들이 위험을 싫어한다고 할 수 있다. 즉, 위험회피적(risk averse)이다. 특히 어느 정도의 소득과 재산을 갖고 이재에 관심을 갖는 사람들은 거의 모두 위험회피적이라고 가정해도 좋다.

위험회피적인 사람들은 가능한 한 위험을 회피하거나 위험의 크기를 줄이고자 한다. 그러나 위험회피적인 사람들도 위험을 부담한 대신 충분한 대가가 주어진다면 기꺼이 위험을 부담하고자 한다. 우리는 위험부담의 대가를 위험프리미엄(risk premium)이라고 부른다.[02]

주식투자는 위험부담(risk taking)의 가장 대표적인 예이다. 주식에 투자하여 얻어지는 소득은 배당과 매각대금의 두 가지인데, 미래에 얻게 될 배당과 매각대금은 매우 큰 변동성을 갖고 있기 때문에 투자시점에 그 크기를 확실하게 예측할 수 없다. 즉, 주식에 투자하면 배당이 예상하던 것보다 더 작을 수도 있고 큰 손실을 보고 주식을 팔아야 할 수도 있다. 이처럼 주식투자가 상당히 큰 위험을 수반하고 있고 또 투자자들이 그 위험을 충분히 인식하고 있음에도 불구하고 많은 사람들이 주식에 투자하고 있다. 그 이유는 간단하다. 그것은 위험을 부담하더라도 그 대가로 충분한 위험프리미엄이 얻어질 수 있다고 판단하기 때문이다.

02 양(+)의 위험프리미엄이 얻어지지 않더라도 기꺼이 위험을 부담하고자 하는 사람들, 즉 위험추구적(risk seeking)인 사람도 존재한다. 단순한 재미가 아니라 진지하게 로또에 투자하는 사람이 그런 사람들이다. 로또 당첨금의 기대치는 투자액보다 훨씬 적은 금액이므로 로또를 많이 살수록 손해를 보게 되어 있다. 그러나 로또 당첨으로 맞이하게 될 인생역전의 기회를 바라면서 계속 로또를 사는 사람들이 현실적으로 존재하며 그런 행동은 위험추구적 행동의 예라고 할 수 있다.

일반적으로 위험부담의 대가로 얻고자 하는 위험프리미엄은 위험의 크기에 비례한다. 즉, 투자자가 커다란 위험을 갖는 자산에 투자할 경우 그 대가로 커다란 위험프리미엄을 요구할 것이다. 또 위험이 적은 자산에 투자할 경우 투자자는 작은 위험프리미엄만으로도 만족할 것이다. 만일 전혀 위험이 없는 자산이 있다면, 그런 자산으로부터는 위험프리미엄이 얻어지지 않고 오직 무위험수익률(risk-free rate of return)만이 얻어질 것이다. 이와 같이 투자자들이 더 큰 위험에 대해 더 큰 위험프리미엄을 요구하는 현상을 위험 · 수익의 상충관계(risk-return tradeoff)라고 한다. 이 위험 · 수익의 상충관계라는 개념은 제4장에서 설명한 화폐의 시간가치라는 개념과 함께 금융시장을 지배하는 가장 중요한 원리의 하나이다.

예를 들어, 사람들은 위험이 없는 국고채에 대해 4%의 수익률로 만족하지만, 약간이나마 채무불이행 가능성이 있는 포스코의 회사채에 대해서는 그보다 약간 높은 5%의 수익률이 주어지지 않으면 투자하지 않는다. 또 투자수익의 변동성이 상당히 큰 포스코의 주식에 대해서는 회사채보다 더 높은 수익률, 예컨대 15%의 수익률이 예상되지 않으면 투자하지 않는다. 이 예에서 포스코 회사채의 위험프리미엄은 1%(= 5%−4%)이고 주식의 위험프리미엄은 11%(= 15%−4%)이다. 바로 이런 예가 위험 · 수익의 상충관계를 보여주는 예이다.

투자자들이 위험자산에 대해 예상하는 기대수익률(expected rate of return)은 무위험수익률과 위험프리미엄의 합계와 같다. 위의 예에서 포스코 주식의 기대수익률은 15%이며 이 15%는 4%의 무위험수익률에 11%의 위험프리미엄을 더하여 결정된 값이다. 이 예에서 포스코의 기대수익률이 15%라는 것은 투자자들이 예상하는 평균수익률이라는 의미이지, 15%의 기대수익률이 실제로 실현될 것이라는 것을 의미하지 않는다. 앞으로 포스코 주식과 관련하여 유리한 상태가 발생하면 30%나 40%의 높은 수익률이 실현될 수도 있겠지만, 불리한 상태가 발생하면 0%나 −20% 등과 같은 낮은 수익률이 실제로 실현될 수도 있다.

표 4-1 | 주요 금융자산의 위험과 기대수익률

위험도	기대수익률	자산종류
0. 무위험	무위험수익률	국고채, 통화안정증권, 은행정기예금
1. 저위험	+1.5% 내외	우량 대기업회사채
2.	+2.5% 내외	투자적격 대기업회사채
3. 중위험	+5% 이상	투기등급회사채
4.	+7% 이상	지수펀드
5.	+10% 이상	우량 대기업주식
6. 고위험		대기업 상장주식
7.	+15% 이상	소기업주식, 주가지수옵션
8.	?	주가지수선물

15%의 기대수익률은 미래에 예상되는 실제수익률의 평균이 15%로 예상된다는 것을 뜻한다.

[표 4-1]은 주요 자산의 위험과 위험프리미엄의 관계를 보여주고 있다. 이 표는 저자의 직관적 판단을 기초로 작성된 것이기 때문에 분명한 실증적 증거로 뒷받침된 것은 아니지만, 위험과 위험프리미엄의 관계를 애매하게나마 보여주고 있다고 생각된다. 이 표의 두 번째 열에는 무위험수익률을 기준으로 어느 정도의 위험프리미엄이 가산되어야 하는지를 보여주고 있고, 세 번째 열에는 해당되는 자산의 종류를 나열하고 있다. 위의 표에서 각 자산의 위험도는 그 자산이 충분히 분산투자된 포트폴리오의 일부가 아닌 개별자산으로 보유할 경우의 위험도를 의미한다. 따라서 위험이 큰 소기업주식이라 하더라도 다수의 주식에 충분히 분산투자한 경우에는 지수펀드 정도의 위험프리미엄만으로도 충분히 정당화될 수 있다.

제3절 | 증권시장과 증권거래

1. 증권의 발행시장과 유통시장

증권시장은 기업이나 공공단체가 발행한 증권이 처음으로 투자자들에게 매각되는 발행시장(new-issue market)과 이미 발행된 증권이 투자자들 사이에서 매매되는 유통시장(circulating market)으로 이루어져 있다.

증권의 발행시장에서는 발행기관(정부, 공공단체 또는 기업 등)이 증권을 발행하고 그 증권을 투자자들이 매입하는 거래가 이루어진다. 증권의 발행시장에서는 은행과 같은 금융중개기관(intermediary)의 중개

없이 발행기관이 증권을 발행하고 투자자가 그 증권을 매입하는 방법으로 소요자금의 조달이 이루어진다. 그런 의미에서 증권의 발행시장을 통한 자본조달을 직접금융(direct financing)이라고 한다.

증권의 유통시장은 발행시장을 통하여 공급된 증권이 투자자들 사이에서 반복적으로 매매되는 시장이다. 유통시장에서 증권이 활발하게 거래될 경우 투자자들은 증권에 투자된 자금을 원하는 시기에 자유롭게 회수할 수 있다. 만일 어떤 증권이 활발한 유통시장을 갖고 있지 않으면 그 증권은 명목상으로만 증권이지 실질적으로는 증권이라고 할 수 없다. 따라서 증권이 시장성 있는 진정한 증권으로서의 역할을 하려면 활발한 유통시장이 형성되어 있어야만 한다.

증권의 발행시장과 유통시장은 어느 한 쪽의 존재가 다른 쪽의 존재에 필수적인 관계를 가지고 있다. 즉, 발행시장은 발행된 증권이 유통시장에서 활발하게 거래될 수 있어야 한다는 것을 전제로 하여 성립하고, 유통시장은 증권의 공급이 이루어지는 발행시장의 존재를 전제로 하여 성립하게 된다.

2. 증권의 발행시장

증권은 직접모집 또는 공개모집(공모)의 어느 한 가지 방법으로 발행된다. 직접모집(direct placement)은 증권의 발행기관이 특정한 소수의 투자자에게만 발행증권을 소화시키는 방법으로서 사모(私募, private placement)라고도 한다.

공개모집(public offering 또는 public placement, 公募)은 발행증권을 거래소에 상장시키는 것을 전제로 하여 일반 투자대중에게 널리 증권을 소화시키는 방법이다. 이 경우에는 거래소의 상장요건에 맞게 증권이 발행되어야 하며, 증권관계법의 규제를 받게 된다.

증권을 공개모집할 때에는, 발행기관이 직접 증권발행 절차를 수행하지 않고 인수기관(underwriter)이 그 절차를 수탁받아 진행하도록 하는 것이 일반적이다. 인수기관은 증권발행에 대한 전문지식을 갖고, 증권의 발행 및 모집의 복잡한 절차를 진행하는 증권관련 금융기관이다.

우리나라에서는 일반적으로 총액인수라는 방법에 의해 증권의 공개모집이 이루어지고 있다. 총액인수는 인수기관이 증권발행에 대한 모든 위험을 부담하고 증권발행총액을 인수(underwrite)하여 모집하는 방법으로서, 이 경우 인수기관은 일정한 발행가격으로 발행총량을 매입하고 여기에 일정한 마진(margin) 또는 수수료를 붙여서 일반투자자에게 증권을 매출한다. 총액인수의 경우, 투자자에게 매출하고 남은 증권을 인수기관이 모두 매수하여야 하기 때문에 인수기관은 커다란 시장조성위험(market making risk)을 부담하게 된다. 따라서 발행총액이 큰 증권을 공모할 때에는 다수의 증권회사가 공동인수단(underwriting syndi-

주식의 상장

주식이 직접모집 또는 공개모집의 방법에 의해 발행되었다고 해서 그 주식이 반드시 거래소에서 거래될 수 있는 것은 아니다. 거래소에서 주식이 거래되기 위해서는 기업이 공개되어야 하고 또한 주식이 상장되어야 한다.

기업공개(going public)란 주식회사가 발행한 주식을 모든 투자자로부터 균등한 조건으로 공모하거나, 이미 발행되어 대주주가 소유하고 있는 주식의 일부를 매출하여 다수의 주주에게 주식이 분산되는 것을 뜻한다. 우리나라 유가증권시장본부에서는 총발행주식의 30/100 이상이 소액주주에게 분산되어 있는 기업을 공개기업(공개법인)이라고 한다.

공개기업에 대해서는 몇 가지 세제상의 혜택과 증권거래법상의 법률적 혜택이 주어지며 유리한 조건으로 자금을 조달할 수 있다. 그러나 공개기업은 다수의 주주와 이해관계를 갖기 때문에, 그 요건이 엄격하게 규정되어 있다. 기업공개를 위해 아직 상장되지 않은 주식을 처음 공모할 경우, 그 주식을 최초공모주(initial public offerings : IPO)라고 하며, 발행가격은 기준이 되는 시장가격이 없으므로 발행회사와 인수기관이 협의하여 결정한다.

상장(listing)은 거래소의 거래대상이 되는 것을 의미한다. 어떤 주식이 거래소에 상장되기 위해서는 거래소의 심사를 통과하여야 한다. 이때 거래소는 주권 발행회사의 설립 후 경과년수, 자본금 및 상장주식수, 매출액, 주식의 분산요건, 재무내용, 감사인의 감사의견, 부도발생사실, 소송관계 등과 같은 심사기준을 검토한다. 또 공모의 절차를 거치지 않았더라도 이에 상응하는 요건을 갖춘 회사는 직상장의 방법에 의해 주식을 거래소에 상장할 수 있다.

cate)을 구성하여 시장조성위험을 분담한다.

3. 증권의 유통시장

증권의 유통시장은 이미 발행된 증권이 투자자들 사이에서 매매되는 시장이다. 유통시장은 흔히 거래소시장(securities exchanges)과 장외시장(over-the-counter market : OTC)으로 구분된다. 그리고 증권의 유통시장과 관계되는 기관으로서 거래소 이외에 증권매매(dealing), 중개(brokerage), 인수(underwriting) 등의 업무를 담당하고 있는 증권회사가 있으며, 투자자들의 투자자금을 수탁받아 운용하는 자산운용회사가 있다. 그리고 증권회사들의 모임으로서 자율규제조직인 금융투자협회가 있다.

(1) 거래소

증권을 대량으로 거래하기 위해 조직된 구체적 시장을 거래소(exchange, bourse)라고 한다. 여기에서 구체적 시장이라는 말은 대량의 증권을 최소의 효율적으로 거래할 수 있도록 적절한 설비와 조직 및 규칙을 갖추고 있다는 것을 의미한다.

증권시장에서는 다수의 거래자들이 다양한 종류의 증권을 대량으로 거래할 필요가 있을 뿐만 아니라, 증권가격의 움직임에 따라 국민경제의 성장과 분배가 크게 영향받는다. 따라서 이용가능한 정보를 충분히 반영하여 공정한 증권가격이 결정될 수 있고 또 거래비용을 최소화할 수 있도록 증권거래가 이루어질 필요가 있으며, 이를 위해서는 적절한 조직과 설비 및 규칙을 갖춘 시장이 필요로 된다. 이런 이유 때문에 일반적인 상품과는 달리, 증권거래를 위한 특수한 거래조직인 거래소가 일찍부터 발전되어 왔으며, 오늘날 거의 모든 국가에서 증권거래를 위한 가장 중요한 기관으로서 거래소가 이용되고 있다.

물론 모든 증권거래가 거래소를 통해 이루어지는 것은 아니다. 어떤 증권은 거래소의 상장요건을 충족시키지 못할 수도 있으며 어떤 거래는 거래규모가 너무 작거나 너무 커서 거래소에서의 거래에 부적합할 수 있다. 이런 거래를 위해 거래소가 아닌 특수한 형태의 장외시장이 형성되어 있다.

우리나라에서는 한국증권선물거래소법(2004년 1월 제정)을 근거로 설립된 한국거래소가 공식적 거래소이다. 한국거래소(www.krx.co.kr)는 자본금의 대부분을 증권회사 등이 출자한 주식회사로서, 대기업 주식을 주로 거래하는 유가증권시장, 중소기업과 벤처회사 주식을 주로 거래하는 코스닥시장, 선물과 옵션을 거래하는 선물시장의 3개 시장본부로 이루어져 있다.

미국에서는 뉴욕증권거래소(New York Stock Exchange : NYSE,

거래소의 어원과 역사

거래소는 흔히 bourse라고 한다. 이 단어의 어원에 대한 하나의 견해는 13세기경 상인들의 집회장소 앞에 지갑 모양의 표지판을 걸어놓았던 데서 유래한 것으로서, 지갑 또는 가방을 의미하는 라틴어의 burse가 어원이라는 견해이다. 다른 견해에 의하면, 13세기 말 네덜란드 Bruges지방의 상품거래인들이 Van der Burse라는 사람의 집에서 모임을 갖곤 하였는데, 1309년에 그 모임이 조직화되어 Bruges Bouse라도 불리어졌으며 곧바로 프랑다르나 암스테르담에도 유사한 조직이 만들어져 Bourses라고 부르게 되었던 데에서 어원을 찾기도 한다.

거래소의 효시는 1602년 네덜란드 동인도회사가 발행한 주식을 암스테르담 거래소에서 거래하기 시작한 것에서 찾고 있다.[03] 그 이후 1698년에는 런던에서 상품 및 주식의 시세표가 발행되었고 1792년에는 뉴욕증권거래소(New York Stock Exchange : NYSE, www.nyse.com)가 개설되어 오늘날 세계 최대의 거래소로 성장하였다.

우리나라에서는 1956년 3월에 대한증권거래소(1963년 한국증권거래소로 개칭)가 개장되어 건국국채, 지가증권 및 소수의 주식을 거래하여 오다가 1968년 자본시장육성법과 1972년 기업공개촉진법의 시행을 계기로 본격적인 거래소로 발전하기 시작하였다. 그 이후 1992년 1월부터 외국인의 직접투자를 허용하고, 1996년에 코스닥증권시장, 1999년에 한국선물거래소가 설립되었다. 2005년에는 기존의 한국증권거래소, 코스닥증권시장 및 한국선물거래소를 한국거래소(Korea Exchange : KRX, www.krx.co.kr)로 통합하였다.

03 http://en.wickypedia.org 참조.

www.nyse.com)와 아메리칸증권거래소(American Stock Exchange : AMEX, www.amex.com), 시카고상품거래소(Chicago Mercantile Exchange : CME) 등과 같은 다양한 거래소가 운영되고 있다. 이 중 뉴욕증권거래소(NYSE)는 세계 최대의 증권거래소이다. 다른 나라들도 각국을 대표하는 거래소를 갖고 있다. 일본의 도쿄거래소(www.tse.or.jp), 영국의 런던거래소, 독일의 독일거래소(deutsche-boerse.com)가 그런 것들이다.

(2) 증권회사

증권회사는 증권거래법에 의하여 증권업을 영위하는 회사이다. 즉, 증권회사는 증권거래법 제2조에 규정된 업무를 행하는 회사이다.[04] 증권회사가 행하는 업무는 크게 증권의 매매(dealing), 증권의 중개(brockerage) 및 증권의 인수(underwriting) 업무로 구분할 수 있다.

증권의 매매(dealing)는 증권회사 자신의 명의와 책임으로 증권을 매수 또는 매도하는 활동을 말한다. 증권회사는 다른 증권회사 또는 기관투자자를 상대로 증권을 매수 · 매도하는 거래를 행할 뿐만 아니라 일반투자자를 상대로 매수 · 매도하는 거래를 행하기도 한다.

증권의 중개는 고객의 주문을 받아 증권의 매매를 대행하여 주는 서비스이다. 이 경우 증권회사는 자신의 책임으로 증권을 거래하지 않고 고객의 책임으로 거래한다. 따라서 증권회사는 중개서비스에 대가로 거래수수료만을 받을 따름이며, 증권거래의 손익에 대해 책임을 지지 않는다.

증권의 인수는 증권회사가 발행시장에서 인수기관으로서 활동하는 것이다. 이미 설명한대로 인수기관은 증권인수 및 매출의 서비스를 제공하고, 그 대가로 인수마진 또는 수수료를 받는다.

04 증권거래법 2조에 의하면, 증권회사는 ① 증권의 매매, ② 증권의 위탁매매, ③ 증권매매의 중개 및 대리, ④ 증권시장에서의 매매거래에 관한 위탁의 중개, 주선 또는 대리, ⑤ 증권의 인수, ⑥ 증권의 매출, ⑦ 증권의 모집 또는 매출의 주선 등을 행하는 회사로 정의하고 있다.

(3) 투자신탁회사 또는 자산운용회사

투자신탁(investment trust)이란 간접투자 또는 투자대행제도이다. 즉, 투자신탁은 투자신탁기관(투자신탁회사 또는 자산운용회사)이 일반투자자로부터 투자자금을 모아서 투자자를 대신하여 그 투자자금을 다수의 증권에 투자하고 그 투자수익을 투자자에게 분배하는 제도이다.

투자신탁은 크게 계약형과 회사형으로 구분된다. 계약형은 투자신탁회사가 일반투자자들로부터 투자자금을 모집하여 운용하고 투자자에게

자본시장법

자본시장과 금융투자업에 관한 법률(흔히 자본시장법으로 줄여 부른다)은 2007년 8월에 제정되어 2009년 2월 시행된 법으로서, 은행중심인 우리나라 금융시스템을 자본시장중심의 금융시스템으로 전환하기 위한 법률적 기초를 마련하고 있다는 것 때문에 매우 의미있는 법으로 간주되고 있다. 이 법의 주된 내용은 다음과 같다.

① 금융투자상품의 포괄적 정의 : 금융투자상품을 원금 손실 위험을 갖는 모든 청구권으로 정의하고 여기에 증권과 파생상품을 포함시켰다. 증권은 손실이 발생할 때 추가지급 의무가 없는 금융투자상품으로서 주식, 채권, 수익증권 등이 이에 포함된다. 파생상품은 기초자산을 약정된 조건으로 인수·인도하는 계약(선도계약과 선물계약 등), 약정된 조건으로 매수 또는 매도할 수 있는 권리(옵션), 서로 다른 자산을 교환하기로 한 계약(스왑 등)을 의미한다. 이와 같이 금융투자상품을 매우 광범하게 정의함으로써 새로운 금융투자상품을 자유롭게 개발하여 거래할 수 있도록 하였다.

② 금융투자회사의 설립 허용 : 지금까지는 증권인수, 매매, 중개, 투자자문, 자산운용 등의 업무가 서로 다른 업종으로 구분되어 서로 다른 법률의 규제를 받았다. 자본시장법에서는 이 업무들을 모두 취급할 수 있는 회사로서 금융투자회사를 설립할 수 있도록 허용하였다. 이것은 은행 및 보험업을 제외한 자본시장 관련 업무의 겸업화를 통해 대규모 투자은행(investment bank)의 출현이 가능하도록 하였다.

③ 금융투자회사에 지급결제 및 외국환업무 허용 : 이 법은 금융투자회사가 지급결제서비스를 제공할 수 있도록 허용하였다. 이것은 증권회사들이 이미 취급해 오던 종합자산관리계좌(CMA)를 은행의 요구불예금과 유사한 성격을 갖도록 만드는 것으로서, 은행과 같거나 또는 그 이상의 고객정보 접근성을 주는 효과를 갖는다.

④ 다른 중요 내용 : 자본시장의 기관 또는 업종별로 규제가 아닌 기능별 규제 방식 채택, 판매권유자제도 도입, 전문투자자와 일반투자자로 구분하여 투자자를 보호하는 것 등

투자수익을 분배받을 수 있는 권리를 표시하는 수익증권을 발행하는 형태의 투자신탁이다. 회사형은 투자신탁 그 자체가 투자회사가 되고 투자자들이 투자회사의 주주가 되는 투자신탁으로서, 흔히 뮤추얼펀드(mutual fund)라고 한다. 회사형의 경우, 투자자가 투자회사의 주주가 되기 때문에, 수익증권 대신에 주식이 투자자들에게 발행된다.

투자신탁은 일반투자자들이 개인적으로는 행할 수 없는 전문적 투자와 분산투자를 가능하도록 하여 준다. 일반 소액투자자들은 증권투자에 관한 전문적 지식이 결여되어 있을 뿐만 아니라, 경험 및 시간 역시 충분하지 못하며 투자자금의 제약 때문에 다수의 증권에 분산투자할 수 없다. 그러나 투자신탁기관은 거액의 투자자금을 조성하여 전문적인 투자관리와 분산투자의 서비스를 제공해 줄 수 있다.

(4) 장외시장

장외시장(over-the-counter market : OTC)은 거래소 이외의 유통시장으로서 채권, 비상장주식, 10주 미만의 소량의 상장주식, 거래소의 거래한도를 초과하는 대량주식, 상장폐지 또는 정지된 주식, 거래소시장에서 거래가 부진한 상장증권 등을 거래한다. 미국의 NASDAQ (National Association of Securities Dealers Automated Quotation System, www.nasdaq.com)은 증권회사들이 컴퓨터시스템을 통해 증권매매를 하는 대표적인 장외시장이다. 우리나라에서 많은 비상장회사 주식들이 인터넷 중개회사의 중개를 통해 장외시장에서 상당히 활발하게 거래되고 있다.

4. 증권거래

(1) 증권의 매입보유와 공매

증권거래와 관련하여 우리가 흔히 생각하는 것은 투자자가 원하는 증권을 매입하여 어느 정도의 기간 동안 보유하고 있다가 그 증권을 매도하는 경우를 흔히 연상한다. 이런 방식의 투자는 매수포지션(long position) 또는 매입보유(buy-and-hold)라고 하는 것으로서 미래의 가격상승이나 배당소득(또는 이자소득)으로부터 투자이익을 얻고자 할 때 행하는 거래이다.

어떤 투자자가 포스코 주식의 주가가 상승할 것으로 예상하고 2008년 1월 21일에 100주를 주당 510,000원의 가격으로 매입(총투자액 100주×51만원=5,100만원)하였다 하자. 만일 이 투자자가 같은 해 5월 6일에 주당 539,000원의 주가로 매도하였다면 그는 주당 29,000원, 총계 290만원의 자본이득을 얻었을 것이며, 이것은 투자액 대비 5.69%의 이익에 해당한다. 그러나 그가 주가상승을 기다리지 못하고 3월 17일에 458,000원에 매도하였다면 주당 52,000원(총계 520만원)의 손실을 보았을 것이며 이것은 투자액 대비 10.20%의 손실에 해당한다. 따라서 증권의 매수포지션은 증권매도시점의 가격(및 그동안의 배당 또는 이자소득의 합계)이 매입시점의 가격보다 높으면 이익을 실현하고 반대로 매도시점의 가격이 매수시점의 가격보다 낮으면 손실을 실현하도록 만든다.

매수포지션의 특수한 형태로서 신용거래라는 것도 있다. 이것은 증권을 매입할 때, 투자자금의 일부를 증권회사(또는 증권금융회사)로부터 차입하여 자기자본보다 많은 자금을 투자하는 방법을 말한다. 위의 투자자가 1월 21일에 자기자본 5,100만원과 증권회사에서 차입한 5,100만원의 합계 1억 200만원을 투자하여 포스코 주식 200주를 주당 51만원에 매입한 경우가 신용거래의 예이다.

신용거래는 투자자의 가격변동의 위험을 크게 증가시킨다. 이 예에서 5월 6일에 주당 539,000원으로 매도하였다면 이 경우 얻어진 580만원의 시세차익은 이 투자자의 자기자본인 5,100만원의 11.37%에 해당한다. 만일 3월 17일에 주당 458,000원에 매도하였다면 이 경우의 1,040만원의 손실은 자기자본의 20.40%의 손실에 해당한다. 즉, 신용거래를 함으로써 주가가 오를 때 자기자본만을 투자한 경우보다 보다 훨씬 더 많은 이익을 얻게 되지만 주가가 내릴 때에는 훨씬 큰 폭의 손실을 보게 된다. 다시 말하면, 신용거래는 투자위험을 큰 폭으로 증가시킨다.

투자자가 보유하고 있지 않은 증권을 증권금융회사나 증권회사로부터 빌려서 매도할 수 있으며, 이를 공매(空賣, short selling) 또는 매도포지션(short position)이라고 한다. 공매를 행할 때 투자자는 매도에 필요한 증권을 일정기간 동안 빌렸으므로, 그 기간이 경과한 후에는 시장에서 그 증권을 매입하여 상환하여 주어야 한다.

투자자들이 공매를 하는 이유는 증권가격의 하락으로부터 이익을 얻고자 하기 때문이다. 예를 들어, 어떤 투자자가 어떤 주식 100주를 1개월간 빌려서 다른 투자자에게 주당 12,000원에 매도하는 공매를 행하였다고 하자. 만일 1개월 후의 주식가격이 13,000원으로 상승하였다면 그 투자자는 주당 13,000원에 100주를 매입하여 빌린 주식을 상환하여야 하며, 그 결과 10만원(= 100주×1,000원)의 손실을 보게 된다. 그러나 1개월 후의 주식가격이 11,000원으로 하락한다면 주당 11,000원에 100주를 사서 빌린 주식을 상환하게 되므로 이 투자자는 10만원의 이득을 얻게 된다.

이상으로 설명한 바와 같이 매입보유는 가격상승으로부터 이득을 얻고자 하는 반면, 공매는 가격하락으로부터 이득을 얻고자 하는 데 목적이 있다. 이런 점에서 매입보유(또는 매수포지션)가 (+)의 투자라고 한다면 공매(또는 매도포지션)는 (−)의 투자라고 할 수 있다.

(2) 거래비용과 세금

증권을 사고팔거나 증권투자로부터 소득을 실현하였을 때, 투자자들은 거래비용과 소득세를 부담하여야 한다.

거래비용은 증권거래의 위탁수수료뿐만 아니라 증권거래와 관련되는 여러 가지 부수적 경비(정보수집비용, 교통비, 투자자의 시간비용 등)까지 포함된다. 그러나 좁은 의미로는 증권회사에 대한 거래의 위탁수수료로서 매입 및 매도 시 지급하는 비용만을 거래비용이라고 한다. 현재 증권거래 위탁수수료는 각 증권회사가 자율적으로 결정하고 있다. 일반적으로 투자자가 증권회사에서 직접 주문할 경우보다 인터넷거래를 이용할 때 훨씬 낮은 위탁수수료를 부담한다.

증권거래와 관련하여 투자자가 부담하는 세금은 거래행위 그 자체에 대하여 부과되는 증권거래세와 투자소득에 대하여 부과되는 소득세(이자소득세, 배당소득세, 양도소득세)가 있다.

① 증권거래세 : 증권거래세법에 의하여 주권 또는 지분을 매도할 때 부과하는 세금으로서, 투자손익에 관계없이 부과된다. 세율은 원칙적으로 0.5%이며 유가증권거래본부의 거래에 대해서는 0.15%, 코스닥거래본부의 거래에 대해서는 0.3%가 부과된다. 채권을 거래할 경우에는 부과되지 않는다.

② 이자소득세 : 이자소득세는 이자 및 할인료의 형태로 얻어지는 모든 이자소득에 대하여 부과되는 소득세이다. 소액의 일반투자자들이 국공채나 회사채로부터 얻은 소득에 대하여 14%의 이자소득세가 원천징수되며, 주민세로 이자소득세의 10%가 부가된다. 따라서 소액의 채권투자자가 실제로 부담하는 이자소득세율은 15.4%에 달한다. 그러나 연 4,000만원 이상의 이자소득에 대하여서는 종합소득에 포함되어 종합과세되기 때문에 더 높은 세율을 부담하게 된다.

③ 배당소득세 : 배당소득세는 주식으로부터 얻어진 현금배당, 주식배당 및 무상증자(이익잉여금의 자본금 전환에 따른 무상증자만 해당)에 대하여 부과되는 소득세이다. 상장법인의 소액주주가 지급받은 배당소득에 대하여 이자소득세와 같은 수준의 배당소득세가 원천징수된다.

④ 양도소득세 : 증권을 양도할 때 실현되는 자본이득(capital gain)에 대하여 부과되는 세금으로서 자본이득세라고도 한다. 우리나라에서는 유가증권거래본부나 코스닥을 통해 이루어진 증권투자로부터 얻어진 자본이득에 대하여 과세되고 있지 않다.

제4절 | 증권의 가치

1. 단일가격의 법칙과 차익거래

단일가격의 법칙(law of one price, 一物一價의 법칙)은 동일한 상품이나 자산은 경쟁시장에서 동일한 가격을 가져야 한다는 법칙이다. 단일가격의 법칙에 의하면, 품질과 수량이 동일한 두 가지 쌀이 동일한 가격으로 거래되어야 하고 미래소득이 동일한 두 가지 금융자산도 동일한 가격으로 거래되어야 한다.

현실의 시장에서 여러 가지 이유 때문에 단일가격의 법칙이 깨지는 경우도 있다. 그러나 차익거래가 자유롭게 이루어질 수 있다면 단일가격의 법칙이 곧바로 회복된다. 차익거래(差益去來, arbitrage, 재정거래라고도 한다)는, 동일한 자산 또는 상품이 서로 다른 가격으로 거래되고 있을 때 가격차이를 이용하여 확실한 이익을 얻기 위해 동등한 자산을 매입함과 동시에 매도하는 거래를 말한다.

차익거래의 예를 하나 들어 보기로 하자. 현재 거래되고 있는 모든 마늘의 품질이 동일하다 가정하고 10kg들이 마늘 한 상자가 목포에서는 5만원에 거래되고 있고 서울에서는 6만원에 거래되고 있다 하자. 목포에서 서울까지 운반하는 비용과 시간은 0이라고 하자. 이런 경우 사람들은 목포에서 마늘 1상자를 매입함과 동시에 서울에서 1상자를 매도하면 아무런 투자액과 위험을 부담하지 않고 1만원의 이익을 얻을 수 있으며, 이런 거래가 차익거래이다. 가능하다면 1상자가 아니라 100만 상자를 차익거래한다면 이익은 훨씬 커질 것이다. 이러한 차익거래는 가격차이를 인식하고 있는 어떤 사람도 행할 수 있으므로, 순식간에 대량의 차익거래가 이루어질 수 있다. 그 결과 서울의 마늘가격은 하락하고 목포의 마늘가격은 상승하여 두 지역의 마늘 가격은 동일하게 된다. 즉, 차익거래 기회가 사라지고 단일가격의 법칙이 성립된다. 이런 상태를 경제학에서는 균형(equilibrium)이라고 하고 이렇게 결정된 가격을 균형가격(equilibrium price)이라고 한다. 그리고 단일가격의 법칙이 성립되어 더 이상 차익거래가 발생할 수 없는 상태를 무차익거래조건(no-arbitrage condition)이라고 부른다.

오늘날의 금융시장에는 자산가격의 움직임을 끊임없이 관찰하면서 차익거래의 기회를 노리고 활동하는 많은 전문투자자들이 있다. 이 차익거래자들은 어떤 한 가지 금융상품의 가격차이뿐만 아니라 여러 종류의 금융상품을 결합한 포트폴리오의 가격차이를 이용하여 차익거래를 행하는 것이 일반적이다. 또 증권시장이나 외환시장에서 활동하는 많은 금융기관들은 차익거래를 자동적으로 발견하여 차익거래를 행할 수 있도록 하는 컴퓨터 프로그램을 활용하고 있다.

2. 금융자산의 기본가치

금융시장에서는 금융자산이 거래되면서 시시때때로 가격이 변동한다. 금융자산의 가격변동은 투자자들이 그 자산에 대한 정보를 반영하여 매입하거나 매도하기 때문에 발생한다. 이처럼 투자자들의 거래를 통해 금융시장에서 실제로 결정된 가격을 시장가격(market price)이라고 한다.

흔히 시장가격은 그 자산의 기본가치를 중심으로 무작위로 변동한다고 한다. 여기에서 어떤 자산의 기본가치(fundamental value)는 충분한 정보를 갖고 있는 투자자들이 자유경쟁시장에서 그 자산에 대해 지급하고자 하는 가격으로 정의된다.[05] 이 정의에서 충분한 정보를 갖고 있는 투자자(well-informed investor)란 어떤 자산에 관련된 모든 정보를 알고 이를 이용하여 거래하는 투자자, 즉 충분한 정보를 갖고 있는 합리적 거래자(rational trader)라는 뜻이다. 그리고 자유경쟁시장(free and competitive market)이란 다수의 거래자가 존재하고 아무런 거래비용이나 마찰적 요인 없이 자유롭게 경쟁이 이루어지는 시장을 의미

05 Z. Bodie & R. C. Merton, Finance(Prentice-Hall, 1998), p.158.

한다. 따라서 기본가치는 합리적 투자자들이 거래하는 자유경쟁시장에서 이용가능한 정보를 충분히 반영하여 결정된 가격이라고 할 수 있다.

어떤 자산의 시장가격은 기본가치와 차이를 보일 수 있다. 금융시장에는 충분한 정보를 갖고 있는 합리적 투자자만 있는 것이 아니라 충분한 정보 없이 유행이나 충동에 따라 투자하는 소음거래자(noise trader)도 많이 있다. 이들은 흔히 근거없는 정보에 따라 충동적으로 거래함으로써 시장가격이 기본가격으로부터 벗어나도록 만들 수 있다. 이런 경우 충분한 정보를 갖고 있는 투자자들은 기본가치에 비해 시장가격이 낮은 자산을 매입하고 시장가격이 높은 자산을 매도하여 이익을 얻으려 할 것이다. 그 결과 시장가격은 기본가치에 접근하는 경향을 갖게 된다.

금융시장과 미인대회

유명한 경제학자인 케인즈(M. J. Keynes)는 증권시장을 미인대회 심사에 비유한 바 있다. 이제 미인대회에서 심사위원들이 최고의 미녀를 뽑는 과정을 생각해 보기로 하자. 각각의 심사위원들은 최고미녀라고 생각되는 후보미녀들에게 투표하고 가장 많은 표를 얻은 미녀가 최고미녀로 뽑힌다. 그리고 심사위원들이 무성의하게 심사하지 못하도록 최고미녀로 뽑힌 미녀에게 투표한 심사위원에게는 상금을 주고 그렇지 못한 심사위원에게는 벌금을 부과한다고 하자.

이런 경우 각 심사자들은 자기 자신의 심미적 관점에 따라 소신있게 투표할 것인가? 케인즈는 그렇지 않다고 지적한다. 심사자들은 자신의 소신에 따라 행동하는 것이 아니라 다른 심사자들이 누구에게 투표할 것인가를 판단해서 투표한다. 왜냐하면 다른 심사자들이 투표하리라고 생각되는 미녀에게 투표함으로써 자신이 상금을 받을 가능성을 더 크게 해야 하기 때문이다.

이 비유를 증권시장에 적용해 보자. 투자자(=심사위원)는 자기가 좋아하는 증권에 투자해도 시장가격이 오르지 않으면 손해를 본다. 투자자는 다른 많은 투자자들이 좋아하리라고 생각되는 증권에 투자하여야만 시세차익의 이익을 얻을 수 있다. 따라서 투자자들은 자신이 평가한 증권 자체의 가치보다는 다른 투자자들이 증권의 가치를 어떻게 평가하고 어떻게 행동할 것인지에 더 큰 관심을 기울이며 투자한다. 그 결과 투자자들은 유행이나 분위기에 따라 투자하게 되어 자산가격에 거품이 발생하기도 하고 큰 폭으로 폭락하기도 한다.

3. 가치평가의 몇 가지 방법

어떤 자산의 기본가치를 알아내는 것은 결코 쉬운 일은 아니다. 먼저 부딪치는 어려움은 그 자산의 가치를 결정하는 주요한 정보를 알아내는 것이다. 증권분석의 실무에서는 자산가치를 결정하는 중요한 정보들을 흔히 기본요인(fundamentals)이라고 부른다. 자산의 유형에 따라 중요시되는 기본요인의 내용이 달라질 수 있다. 채권의 경우 원금과 이자의 크기와 지급시기, 채무불이행가능성, 미래의 이자율동향 등이 중요한 기본요인으로 간주될 것이다. 부동산의 경우 특정 지역의 성장가능성, 인근의 부동산가격, 국민소득의 추세, 이자율동향, 정부의 부동산정책 등이 중요한 기본요인이 될 것이다. 자산의 기본가치를 평가할 때 이 기본요인들 중에서 어떤 것을 보다 더 중요시하는가에 따라 다음과 같은 몇 가지 평가방법으로 나누어진다.

(1) 현재가치

금융자산은 미래소득에 대한 청구권이다. 투자자들이 금융자산에 투자할 때에는 그 자산이 미래에 어느 정도의 소득을 가져다 줄 것인가에 대해 가장 큰 관심을 가질 것이므로, 투자자들은 예상되는 미래소득의 크기를 고려하여 자산의 가치를 평가하려 할 것이다. 따라서 금융자산의 가치는 그 자산으로부터 얻어지리라고 예상되는 미래 현금흐름을 할인하여 계산된 현재가치로 평가될 수 있다. 대표적인 예로서, 채권의 가격은 약정된 원금과 이자지급액을 이자율(즉, 할인율)로 할인하여 계산된 현재가치로 평가된다. 또 주식의 가치를 평가할 때에도 미래 배당흐름을 주주들의 요구수익률로 할인하여 계산된 현재가치를 중시한다.

할인가치는 채권이나 주식과 같은 증권의 가치를 평가할 때뿐만 아니라 다른 금융자산이나 실물자산의 가치를 평가할 때에도 가장 기본적인 방법으로 사용되고 있다. 예를 들어, M&A(기업인수 및 합병)할 때 대상자산의 가치를 평가하기 위해 그 자산의 미래 현금흐름을 예측하고 이를 적절한 할인율로 할인하여 자산가치를 평가한 다음, 기업지배권의 인수나 평판의 상승, 신시장 진출의 가능성과 같은 특수한 요인의 가치를 반영하여 자산가치를 평가한다. 또 대형 부동산, 특허권, 지적재산권 등의 가치를 평가할 때에도 그 자산을 이용하여 얻게 될 미래 현금흐름의 현재가치를 중시한다.

(2) 장부가치

장부가치는 대차대조표에 표시된 자산의 가치를 의미한다. 대차대조표는 어떤 회사가 어떤 종류의 자산을 얼마만큼 보유하고 있고 어떤 종류의 부채로 얼마만큼의 자금을 조달하였으며, 주주의 몫이라고 할 수 있는 자기자본이 어느 정도인지를 정리하여 표시한 회계장부이다. 따라서 대차대조표를 보면 어떤 회사의 재산상태를 어느 정도 파악할 수 있다. 예를 들어, 주식의 장부가치는 순자산(net worth, 총자산에서 부채의 가치를 뺀 값)을 발행주식수로 나누어 계산될 수 있다.

장부가치가 중시되는 경우는 어떤 자산의 미래소득을 추정할 수 없거나 미래소득이 무의미한 경우이다. 예를 들어, 1998년의 금융위기 때에는 일부주식에 대하여 미래의 수익력이나 성장성보다는 발행회사가 당장 파산할 경우 주주가 얼마의 잔여재산을 받을 수 있는지가 주요 관심사였다. 이런 경우 주식의 가치는 장부가치를 기준으로 평가하는 것이 일반적이다.

(3) 상대가치

시장에서 완전히 동등한 두 가지 자산은 존재할 수 없다. 그러나 대부분의 중요한 특성은 동일하지만 한두 가지 점에서만 차이를 갖는 자산들은 흔히 존재한다. 이런 경우 어떤 자산의 가치는 비교가능한 다른 자산의 가격을 기준으로 평가될 수 있으며, 이렇게 평가한 가치를 상대가치라고 한다. 예를 들어, 아파트의 가치를 평가하는 경우를 생각해 보자. 각각의 아파트는 수년에 한 번씩만 거래되기 때문에 시장가격을 관찰할 수 없다. 그러나 같은 단지에 있는 아파트들은 대부분의 특성이 동일하고, 위치나 전망 등과 같은 특성에서만 차이를 갖는다. 이런 경우에는 단지 내 동일면적의 아파트들의 최근 시장가격을 기준으로 하고 여기에 위치나 전망의 차이를 금액으로 환산하여 아파트가치를 평가한다.

상대가치는 시장이 제대로 형성되어 있지 않은 자산을 평가할 때 주로 사용된다. 예를 들어, 거래빈도가 적은 부동산의 가치를 평가하거나, 아직 경영실적이 확인되지 않은 비상장회사의 주식의 가치를 평가할 때 사용될 수 있다.

Chapter 5

주식 투자

제1절 주식의 개요
제2절 주식거래의 방법과 절차
제3절 주식투자과정
제4절 주가지수의 종류

제1절 | 주식의 개요

1. 주식의 의의

일반적으로 기업이 사업을 하기 위해서는 토지, 건물, 기계 등 대규모의 자금이 장기간 필요하게 되는데 이러한 대규모의 자금을 한 개인이나 소수의 사람들만으로는 동원할 수 없기 때문에 많은 사람들을 통해 장기자금을 모으는 방법으로 주식을 포함한 유가증권을 발행하게 된다.

기업이 발행하는 유가증권은 주식, 채권, 출자증권, 신주인수권증서 등 여러 가지가 있지만 대표적인 것이 주식이다. 주식은 보통 자금을 조달하기 위한 목적으로 발행하고 있다. 주식회사(株式會社)란 주식의 발행으로 설립된 회사를 의미하는데, 여기서 주식이란 주식회사가 발행한 출자자(주주)의 지분을 말한다. 즉, 주식은 기업의 자본금을 주식으로 발행하고 개개인이 구매를 통해 보유한 주식 수만큼 기업에 대한 소유권을 갖는 것이다.

기업은 장기자금을 조달하기 위해 많은 사람들로부터 자금을 모아 그 증서로 주식(주권)을 나누어주며, 주식을 소유한 사람은 '주주'가 된다. 투자자가 그 기업에 대해 주주가 되면 기업의 상태나 운영방식 등 주주로서의 권리를 가지며 회사에 대하여 법률상 권리를 행사할 수 있게 된다.

2. 주식의 특성

(1) 잔여적 청구권

주식의 가장 중요한 특성은 잔여적(residual) 청구권으로서 대표적인 변동소득증권(variable income securities)이라는 사실이다. 주주는 자기가 소유하고 있는 주식 수에 비례하여 회사의 이익과 재산에 대하여 잔여적 청구권을 행사한다.[01] 여기에서 잔여적 청구권이라는 말의 의미는 기업의 이익에서 부채에 대한 원리금이나 세금과 같은 채무를 지불하고 난 나머지의 이익과 재산에 대해서만 청구권을 행사할 수 있다는 의미이다. 주식이 잔여적 청구권이라고 해서 부채나 채권보다 더 낮은 수익이 얻어진다는 의미는 아니다. 일반적으로 주식은 동일한 금액을 회사의 부채(또는 채권)에 투자하는 경우보다 더 큰 위험을 부담함과 동시에 더 높은 기대수익률을 가져다준다.

01 주주는 기업을 소유하고 있는 주인이기 때문에 주인으로서 주주총회에 참석하여 회사의 재무제표를 승인하고 임원을 선임하는 것과 같은 의사결정에 참여할 수 있다. 또 대주주의 경우 필요에 따라서는 주주 자신이 직접 회사의 임원이 되어 회사의 경영에 참여할 수 있다. 그러나 이와 같은 주주의 권리도 결국 재산 및 이익에 대한 청구권의 가치를 증가시키고자 하는 목적을 위해 행사된다고 할 수 있다.

(2) 유한책임

주식이 갖는 또 다른 중요한 특성은 주주가 회사의 채무에 대해 유한책임(limited liability)만을 부담한다는 것이다. 주주는 회사의 주인이기는 하지만 회사의 채무에 대해 무한책임을 지지 않는다. 예를 들어, 어떤 회사가 100억원의 부채를 지고 있다고 하자. 이 회사의 경영이 부실하여 회사의 소득으로 부채의 원리금을 상환할 수 없을 뿐만 아니라 회사의 재산을 모두 처분하더라도 60억원 정도만 상환할 수 있다 하자. 이 경우 주식회사의 주주는 회사의 주인으로서 나머지 40억원의 부채를 떠안아야 할까? 개인기업의 경우 기업의 주인이 무한책임을 진다. 그러나 주식회사의 주주는 회사가 갚지 못한 부채 40억원에 대해 책임을 질 필요가 없다. 그 대신 주주는 회사에 대한 청구권을 포기하고 주인으로서의 지위를 채권자에게 넘겨주어야 한다.

3. 우리나라의 주식발행

우리나라 상법에서는 주권의 액면가를 100원 이상의 균등한 금액으로 하고 있으므로(상법 제329조) 모든 주식은 액면주(par value stock)이다(미국의 경우 액면이 정해져 있지 않은 무액면주가 보편적인 형태이다). 주식의 액면가는 1주의 납입자본이라는 의미를 갖지만, 주식의 할인발행이나 할증발행, 주식배당 또는 무상증자가 이루어지는 경우에는 액면가와 실제 납입자본이 서로 다를 수 있다. 그리고 주주는 납입자본뿐만 아니라 자기자본 전체에 대하여 청구권을 행사하기 때문에, 실제의 증권거래에서는 액면가가 그리 큰 의미를 갖지 못하며, 주주에게 중요한 의미를 갖는 것은 주식의 시장가격이다.

주식의 종류에 따라 주주의 권리에 차등을 주는 경우가 있다. 예를 들어, 의결권을 부여하지 않는 무의결권부주식(non-voting share)이라는 것도 있다. 우리나라 상법에서는 무의결권부주식의 남발로 의결권을 갖는 소수의 주주에 의해 기업이 지배될 가능성을 방지하기 위하여 무의결권부주식이 발행주식 총수의 1/4 이상을 넘지 못하도록 하고 있다(상법 제370조). 또 보통주보다 배당의 우선순위가 낮은 후배주(deferred stock)가 있다. 이 후배주는 창업자에 대한 공로의 대가로 주로 발행되는 것이지만 실제로는 거의 활용되지 않고 있다. 주식의 종류에서 자세히 설명하기로 한다.

4. 주식의 종류

우리가 주식에 투자한다고 할 때의 주식은 흔히 보통주(common stock)를 의미한다. 그러나 보통주 이외에도 우선주(preferred stock)와 다른 특수한 주식도 존재한다.

(1) 보통주

보통주는 주식회사의 주주로서의 권리에 특별한 제한이나 우선적 권리가 주어지지 않은 주식을 의미한다. 우리나라 상법 344조에는 이익이나 이자의 배당 또는 잔여재산의 분배에 관하여 내용이 다른 수종의 주식(예컨대 우선주, 전환주식, 상환주식 등)을 발행할 수 있도록 허용하고 있는데, 이런 특수한 주식에 해당되지 않는 일반적인 주식이 보통주이다.

(2) 우선주

보통주보다 배당의 우선순위가 높은 우선주(preferred stock)도 비교적 흔히 발행되고 있다. 우선주는 대차대조표에서 보통주와 함께 자본의 일부를 구성하나 그 실질적 성격에 있어서는 채권과 보통주의 특성을 혼합한 혼성증권(hybrid securities)이다.

우선주는 일반적으로 우선배당액이 확정되어 있고 보통주보다 우선하는 잔여재산청구권을 지니고 있다는 점에서 채권과 유사한 성격을 갖고 있다. 그러나 채권에 대한 원리금 상환이 불가능한 경우 발행회사는 채무불이행(default) 상태에 빠져 파산의 원인이 될 수 있지만, 우선주에 대한 우선배당을 지급하지 못했다고 하여 채무불이행으로 간주되는 것은 아니기 때문에 우선주는 보통주가 갖는 특징의 일부를 갖는다.

우선주는 이익배당이나 잔여재산청구권에 있어 보통주보다 우선한 대신, 의결권이 주어지지 않는 경우가 많다. 그러나 미지급 우선배당액이 매우 크거나 우선주주에 대한 다른 약속이 이행되지 않는 경우 우선주주에게 이사선임권을 주어 경영에 참여시키는 경우도 있다.

우선주의 가장 전형적인 형태는 고정적인 배당률이 확정되어 있으며, 우선주의 만기(상환일)가 도래하면 우선주를 상환하는 상환주식이다(상법 제345조). 상환주식은 투자자의 입장에서 볼 때, 일반사채와 다를 바가 없으므로 자금조달의 유인책으로 여러 가지 발행조건을 덧붙여서 우선주를 발행하는 경우가 있다.

(3) 후배주

이익이나 이자의 배당, 잔여재산의 분배 등에 있어 타종의 주식에 비해 불리한 조건이 인정되는 주식을 말한다. 후배주는 배당순위에서만 불리하며 고율의 배당률을 유지할 수도 있다. 이 후배주는 보통 창업자

이익을 획득하는 수단으로 이용하기 때문에 영 · 미에서는 경영자주라고도 한다. 현재 우리나라에서는 거의 사용되고 있지 않다.

(4) 혼합주

어떤 권리에 대하여는 우선적 지위를, 다른 권리에는 열위적 지위가 부여된 주식을 말한다. 현재 우리나라에서는 거의 사용되고 있지 않다.

(5) 의결권주와 무의결권주

의결권이라 함은 주주총회에 상정되는 여러 의결사항에 대한 결정권을 뜻하는데 주식에는 의결권이 부여되는 것이 일반적이다. 우리나라는 1주에 하나의 의결권만을 부여하고 있다.

무의결권주는 통상 경영지배가 아닌 배당에만 관심이 있는 투자자를 대상으로 발행된다. 무의결권주는 우선적 배당을 전제로 의결권을 부여하지 않는 것이므로 소정의 배당 우선권이 실현되지 아니할 때에는 의결권이 부활된다. 또한 상법은 무의결권 주식이 너무 많이 발행될 경우 소수의 주주에 의하여 회사가 지배될 우려가 있으므로 무의결권 주식의 총수는 발행주식 총수의 1/4을 넘지 못하도록 하고 있다. 또한 증권거래법에서는 주권상장법인 및 코스닥상장법인은 해외증권의 발행을 통하여 의결권 없는 주식을 발행하는 경우에는 발행주식총수의 1/2까지 의결권 없는 주식을 발행할 수 있도록 하고 있다. 의결권 없는 주식은 주주총회 시 정족수 계산에서 발행주식 총수에 산입하지 아니한다.

제2절 | 주식거래의 방법과 절차

1. 매매거래의 위탁

주식도 일반상품과 마찬가지로 투자자들끼리 직접 사고 팔 수도 있다. 실제로 비상장주식의 경우 이런 방법에 의해 거래가 이루어지고 있다. 인터넷의 검색창에 "비상장주식"을 쳐보면 비상장주식을 거래소가 아닌 장외에서 거래하기 위해 다양한 인터넷사이트들이 만들어져 있다는 것을 확인할 수 있을 것이다. 또 거래소에 상장되어 있는 주식의 경우에도 대량의 주식이나 단주(10주 미만의 소량의 주식)를 거래할 때에도 투자자들이 직접 사고파는 경우가 많다.

개별투자자들 사이의 직접거래는 거래상대방을 발견하기가 매우 어려울 뿐만 아니라 거래상대방을 발견한 경우라 하더라도 실제 거래가 이루어지려면 서로 만나서 계약을 맺고 그 계약을 이행하기 위해 많은 거래비용이 지출되어야 한다는 문제점을 갖고 있다. 더 큰 문제는 소수의 거래당사자들이 갖고 있는 한정된 정보에 기초하여 거래가 이루어지기 때문에 시장 전체의 수요와 공급을 반영한 공정한 가격이 결정되기 어려우며, 경우에 따라서는 증권거래를 이용한 사기의 피해를 당할 수도 있다(장외거래에서는 신분이 불분명하다는 것을 이용하여 대금만 챙기고 주식을 인도해 주지 않는 사기사건이 가끔 발생한다).

일반투자자들이 주식을 거래하는 가장 통상적인 방법은 위탁매매이다. 위탁매매는 증권회사에 상장주식의 매매를 위탁하여 주식을 사고파는 것이다. 이 방법은 개별투자자가 원하는 주식을 자유롭게 선택하여 신속하고 안전하게 거래할 수 있을 뿐만 아니라, 직접 주식을 거래하는 것보다 훨씬 적은 거래비용만을 필요로 한다.

증권거래소는 주식이 대량으로 신속하고 안전하게 거래될 수 있도록 매우 상세하고 복잡한 규칙을 마련하여 두고 있다. 또 증권거래법에서는 감독기관의 허가를 받은 증권회사만이 고객의 주식매매의 위탁을 받아 거래소에서의 거래에 참여하여 거래할 수 있도록 정해 두고 있다. 따라서 상장주식에 투자하고자 하는 일반투자자들은 주식매매를 주문하는 기본적인 사항만을 이해하고 있으면 누구나 쉽고 안전하게 상장주식을 거래할 수 있다. 다음 장에서는 주식거래의 위탁에 필요한 기본적인 사항을 정리하여 설명하기로 한다.

2. 매매거래제도

(1) 거래의 위탁

거래소는 증권업의 허가를 받고 거래원으로 등록한 증권회사만이 매매거래에 직접 참가할 수 있도록 허가하고 있기 때문에, 일반투자자는 거래소에서의 주식거래에 직접 참가할 수 없다. 따라서 일반투자자가 상장주식을 사거나 팔고자 할 경우, 주식의 매매를 증권회사에 위탁하여야만 한다. 이때에는 주문표에 매매거래의 종류, 종목, 매도 또는 매수의 구별, 수량, 가격의 지정, 매매를 행할 시기 등을 표시하여 제출하여야 한다.

요즘 많은 투자자들은 거래수수료를 절약하기 위해 인터넷을 통해 거래를 위탁하는 방법을 사용한다. 이 경우도 주문표 대신 증권회사가 제공하는 홈트레이딩시스템(HTS)을 사용한다는 점에서만 차이가 있지, 직접 주문하는 것과 동일한 효과를 갖는다.

투자자가 증권회사에 매매거래를 위탁할 때 가격을 지정하는 방법은 크게 두 가지 방법이 있다. 첫째는 지정가주문(limit order)으로서 특정가격을 지정하고 그 가격 이상으로 매도하거나 그 가격 이하로 매입하도록 주문하는 것이고, 둘째는 시장가주문(market order)으로서 시장에서 호가된 가격 중 가장 유리한 가격으로 매입 또는 매도하여 달라는 주문이다. 이 두 가지를 절충한 것으로서 조건부지정가주문도 사용된다. 이것은 특정 가격을 지정하여 주문하되 거래가 성립되지 못한 경우 시장을 마감할 때의 시장가로 매입 또는 매도하겠다는 주문이다.

가격을 어떤 방식으로 지정할 것인지는 투자자의 거래의도에 따라 달라질 수 있다. 시장가주문은 어떤 주식의 거래를 반드시 성립시켜야 할 필요가 있을 때 사용된다(단, 현재의 시장가격이 투자자가 판단한 적정 가격과 크게 다르지 않아야 한다). 지정가주문은 투자자가 자신의 판단에 따라 적정가격을 정해두고 있을 때 사용된다. 또 특정 투자자가 일정한 방향으로 주가가 움직이도록 유도하고자 할 때, 즉 투자자 자신의 의도를 시장에 반영시키고자 할 때에도 지정가주문이 사용될 수 있다.

증권회사에 거래를 위탁한 후 거래가 성립되면 매수자는 주식대금을 결제하고 매도자는 주식을 인도해주는 절차를 이행하여야 한다. 이런 절차는 매수자와 매도자가 직접 행하는 것이 아니고 증권회사가 모든 절차를 대행해준다. 우리나라 거래소에서는 거래가 성립된 날(t일)로부터 영업일 기준으로 3일째 되는 날(t+2일)에 주식과 대금이 인도되는 결제방식(이 방법은 흔히 보통거래라고 부른다)을 택하고 있다.

(2) 호가단위와 수량단위

다양한 종류의 주식을 대량으로 거래하기 위해서는 거래방식이나 계약체결 방법, 거래의 단위 등에 대하여 일정한 규칙이 주어져야 한다. 매매거래의 단위는 호가단위와 수량단위로 나뉘어 있다. 호가(呼價)라

표 5-1 | 호가 단위

구분	호가 단위
5,000원 미만	5원
5,000원 이상 10,000원 미만	10원
10,000원 이상 50,000원 미만	50원
50,000원 이상 100,000원 미만	100원
100,000원 이상 500,000원 미만	500원
500,000원 이상	1,000원

표 5-2 | 유가증권 종류별 매매수량단위

구분		매매수량단위	비고
주권		10주	당일의 기준가격이 5만원 이상인 경우 1주
외국주식예탁증서		10증서	
상장지수펀드		1주	2002년 9월 30일 도입
신주인수권증권		10증권	2000년 7월 3일 도입
신주인수권증서		10증서	2002년 1월 2일 도입
수익증권		10좌	
채권	일반채권	액면 10만원	소액채권은 액면 1,000원으로 함
	외화표시채권	1만포인트	
	국채지표종목	액면 10억원	국채달러 간 매매거래에 한함

는 것은 사거나 팔고자 하는 증권의 종목, 수량, 가격을 거래상대방에게 제시하는 것으로서, 호가단위는 1주당 주가의 수준에 따라 다르게 정해져 있다. 우리나라 상장주식의 호가단위는 가격이 5,000원 미만인 주식은 1주당 5원, 1만원 미만인 주식은 10원, 5만원 미만인 주식은 50원, 10만원 미만인 주식은 100원, 50만원 미만인 주식은 500원, 50만원 이상인 주식은 1,000원이다.

수량단위(round lot unit)는 증권거래의 대량화를 도모하기 위하여 결정된 거래수량의 기준단위를 말한다. 우리나라의 수량단위는 상장주식에 대해 10주를 수량단위로 한다(단, 주가가 5만원 이상인 경우에는 1주를 수량단위로 한다). 이 수량단위에 미달하는 증권수량은 단주(odd lot)라고 하며, 이는 주로 장외시장에서 거래된다.

(3) 거래시간

거래소시장에서는 개장 및 폐장시간이 정해져 있다. 우리나라 유가증권시장본부의 경우, 월요일부터 금요일까지 오전 9시에 개장하여 오후 3시에 폐장한다. 투자자들은 오전 8시부터 매매주문을 낼 수 있으며 매매계약 체결방법에서 설명하게 될 단일가매매방식에 의해 오전 9시에 시가(始價, opening price)가 결정된다. 그 이후 이른바 접속매매방식에 의해 오후 2시 50분까지 거래가 진행되다가 다시 단일가매매방식으로 전환되어 오후 3시에 종가(closing price)가 결정된다.

(4) 가격제한폭

우리나라에서는 매일 매일의 종가의 변동폭을 제한하고 있으며, 이를 가격제한폭(price limit)이라고 한다. 거래소에서의 주식에 대한 가격제한폭은 전일 종가의 15% 이내이다. 일반적으로 어떤 증권의 종가가 하한가나 상한가로 결정되었다면, 그 증권의 가격은 초과수요나 초과공급을 아직 완전히 흡수하지 못하여, 다음날에도 가격이 하락 또는 상승할 가능성이 크다는 것을 의미한다.

가격제한폭제도는 과도한 증권가격 변동을 억제함으로써, 증권가격의 안정화를 도모하고 나아가 투기의 과열을 방지하기 위한 목적에서 만들어진 것이다. 그러나 증권정보가 그때그때의 가격에 즉시적으로 반영되지 않기 때문에, 자본시장을 비효율적으로 만든다는 문제점도 갖고 있다.

표 5-3 | 우리나라 주식시장의 가격제한폭 변경내용

구분		가격제한폭(%)
1995. 4월 이전	정액제 : 기준가격대별 17단계	평균 : 4.6%(2.2~6.7%)
1995. 4. 1	정률제	6%
1996. 11. 24		8%
1998. 3. 2		12%
1998. 12. 7		15%

(5) 매매계약 체결방법

우리나라 거래소에서 주식가격을 결정하는 방식은 단일가매매방식과 접속매매방식의 두 가지 방법이 사용되고 있다. 단일가매매(또는 동시호가)방식은 매일의 개장시점의 시가 또는 폐장시점의 종가를 결정할 때 사용하는 방법으로서, 일정시간 동안 들어온 주문을 모아 하나의 가격으로 거래를 성립시키는 방법이다. 단일가매매에 의해 결정된 가격은 특정 시점의 수요와 공급을 잘 반영하여 주고 있다는 장점을 갖고 있으나, 가격에 반영된 정보가 어느 정도 시간이 경과된 정보일 가능성이 많다.

접속매매는 시가 및 종가를 결정할 때를 제외한 모든 시간대에 사용하는 가격결정방식으로서, 주문이 들어오는 매 순간마다 매입 및 매도 가격과 수량이 맞으면 거래를 성립시키는 방식이다.[02] 접속매매는 소수의 매입 및 매도주문에 의해 가격이 결정된다는 단점을 갖지만, 특정 순간에 주어진 정보가 즉시적으로 가격에 반영된다는 장점을 갖고 있다.

02 우리나라에서는 복수가격에 의한 개별경쟁매매라는 용어를 쓰고 있다.

주가는 매 순간에 주어진 정보를 반영하여 결정된다. 그러다 보면 매우 영향력이 큰 정보가 주식시장에 알려져서 큰 폭의 주가변동이 발생할 수도 있다.

(6) 주식시장의 매매거래중단제도(circuit breakers)

서킷브레커스(circuit breakers, 매매거래중단제도)는 증권시장 내외의 충격에 의하여 주가가 급격하게 하락하는 경우 투자자들에게 냉정한 판단의 시간을 주기 위해 거래소에서의 모든 매매거래를 일시적으로 중단하는 제도로서 코스피지수가 직전거래일의 종가보다 10% 이상 하락하여 1분간 지속되는 경우 발동된다. 매매거래중단이 발동되면 20분 동안 거래소 및 이와 연계된 선물 · 옵션시장도 호가접수 및 매매거래를 중단하게 된다. 거래소는 매매거래중단 후 20분이 경과한 후 매매거래를 재개한다. 매매거래를 재개할 때의 최초의 가격은 재개시점부터 10분 동안 매매주문을 접수한 다음, 단일가매매방식에 의해 결정된다.

매매거래중단제도는 주가상승 시에는 발동하지 않고, 주가 급락 시에만 발동된다. 또 1일 1회 발동으로 한정하고 당일 종가 결정시간을 확보하기 위해 장종료 40분전(오후 2시 20분) 이후에는 발동되지 않는다.

서킷브레커스와 유사한 제도로서 사이드카(sidecar)라는 제도도 있다. 사이드카는 주가지수 선물가격이 전일 종가 대비 5% 이상 상승 또는 하락하여 1분간 지속될 때 발동되며, 일단 발동되면 발동시점으로부터 5분간 주식시장의 프로그램매매[03] 주문의 효력이 정지된다. 5분이 지나면 자동적으로 해제되어 매매체결이 재개되며 이 경우에도 단일가 매매방식에 의해 최초가가 결정된다.

03 프로그램매매는 일반적으로 시장분석 · 투자시점판단 · 주문제출 등의 과정을 컴퓨터로 처리하는 거래기법을 통칭하는데, 시장상황별로 실행할 투자전략을 사전에 미리 수립하여 그 내용을 컴퓨터에 프로그래밍하고, 시장상황의 분석과 분석내용에 따른 주문 등을 프로그램에 따라 컴퓨터로 처리하는 매매방법을 말한다.

(7) 위탁수수료와 세금

주식을 사고팔거나 증권투자로부터 소득을 실현하였을 때, 투자자들은 거래비용과 소득세를 부담하여야 한다. 거래비용은 증권거래의 위탁수수료뿐만 아니라 증권거래와 관련되는 여러 가지 부수적 경비(정보수집비용, 교통비, 투자자의 시간비용 등)까지 포함된다. 이 중 증권거래 위탁수수료는 각 증권회사가 자율적으로 결정하여 부과하고 있으며, 일반적으로 투자자가 증권회사에서 직접 주문할 경우보다 인터넷거래를 이용할 때 훨씬 낮은 위탁수수료를 부담한다.

표 **5-4** | 거래수수료율 예

영업점주문(국내 D증권사, 2009년 12월 기준)

약정금액	수수료
2억원 미만	약정금액 × 0.491482%
2억원 이상~5억원 미만	약정금액 × 0.441482% + 100,000원
5억원 이상	약정금액 × 0.391482% + 350,000원

HTS주문(국내 D증권사, 2009년 12월 기준)

약정금액	수수료
100만원 미만	약정금액 × 0.491482%
100만원 이상 ~ 1,000만원 미만	약정금액 × 0.136482% + 1,200원
1,000만원 이상 ~ 3,000만원 미만	약정금액 × 0.131482% + 1,500원
3,000만원 이상 ~ 5,000만원 미만	약정금액 × 0.121482% + 2,000원
5,000만원 이상 ~ 1억원 미만	약정금액 × 0.091482%
1억원 이상	약정금액 × 0.071482%

투자자가 주식의 거래와 관련하여 부담하는 세금은 거래행위 그 자체에 대하여 부과되는 증권거래세와 투자소득에 대하여 부과되는 소득세(배당소득세와 양도소득세)가 있다.

증권거래세는 증권거래세법에 의하여 주권 또는 지분을 매도할 때 부과하는 세금으로서, 투자손익에 관계없이 주식을 매도할 때 부과된다. 세율은 유가증권거래본부에 상장된 주식의 거래에 대해서는 증권거래세 0.15%와 농어촌특별세 0.15% 합계 0.3%가 부과되고, 코스닥거래본부의 거래에 대해서는 증권거래세 0.3%가 부과된다.[04] 주식을 매입할 경우에는 부과되지 않는다.

04 정부는 조세체계를 단순화하고 조세저항을 완화하기 위하여 2010년까지 여러 가지 목적세(농특세, 주민세 등)를 없애고 이를 본세에 통합하고자 계획하고 있다.

배당소득세는 주식으로부터 얻어진 현금배당, 주식배당 및 무상증자(이익잉여금의 자본금 전환에 따른 무상증자만 해당)에 대하여 부과되는 소득세이다. 상장법인의 소액주주가 지급받은 배당소득에 대하여 14%의 배당소득세가 원천징수되며, 주민세로 이자소득세의 10%가 부과된다. 따라서 소액의 주식투자자가 실제로 부담하는 배당소득세율은 15.4%에 달한다.

주식의 양도소득세는 주식을 양도할 때 실현되는 시세차익, 즉 자본이득(capital gain)에 대해 부과되는 세금이다. 우리나라에서는 유가증권거래본부나 코스닥을 통해 이루어진 증권거래로부터 얻어진 시세차익에 대하여 양도소득세가 과세되고 있지 않다.

제3절 | 주식투자과정

1. 주식의 투자가치분석

(1) 증권분석의 의의

무슨 일을 할 때이든지 목표가 있는 것이 좋다. 목표가 분명하다면 우왕좌왕하지 않고 그 목표를 이루는 데 선택가능한 대안이 무엇이 있을 것인가를 생각해보고, 어떠한 요인이 장애요인으로 작용하는가를 살펴서 그 장애요인을 제거해 가고, 그 중에서 제일 나은 방법론으로 일을 진행시켜 나가는 계속적인 힘이 작용한다면 그 일은 이루어진다고 할 수 있다(예수님 말씀에 의하면 두드리면 열릴 것이요, 구하면 구해질 것이요).

투자목표는 수치적으로 표현하는 것이 그 달성 정도를 계측하는 데 도움이 되며, 그를 이루려는 힘이 가중될 것이다. 서로의 얼굴 생김생김이 다르고, 같은 사람이더라도 시간마다 여건이 변화하면 생각이 변화하듯 투자자의 목표는 각기 다를 수 있다. 하지만 대체적으로 투자목표는 투자수익(률)과 투자위험을 고려하는 것으로 표현되어야 한다. 또한 투자수익을 언제 얻고자 하는지를 명확히 하는 장기, 중기 및 단기의 기간성과 중간에 현금화의 정도는 위험과도 밀접한 관계를 가지고 있다. 또한 투자는 투자자의 순재산의 상태와 세금관계, 법적 규제 등도 함께 고려되어야 한다.

이와 같은 투자목표를 달성하기 위해서는 투자전략이 필요하며 이는 사전에 정보수집과 투자분석의 과정이 필요하다. 투자분석은 우리가 일상생활에서 접하는 모든 것들이 필요하다. 우리 눈에 보이는 것, 귀에 들리는 것, 냄새 맡는 것, 맛보는 것, 손에 만져지는 것 등 우리의 신체를 이용한 감각과 우리의 마음가짐 자체와도 연결되었다고 할 수 있다.

그러나 이도 다 설명하기에는 너무 방대한 설명이 될 수 있으므로 주식투자를 하는 데 필요한 정보를 수집하고 분석하는 데는 대체로 다음과 같은 체계적 과정으로 나누어 진행한다.

투자가치를 분석하는 데는 투자대상을 개별적으로 분석하느냐와 둘 이상의 복수증권들의 결합관계를 분석하느냐에 따라 개별자산법근법과 포트폴리오접근법이 있다. 개별자산접근법은 개별증권에 관한 독립적인 분석으로 기본적 분석과 기술적 분석이 있다.

(2) 기본적 분석과 기술적 분석

1) 기본적 분석(fundamental analysis)

기본적 분석(fundamental analysis)은 시장에서 수요와 공급에 의하여 결정되는 시장가격이 장기적으로는 그 증권이 본래 지니고 있는 본질적인 가치 혹은 내재가치에 수렴해간다는 전제하에 단기적으로는 과소평가된 주식에 투자하고, 과대평가된 주식을 매각하여 다른 투자자들보다도 더 많은 수익을 얻을 수 있다는 적극적인 투자방법이다. 시장가격은 시장에서 바로 구하여 사용하고, 본질적인 가치 내지 내재가치를 구하기 위한 분석방법으로 하나는 양적 분석이 있고, 다른 하나는 질적 분석이 있다.

양적 분석에 있어서는 주식의 가치를 해당기업의 미래기대이익의 흐름을 투자위험을 반영하는 할인율로 할인하여 구한다. 여기에서 분자의 기대이익의 흐름은 기업들이 생산 · 판매하는 제품들의 판매량, 판매가격, 제반원가에 의하여 영향을 받는다.

또한 이 같은 양적인 요소들에 영향을 미치는 질적 요인들에는 크게 3가지 범주로 나누어 생각해 볼 수 있다. 첫째, 주가에 영향을 미치는 큰 범주의 국제경제동향과 국내경제동향을 분석하는 경제분석이 있다. 주식투자수익률과 상관성이 높은 환율, 무역수지, 정부의 경제정책, 인플레이션율, 경기순환, GNP성장률, 이자율동향 등에 대한 분석과 예측이 필요하다. 이와 같은 분석과 예측을 통하여 어떤 증권을 선택하여야 하는가? 즉, 채권, 주식, 부동산 등 여러 투자자산들로 어떻게 포트폴리오를 구성하여야 하며, 주식에 대한 투자비중을 얼마로 하느냐 결정하여야 투자자가 원하는 투자목표를 이룰 수 있다. 둘째, 어떤 업종, 어떤 산업의 주식이 수익성이 유망하고, 과소 · 과대평가되었는지 판단하는 산업분석이다. 이를 통하여 어떤 업종을 선택할 것인가를 결정한다. 셋째, 위에서 결정한 특정 산업 내 특정 기업의 경쟁력, 성장잠재력, 재무건전성 등을 평가하여 투자가치가 높은가를 판단하는, 즉 종목을 선정하는 기업분석이 있다. 이와 같은 기본적 분석방법을 사용하면 투자종목을 선정할 수 있다.

2) 기술적 분석(technical analysis)

기술적 분석(technical analysis)은 과거 일정기간의 증권의 가격이나 거래량은 추세나 변동이 일정한 패턴 하에 변동한다는 전제하에 그 변동패턴을 분석함으로써 다른 사람보다 더 많은 투자성과를 얻을 수 있는 투자시점을 포착한다는 개별자산접근법이면서 적극적인 투자관리방법이다.

기본적 분석이나 기술적 분석을 실행하는 사람이 다수이면 특정 증권에 관한 정보는 곧 바로 증권가격에 반영되는 효율적 시장이라면, 이 정보를 분석함으로써 다른 사람보다 더 많은 수익을 얻을 수 없다. 이러한 상황에서 투자자가 할 수 있는 적극적인 투자관리방법으로 둘 이상의 복수증권들의 결합관계를 분석하는 포트폴리오분석(portfolio analysis)은 투자대상을 개별적으로 평가하는 것이 아니라 포트폴리오, 즉 복수자산의 결합관계, 혹은 타 증권들과의 상관관계를 파악하여 가장 바람직한 증권들의 결합관계를 찾는 것이다. 이와 같이 여러 자산에 나누어 투자하면 포트폴리오효과에 의하여 그 기대수익률을 희생시키지 않고 위험을 감소시킬 수 있다.

2. 주식투자과정

(1) 투자목표설정

주식투자의 목표는 기본적으로 싸게 사서 비싸게 파는(buy low, sell high) 것이라 할 수 있다. 개인투자자의 경우 특정 주식 종목을 선택하여 매입한 가격보다 더 비싸게 그 주식을 매도함으로써 주식투자의 목표를 달성할 수 있다. 그러나 개인투자자의 경우 투자기간이나 목표수익률 또는 허용위험에 대한 명확한 개념이 없이 시세차익만 좇아서 투자를 하기 쉽다. 그러나 기관투자자의 경우는 개인과는 달리 시세에 따라서 언제나 증권을 매매할 수는 없다. 기관투자자는 투자자금을 조성할 때부터 만기가 있기 때문에 투자목표기간을 염두에 두어야 하고, 목표수익률과 허용위험을 고려하여 계획적으로 투자자금을 관리해야 한다.

개인투자자의 경우 투자목표를 설정하기 위해서는 투자자의 나이, 투자성향, 투자자금의 성격, 세금 등 여러 가지 제약조건과 투자자의 개인적 선호도를 고려해야 하여 목표투자기간, 목표수익률, 허용위험 등을 설정해야 한다. 위험회피적인 투자자의 경우, 최소요구수익률이나 원금보장 등에 대한 명확한 제약조건을 가지고 있다.

(2) 자본배분결정(capital allocation decision)

목표투자기간, 목표수익률, 허용위험 등의 고려와 함께 주식투자의 다음 단계는 투자자금을 무위험자산(은행예금이나 현금의 형태)과 위험자산(주식)에 어느 정도 비중으로 배분하는가에 대한 결정이다. 자본배분결정에 영향을 미치는 요소는 투자목표 설정 시와 마찬가지로 투자자의 나이, 투자성향, 투자자금의 성격, 세금 등이 고려되어야 한다. 예를 들면, 나이가 젊은 30대의 회사원은 위험을 무릅쓰고라도 투자수익의 극대화를 위해 예금보다는 위험자산에 대한 투자비중을 늘리지만, 은퇴한 60대의 퇴직자는 위험보다는 안정성을 고려하여 위험자산보다는 무위험자산에 대한 투자비중을 더 높일 것이다.

(3) 자산배분결정(asset allocation decision)

위험자산에 대한 투자비중이 결정되면 그 다음 단계는 주식, 채권, 주가지수선물, 주가지수옵션 등 여러 위험자산에 대한 투자비중을 결정하는 것이다. 이와 같은 자산배분결정의 핵심은 목표수익률과 허용위험 아래에서 주식, 채권, 그리고 여러 파생상품에 대한 투자비중을 결정함으로써 구체적으로 목표기대수익률에서 최소의 위험을 제공하는 포트폴리오구성 또는 허용된 위험수준하에서 최대의 기대수익률을 제공하는 포트폴리오를 구성하는 것이다.

자산배분의 기준은 두 자산 간의 상관관계가 낮은 투자조합을 구성하는 것이다. 이렇게 포트폴리오를 구성함으로써 투자포트폴리오의 위험을 최소화할 수 있다. 또한 포트폴리오위험이 같은 여러 위험자산의 조합 중에서는 이왕이면 투자수익률이 최대인 투자조합을 선택한다.

(4) 증권선택

증권분석은 개별증권의 특성이나 내재가치(intrinsic value)를 찾아내어 평가하는 것으로 기본적 분석과 기술적 분석이 있음을 설명한 바

그림 5-1 | 주식투자과정

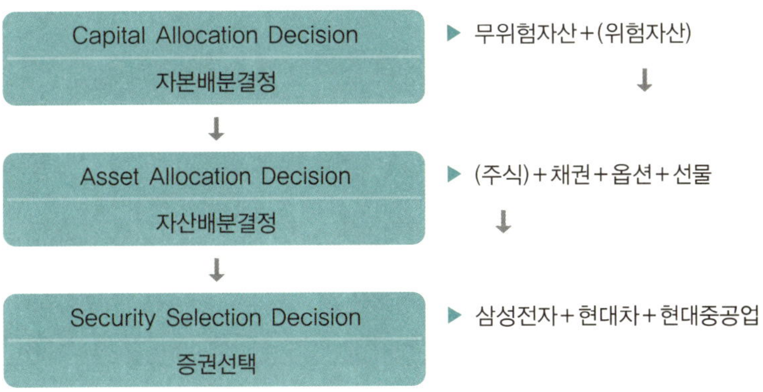

있다. 증권선택은 이러한 증권분석을 통해 얻어진 자료를 바탕으로 하여 포트폴리오 구성을 위하여 개별증권을 선택하는 과정이다. 합리적인 증권선택은 목표수익률을 달성함에 있어서 그 위험을 최소로 하는 것이다.

3. 주가의 변동성과 분산투자

(1) 투자자산의 가치

이성적인 투자자라면 확실한 것을 선호하고 위험은 회피하려고 할 것이며, 위험에 대한 적절한 보상 없이는 투자하지 않을 것이다. 따라서 미래에 예상되는 수익은 동일하지만 위험의 크기가 서로 다른 두 개의 투자대상이 있다면 대부분의 투자자는 위험이 적은 투자대상을 택하게 된다.

예를 들어 [표 5-5]에서 보는 바와 같이 A, B 두 주식의 주당이익이 향후 3년까지 동일하며 그 이후에도 별 차이가 없다고 가정하자. 그런데 두 두식의 현재가격에는 큰 차이가 있음을 보여준다. 현재의 주가가 적절히 평가되었다고 가정하면, 두 주식의 주당이익이 서로 차이가 없음에도 불구하고 주가가 차이가 나는 것은 미래의 불확실성 때문이다. 즉 1년 후에 기대할 수 있는 1,000원의 주당이익은 예상치로서 동일하지만 각각으로부터 기대할 수 있는 1,000에 대한 위험이 서로 다르기 때문에 현재의 주가가 다른 것이다.

이처럼 투자자산의 가치는 그 자산으로부터 기대되는 예상수익과 그 기대수익의 위험에 의하여 결정된다. 투자자산의 가치는 기대되는 수익이 클수록 커지며, 위험이 클수록 작아진다.

표 5-5 | 주식 A와 B의 예상이익

(단위 : 원)

	현재주가	1년후 예상이익	2년후 예상이익	3년후 예상이익
A	20,000	2,000	1,000	3,000
B	10,000	2,000	1,000	3,000

(2) 기대수익률과 위험의 측정

1) 수익률의 계산방법

수익이라고 하면 일정기간 동안 투자결과로 인한 부의 증대를 말한다. 예를 들어 어떤 투자자의 연초 주식을 10,000원에 사서 연말에 판 금액이 10,500원이라면 이 투자자의 투자수익은 500이다. 처음의 투자 규모가 서로 다르고 여러 가지 투자자산이 있을 경우 성과를 비교하기 위해 절대금액의 변화분보다는 수익률을 사용하여 투자수익을 측정하는 것이 일반적이다.

$$\text{투자수익률} = \frac{\text{기말의 투자자산} - \text{기초의 투자자산}}{\text{기초의 투자자산}} \text{ or}$$

$$\frac{\text{기말의 투자자산}}{\text{기초의 투자자산}} - 1$$

$$= \frac{10{,}500 - 10{,}000}{10{,}000} = 0.05\,(5\%)$$

경우에 따라서는 투자기간 동안에 투자자에게 이자나 배당과 같은 현금유입이 있을 수 있다. 이 현금유입도 투자가치의 증가이기 때문에 투자수익률 계산 시 고려해야 한다. 앞의 예에서 1년 동안 200원의 현금이 있었다면 수익률은 7%가 된다. 따라서 총투자수익률 7%는 주가상승으로 인한 자산가치의 증가(자본이득, capital gain)에 대한 수익률 5%와 배당수익률 2%의 두 부분으로 구성된다.

투자금액 규모의 차이를 감안하여 서로 비교하기 위해 투자수익률을 비교했지만 투자기간이 서로 다를 수가 있다. 이러한 경우 연평균투자수익률을 비교하는 것이 바람직하다.

$$\text{연평균투자수익률} = \sqrt[n]{\frac{\text{기말의 투자자산}}{\text{기초의 투자자산}}} - 1$$

여기서 n은 투자기간을 연간으로 나타낸 것이다. 예를 들어 투자기간이 6개월이면 n은 0.5, 2년이면 2가 된다.

표 5-6 | 연평균 투자수익률의 계산

(단위 : 원)

	매수가격	매도가격	보유기간	보유기간 연평균수익률
A주식	10,000	11,000	6개월	21.5%
B주식	20,000	23,000	2년	7.23%

※ A주식 연평균투자수익률 = $\sqrt[0.5]{11,000/10,000} - 1 = 0.215$

※ B주식 연평균투자수익률 = $\sqrt[2]{23,000/20,000} - 1 = 0.0723$

그런데 수익률은 이미 이익이 실현된 후에는 앞에서의 예처럼 쉽게 계산된다. 그러나 투자결정을 위해서는 과거의 이익보다는 미래의 이익, 즉 기대수익을 알아야 한다. 미래의 수익 또는 수익률은 불확실성 때문에 단 하나의 수치로 예측할 수 없으며, 미래의 가능한 결과와 그 확률을 예측하고 이를 토대로 하여 미래의 평균적인 수익률을 계산할 수 있다. 이러한 기대수익률은 발생가능한 확률을 가중치로 한 가중평균수익률이다. 일반적인 산식은 다음과 같다.

$$\text{기대수익률} = \sum(\text{확률} \times \text{예상수익률}) = \sum(P_i \times R_i)$$

P_i : i상황이 발생할 확률, R_i : i상황이 발생할 경우 수익률

[표 5-7]의 미래수익률의 확률분포는 어떤 투자로부터 일정기간 안에 기대할 수 있는 수익률의 확률분포를 나타낸 것이다. 이 예에서는 경제상황이 안정성장이냐 침체국면이냐에 따라 자산의 수익률이 다르게

표 5-7 | 미래수익률의 확률분포

가능한 상황(i)	가능한 결과(R_i)	확률(P_i)
안정성장	0.40	0.15
현상유지	0.20	0.70
침체국면	−0.10	0.15

※ 기대수익률 $= \sum(P_i \times R_i)$

$= (0.40) \times (0.15) + (0.20) \times (0.70) + (-0.10) \times (0.15)$

$= 0.185$

나타나는데, 안정성장일 때는 0.40, 현상유지일 경우 0.20, 침체국면일 경우 −0.10이다. 각 상황이 나타날 확률이 주어져 있으므로 이 투자로 인한 기대수익률은 18.5%로 계산된다.

2) 위험의 계산

일반적으로 위험을 투자에서 손실을 보는 것이라고 생각하고 있을지 모른다. 그렇지만 [표 5-8]에서 보는 바와 같이 위험이란 주식 A와 B의 기대수익률은 동일하지만 상황에 따라 크게 달라지는 것이라 생각 할 수 있다. 주식 A의 수익률은 미래 상황변화에 대하여 상대적으로 안정적이고, 주식 B의 수익률은 미래 상황변화에 따라 크게 달라지는 것을 볼 수 있다. 따라서 B의 주식이 더 위험하다고 평가할 수 있다.

위험의 크기를 나타내는 지표로 수익률의 표준편차(stadard deviation)를 사용하는데 'σ'로 표시하고 '시그마(sigma)'라고 읽는다. 수익률의 표준편차를 계산하는 방법은 다음과 같다. 먼저 투자주식의 기대수익률을 계산한 다음, 각각의 예상수익률과 기대수익률의 편차를 제곱한 뒤 확률을 곱한 다음, 이를 더하여 분산을 구하고 마지막으로 분산에 제곱근을 씌우면 구할 수 있다.

$$분산 = \Sigma(예상수익률 - 기대수익률)^2 \times 확률 = \Sigma(R_i - E(R))^2 \times P_i$$

$$표준편차 = \sqrt{분산}$$

표 5-8 | 주식 A와 B의 표준편차

경제환경	확률(a)	주식 A			주식 B		
		수익률	편차(b)	$b^2 \times a$	수익률	편차(c)	$C^2 \times a$
호황	0.15	0.40	0.1375	0.0026	0.60	0.3375	0.0170
현상유지	0.70	0.30	0.0375	0.0009	0.30	0.0375	0.0009
불황	0.15	−0.05	−0.3125	0.0146	−0.25	−0.5125	0.0393
합계	1	0.2625		0.0181	0.2625		0.0573

위의 표에서 계산된 분산에 제곱근을 씌우면 A주식과 B주식의 표준편차는 각각 0.1345, 0.2393으로 계산된다.

(3) 기대수익률과 위험의 상충관계

앞서 설명한 대로 기대수익률은 발생가능한 확률을 가중치로 한 불확실한 미래수익률의 가중평균수익률이다. 이에 대한 위험은 실제로 실현된 이익과 기대치 사이 편차의 크기를 의미한다. 보통의 투자자들은 수익은 좋아하고 위험은 싫어한다. 또한 위험은 낮고 수익률은 높은 투자안을 선호하는데 그런 투자안은 없다. 대부분 높은 수익률에는 높은 위험이 따르기 때문에 높은 수익을 원한다면 높은 위험을 수반해야 하고, 낮은 위험을 원하면 그만큼 낮은 수익을 기대할 수밖에 없다. 이러한 관계를 위험과 수익의 상충관계(trade-off)라고 한다.

[그림 5-2]는 기대수익과 위험의 상충관계를 보여주고 있다. 투자에 대한 위험은 투자수익률의 표준편차로 측정하게 되는데 투자수익에 대한 표준편차가 클수록 기대수익률이 높아지게 된다. 투자자는 위험이 증가함에 따라 이에 부합하는 추가수익을 요구하게 되는 투자회피적 성향을 가짐에 따라 기대수익과 위험 간 상충관계가 정(+)의 관계로 성립되는 것이다. 그림에서 나타난 무위험수익률은 일반적으로 단기국채에 투자함에 따라 어떠한 위험을 감수하지 않고 확보할 수 있는 수익률을 의미한다.

그림 5-2 | 기대수익률과 위험의 상충관계

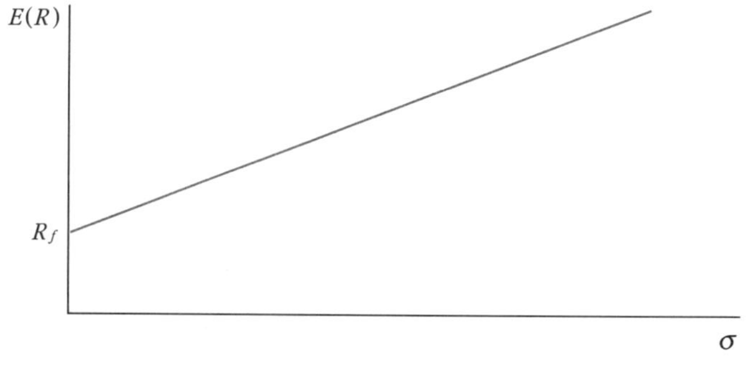

(4) 포트폴리오이론

포트폴리오(portfolio)란 여러 자산들의 모임을 말한다. 포트폴리오이론[05]에서는 단일주식에 투자할 때 기대수익률과 위험의 관계에서의 투자결정과 여러 주식으로 구성된 포트폴리오에 투자할 때 기대수익률과 위험의 관계에서의 투자결정을 비교 · 분석하는 것이 주된 내용이 된다.

05 상승가능성이 명백한 하나의 증권에 투자하면 큰 수익률을 얻을 수 있음에도 불구하고 여러 가지 증권으로 투자안을 구성하는 이유는 하나의 종목에 투자했을 때의 위험이 너무 크기 때문이다. 이와 같은 개념은 포트폴리오이론에 기초하고 있다. 포트폴리오이론은 하나의 증권에 투자하기보다는 여러 종목에 분산투자하여 구성자산 전체의 위험을 줄이고 기대수익을 최대화하는 방법이다.

[그림 5-3]은 분산투자를 통해 주식의 수를 증감시킬 때 포트폴리오의 위험이 어떻게 변하는지를 보여준다. 투자자산의 포트폴리오에 주식을 추가하면 포트폴리오의 위험(표준편차)은 감소된다. 그러나 주식수를 늘리면 포트폴리오의 위험은 감소하지만 일정수준 이하로 하락하지 않는다. 이는 대부분의 주식이 경제가 좋을 때 상승하고, 경제가 침체될 때 하락한다. 따라서 주식수가 늘어남에 따라 포트폴리오의 표준편차는 감소하기는 해도 완전히 위험을 없앨 수는 없다.

주식의 분산투자를 통해서 위험을 줄일 수 있는 부분을 분산가능위험 또는 비체계적 위험이라고 하고, 분산투자로도 줄일 수 없는 부분을 분산불가능위험 또는 체계적 위험이라고 한다. 주식을 비롯한 채권, 부동산 등 모든 위험자산의 경우도 동일하다. 국채와 같은 무위험자산을 제외하고 약간이라도 위험이 있는 모든 투자자산의 총위험은 체계적 위험과 비체계적 위험으로 구성되는데, 비체계적 위험은 제거가능하지만 체계적 위험은 제거가 불가능하다.

그림 5-3 | 포트폴리오위험

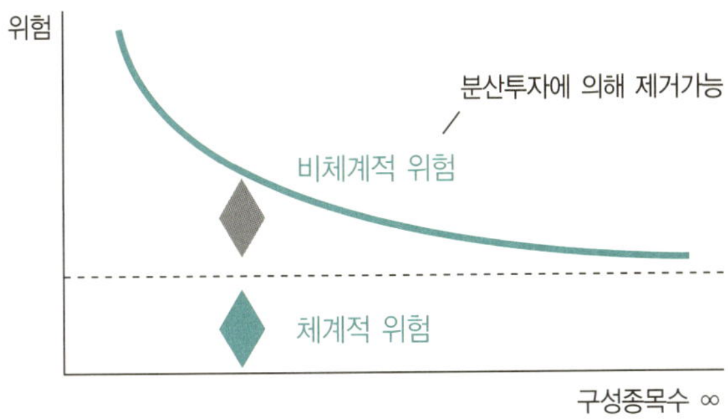

제4절 | 주가지수의 종류

주식시장에는 많은 기업들이 상장되어 있고 이들 기업의 주가는 각 기업의 특징에 따라 다르다. 기업의 주가는 전반적인 경제적 흐름이나 각 기업의 경영, 재정상태에 따라 오르기도 하고 내리기도 하는데 주가지수는 이런 기업들의 주가를 계산하여 종합적으로 주식시장의 동향과 변동추이, 더 나아가 전반적인 경제적 상황을 알 수 있게 해주는 지표이다. 따라서 증권거래소와 같은 공식적인 기관에서 발표하는 주가지수는 해당 산업 또는 해당 국가의 경쟁력을 측정할 수 있는 중요한 판단지표로 활용되기도 한다. 주가지수는 어떤 기업들을 이용해 어떤 방식으로 계산하여 산출하느냐에 따라 다르기 때문에 종류가 다양하다.

주가지수의 산정방법에는 크게 세 가지 방법이 있다. 시가총액가중 방법, 가격가중방법, 균등가중방법이다. 우선 시가총액가중방법부터 살펴보자.

1. 시가총액가중방식지수(value-weighted)

시가총액가중방식지수란 일정시점에 있어서 채용된 전 종목의 시가총액, 즉 개별종목의 주가에 당해 주식의 상장주식수를 곱한 개별종목의 시가총액을 합한 금액을 100으로 하고 이를 비교시점의 시가총액과 비교하여 지수화한 것이다.

$$\text{주가지수} = \frac{\text{비교시점의 시가총액}}{\text{기준시점의 시가총액}} \times 100$$

시가총액가중지수는 주식의 자산가치관점에서 자산가치의 증감을 적정하게 나타내는 장점이 있다. 단순히 주가가 높다고 지수에 크게 영향을 주는 것이 아니라 주식을 발행한 기업의 규모와 상장주식수에 따라 지수에 미치는 영향력이 달라진다.

기업 측면에서도 증권시장에서 평가되는 기업의 시가총액이 해당 기업의 가치를 가장 적절하게 평가하기 때문에 시가총액가중지수는 기업가치의 변동을 가장 잘 나타내주는 장점이 있다. 예를 들어 조선업 업종지수가 상승하는 경우 조선업종에 속하는 기업의 가치가 증가한 것임을 알 수 있다.

그러나 자본금 규모가 큰 종목의 등락에 많은 영향을 받게 되어 상장기업별 자본금 규모에 차이가 많이 나는 시장의 경우에는 이 지수가 시장 전체의 주가동향을 완벽하게 표시하여 준다고 할 수는 없다.

S&P500지수와 New York Stock Exchange Index, NASDAQ, AMEX Market Value Index, Morgan Stanley Capital International(MSCI) 등이 시가총액식이다. 우리나라 대부분의 지수산출에도 시가총액가중방법이 사용되고 있으며, 코스피지수, 코스닥종합지수, KOSPI200, KRX100지수, 코스닥스타지수 등이 있다.

표 5-9 | 시가총액가중지수 산출 예

(단위 : 원)

종목	주식수	기준시점 주가	기준시점 시가총액	비교시점 주가	비교시점 시가총액
A	1,000	20,000	20,000,000	26,000	26,000,000
B	500	30,000	15,000,000	36,000	18,000,000
C	250	50,000	12,500,000	45,000	11,250,000
합계			47,500,000		55,250,000

※ 시가총액가중지수 = $\frac{55,250,000}{45,500,000} \times 100 = 121.42$

기준시점의 주가지수를 100으로 한다면 비교시점의 주가지수는 121.42임

(1) 코스피지수(Korea Composite Stock Price Index : KOSPI)

우리나라는 1980년 1월 4일을 기준시점으로 하여 시가총액식 주가지수를 산출하여 발표하고 있으며 종합주가지수의 보조지수로 산업별지수, 자본금규모별지수 등을 함께 발표하고 있다.

(2) 코스닥지수(Korea Securities Dealers Automated Quotation)

시가총액 지수로서 크게 IT업종과 일반업종으로 구분한 업종지수도 발표되고 있다. 종합 및 일반업종지수는 1996년 7월 1일이 기준시점이다.

(3) KOSPI 200

1996년 5월부터 주가지수선물거래제도가 도입되었으며, 그 대상지수가 KOSPI200지수이다. 채용종목은 주식시장의 대표성과 유동성을 고려하여 200종목을 선정한다. 1990년 1월 3일이 기준시점이며 기준지수는 100이다.

(4) KRX 100지수(Korea Exchange 100)

유가증권시장과 코스닥시장의 우량종목을 고루 편입한 통합주가지수로 유가증권시장 90개 종목, 코스닥시장 10개 종목 등 총 100개 종목으로 구성된다. 기준시점은 2001년 1월 2일이며 기준지수는 1,000이다.

(5) 코스닥스타지수

코스닥시장에 상장된 주식 중 유동성, 경영투명성, 재무안정성 등을 감안하여 선정되는 30개 우량종목을 대상으로 산출되는 지수이다. 2003년 1월 2일이 기준시점이며 기준지수는 1,000이다.

2. 가격가중방식지수(price-weighted)

가격가중방식 지수란 기준시점의 산술평균에 대한 비율로서 기준시점 주식가격 산술평균과 비교시점 주식가격의 산술평균을 비교하여 지수를 산출하는 방법이다. 이 방법은 저가주식 가격보다 고가주식 가격이 지수에 영향을 많이 미치게 된다. 미국의 Dow Jones Industrial

Average와 일본의 Nikkei225가 가격가중 방법을 채택하고 있다.

표 5-10 | 가격가중방식 지수 산출의 예

(단위 : 원)

종목	기준시점 주가	비교시점 주가(A)	비교시점 주가(B)
A	20,000	26,000	20,000
B	30,000	36,000	30,000
C	50,000	45,000	50,000
합계	100,000	107,000	100,000
산술평균	33,333	35,666	33,333

※ 기준시점 대비 비교시점(A)의 변화율 +9.99%, 비교시점(B)의 변화율 0%
기준시점의 주가지수를 100으로 한다면 비교시점(A)의 주가지수는 109.99, 비교시점(B)의 주가지수는 100임.

3. 균등가중방식지수(unweighted index)

모든 주식은 가격수준과 시장가치에 관계없이 동등한 가중치를 지니므로 균등가격방식지수는 작은 기업도 큰 기업의 주식과 같게 비중을 둔다. 만약 투자자가 모든 주식에 동일한 금액으로 투자한다면 균등가격방법으로 계산된 지수가 투자성과를 정확히 반영하는 방법이 될 것이다. 대표적인 지수로는 Value Line Composite Average, Financial Times Share Index가 있다.

표 5-11 | 균등가중방식지수 산출 예

(단위 : 원)

종목	기준시점주가	비교시점주가	변동비
A	20,000	26,000	+0.30
B	30,000	36,000	+0.20
C	50,000	45,000	−0.10

※ 변동비 평균 (0.3+0.2−0.1)/3=0.133=13.3%
기준시점의 주가지수를 100으로 한다면 비교시점의 주가지수는 133.33임

표 5-12 | 주요 나라의 주가지수 개요

국가	지수명	기준일(기준지수)	포괄종목	작성기관
미국	Dow Jones Industrial Average(DJIA)	1986년 5월 6일 (40.96)	해당업종의 선도주로 간주되는 60개 우량 종목(IBM, GE, 월마트, BOA, 3M, P&G 등)	다우존스사
	NASDAQ	1971년 2월 5일 (100)	모든 나스닥 내셔널 마켓시장과 소형주 (인텔, 애플, MS, 시만텍 등)	나스닥(주)
	S&P500	1941년(10)	주요 업종을 대표하는 500개 기업 (코카콜라, 엑슨모빌, MS 등)	Standard & Poors
	필라델피아반도체	1993년 12월 1일 (200)	반도체 생산, 유통, 판매에 관련된 기업 (AMD, 인텔, 텍사스인스트루먼트)	필라델피아 증권거래소
일본	NIKKEI225	1949년 5월 16일 (176.21)	도쿄증권거래소 1부시장에 상장된 225개 기업(캐논, 후지쯔, 히타치 등)	니혼게이자이 신문사
영국	FTSE100	1983년 12월 31일 (1,000)	런던증권거래소에 상장된 시가총액 100개 기업(보다폰, 톰슨로이터, HBOS 등)	FTSE
독일	DAX	1987년 12월 31일 (1,000)	프랑크푸르트 증권거래소에 상장된 30개 우량기업(지멘스, 폭스바겐, 알리안츠)	프랑크푸르트 증권거래소
프랑스	CAC40	1987년 12월 31일 (1,000)	파리증권거래소에 상장된 40개 우량기업 (까르프, 로레알, 미쉐린, 르노 등)	Euronext
대만	가권지수 (TWSE)	1987년 12월 31일 (100)	대만증권거래소에 상장된 전 종목 (은행 및 보험 제외)	대만 증권거래소
홍콩	Hang Seng	1964년 7월 31일 (100)	홍콩증권거래소에 상장된 43개 우량기업 (BOC홍콩, 홍콩거래소, 중국생명보험)	Hang Seng Index Service
	H지수	2000년 1월 3일 (2000)	홍콩증권거래소에 상장된 중국기업 42개 우량기업(중국은행, 초상은행, 광저우B&F)	Hang Seng Index Service
싱가포르	STI (Straits Times)	1966년 12월 31일 (100)	SGX에 상장된 30개 우량기업	SGX
중국	상하이종합지수	1992년 2월 21일	상하이거래소에 상장되어 있는 모든 종목(A주, B주 포함)을 시가총액으로 가중평균하여 지수화	상하이증권거래소
	상하이 A지수	1992년 2월 21일	상해거래소 A주 시장에 상장되어 있는 모든 종목을 시가총액으로 가중평균하여 지수화	상하이증권거래소
	상하이 B지수	1992년 2월 21일 (10)	상해거래소 B주 시장에 상장되어 있는 모든 종목을 시가총액으로 가중평균하여 지수화	상하이증권거래소

Chapter 6

채권 투자

제1절 채권의 특성과 거래관행

제2절 채권의 가격과 만기수익률

제1절 | 채권의 특성과 거래관행

일반 개인투자자들에게 있어 증권투자라고 하면 먼저 주식투자를 연상시켜, 채권투자를 생각해보는 경우는 별로 없다. 그러나 금융기관에서 자금을 운용하는 많은 펀드매니저들은 주식투자보다 채권투자를 더 비중 있게 생각할 것이다. 그러면 왜 일반 개인투자자들에게 채권투자는 그처럼 생소하게 받아들여지고 있을까? 실제로 채권은 개인투자자들에게 별로 중요하지 않은 것일까? 사실을 말하면, 채권은 일반적인 개인투자자들이 직접 투자하지 않기 때문에 생소하게 느낄 따름이지, 실제로는 투자신탁이나 뮤추얼펀드 등과 같은 간접투자를 통해 활발하게 채권에 투자하고 있다. 따라서 개인투자자에게도 채권은 매우 중요한 금융상품이라고 할 수 있다.

1. 채권의 특성과 종류

(1) 채권의 특성

채권(債券, bond)은 원금 및 이자의 크기와 지급시기, 원금을 상환하는 만기 등이 약정되어 있는 증권이다. 대부분의 채권들은 원금과 지급이자의 크기가 일정하게 정해져 있기 때문에 채권은 대체로 확정소득증권(fixed income securities)으로 분류된다. 그러나 예외적으로 지급이자가 없거나 또는 그 크기가 상황에 따라 변동하도록 정해져 있는 채권, 주식으로 전환할 수 있는 권리가 부여된 채권, 만기 이전에 발행기관이 원금을 상환할 수 있는 선택권이 부여된 채권 등과 같이 특수한 채권이 발행되기도 한다.

채권의 원금 및 이자의 크기와 지급시기가 '약정되어' 있다고 해서

'무위험하다'는 것은 아니다. 채권의 원리금 지급이 약정대로 이행되지 않을 수도 있고, 예상치 못한 이자율변동이나 예상 밖의 인플레이션 때문에 채권의 가치가 변동할 수도 있기 때문이다. 따라서 채권에 투자할 때에는 원금과 이자의 지급에 관한 약정된 내용뿐만 아니라 원리금의 지급가능성, 미래의 이자율 및 인플레이션 변동에 관한 전망 등도 함께 고려하여야 한다.

채권을 발행할 때의 기본요소는 채권의 액면가, 액면(표면)이자율, 그리고 만기가 반드시 결정되어 발행되어진다.

일반투자자들이 혼동하기 쉬운 채권과 주식의 차이점을 구별해 보면 [표 6-1]로 쉽게 알 수 있다.

표 6-1 | 주식과 채권의 비교

구분	주식	채권
발행자	주식회사	정부, 지방자치단체, 특수법인, 주식회사
자본의 성격	자기자본	타인자본(부채)
증권소유자의 지위	주주	채권자
소유에 의한 권리	결산시 사업이익금에 따른 배당금을 받을 권리(유동적 권리) • 의결권 및 경영참가권 • 배당청구권 • 잔여재산청구권	사업실적에 관계없이 확정이자 수령 권리(확정적 소득) • 회사 정리절차 등에서 채권단에 참여 • 이자 및 원금상환권 • 주식에 우선하는 잔여재산 청구권
상환기간	발행회사와 존속을 같이 하는 영구증권	영구채권을 제외하고 모두 기한부증권
투자위험	크다	작다

(2) 채권의 종류

채권은 발행조건이 다른 여러 형태로 발행되어 지고 있다.

채권의 가장 전형적인 형태는 이표채권(coupon bond)이다. 이표채권은 회사채나 국고채의 예에서 보듯, 원금(또는 액면가)에 대해 매기 지급하는 이표이율(coupon rate)이 일정하게 약정되어 있는 채권이다. 이표채권의 예로서 1억원의 액면가, 연간 6%의 이표이율(연 2회 분할 지급), 3년 만기의 조건을 갖는 채권을 생각해 볼 수 있다. 이 채권의 경우, 채권소유자에게 매 6개월마다 6회에 걸쳐 액면가의 3%, 즉 300만원의 이표이자가 지급되고 발행 후 3년이 지난 시점에 1억원의 원금을 상환하게 된다.

이표채권과는 달리 이표이율이 제로인 무이표채권(zero coupon bond)도 있다. 일반적으로 무이표채권은 만기가 1년(통화안정증권의 경우 1년 6개월) 미만으로 비교적 짧다는 특징을 갖고 있다. 예를 들어, 만기가 91일 또는 182일인 양도성예금증서의 경우 이표이자가 지급되지 않으며 만기에 원금만이 상환되는데, 이와 같은 이유는 원금을 거래 시점의 현재가치로 할인한 금액으로 거래되기 때문이다.

예외적으로 만기가 긴 장기채권에도 무이표채권이 있을 수 있다. 예를 들어, 일부 지방자치단체에서 발행하는 지방채의 경우 복리채라는 것이 발행되고 있는데, 이 채권에는 이표이율이 정해져 있긴 하지만 이표이자가 실제로 매기 지급되는 것은 아니고, 복리로 계산된 이표이자 누적액이 원금과 함께 만기에 지급된다. 따라서 미리 정해진 금액이 만기에 한꺼번에 지급된다는 점에서 무이표채권과 그 성격이 동일하다.

이표채권과는 달리 이표이율이 일정한 크기로 약정되어 있지 않는 경우도 있다. 예컨대, 변동금리채권(floating-rate bond, floater)은 지급이자가 기준금리의 크기에 따라 변동하도록 약정되어 있으며, 이익참가사채는 발행회사의 이익의 크기에 따라 지급이자의 크기가 달라지도록 약정되어 있는 채권이다.

위에서 언급한 채권의 종류 이외에도 다양한 채권이 발행되어 거래되고 있다. 특히 옵션이 부가되어 있는 옵션부채권(option-embedded bonds)은 오늘날 매우 다양하게 발행되고 있다. 그 중 비교적 일반화되어 있는 것만을 예를 들어보면, 보통주로 전환할 수 있는 권리가 주어져 있는 전환사채(convertible bond), 발행기관이 약정된 조건으로 상환

특수한 채권

오늘날 채권은 여러 가지 종류의 위험에 대비하기 위한 수단으로 이용되고 있으며, 이를 위해 새로운 종류의 채권이 지속적으로 설계되어 거래되고 있다. 다음의 채권들이 그 예이다.

① reverse floater : 이표이율이 시장금리와 반대반향으로 움직이도록 설계된 변동금리채권. 채권자는 금리하락기에 이자소득 상승과 채권가격 상승의 두 가지 이득을 함께 얻을 수 있다. 금리상승기에는 그 반대이다.

② asset-backed securities : 원리금 지급이 특정 자산이나 로열티 등에 의해 뒷받침되어 있는 채권. 은행 대출의 원리금을 기초로 발행되는 신용파생상품(credit derivatives), 부동산담보대출을 기초로 발행되는 MBS(mortgate-backed securities) 등이 그 예이다.

③ catastrophe bond : 만기상환액이 천재지변의 발생 여부에 의존하는 채권. 스위스에서 발행된 바 있는 것으로서 겨울폭풍에 연계된 Winterthur이나 일본의 지진에 연계된 Electrolux 등이 그 예이다. 이 채권들은 특정한 종류의 재난이 발생할 때 더 높은 이표이자를 받을 수 있도록 설계된 채권으로서, 재난으로 인한 손실을 채권발행회사에 전가하는 보험효과를 갖는다.

④ indexed bond : 이표이자가 물가수준 또는 특정 상품의 가격에 연동되어 있는 채권. 1997년부터 발행되기 시작한 미국의 TIPS(Treasury Inflation Protected Securities)는 지급이자가 소비자물가상승률에 연동되어 있는 채권이다.

할 수 있는 권리를 보유하고 있는 수의상환채권(callable bond), 투자자가 상환을 청구할 수 있는 권리를 갖는 상환청구권부채권(bond with put option), 이표이자의 크기가 주가지수와 연동되어 있는 주가지수연동채권(equity linked bond) 등이 있다.

2. 채권은 어떻게 거래되고 있는가?

오늘날 채권은 주식과 함께 가장 중요한 투자수단이다. 즉, 기업, 정부 및 공공기관의 자본조달원천으로서 매우 중요한 비중을 차지하고 있으며, 유통시장에서의 거래비중도 매우 크다. 채권의 발행은 공모, 사모(私募, 직접모집), 경매 등의 다양한 방법에 의해 이루어지고 있다.

대부분의 회사채는 주식의 경우와 마찬가지로 공개모집(공모) 또는 직접모집(사모)의 두 가지 방법 모두가 이용되고 있지만, 발행액의 대부분은 은행, 보험회사, 증권회사, 자산운용사 등과 같은 기관투자자에게 발행된다. 정부가 발행하는 국고채(Korean Treasury Bond : KTB)는 기관투자자들이 참여하여 정기적으로 개최되는 경매시장을 통해 발행되고 있다. 지방자치단체가 발행하는 지방채의 많은 부분은 강제소화(자동차나 주택을 등록할 때 강제로 할당하는 방법)라는 방법에 의해 발행되고 있다.

채권거래의 중요한 특징은 주식과는 달리 대부분의 거래가 거래소가 아닌 장외에서 이루어지고 있다는 점이다. 즉, 대부분의 채권들이 증권거래소에 상장되지 않고 주로 기관투자자들 사이에서 직거래 또는 증권회사의 중개를 통해 거래되고 있으며, 1회의 거래규모도 수억원 또는 수십억원에 이를 정도로 큰 규모이다.

투자액이 적은 개인투자자가 정부 또는 기업이 발행한 채권을 직접 매입하는 경우는 거의 없으며 주로 채권형 펀드를 통해 간접투자하는 방식으로 채권에 투자한다. 또 소수의 개인투자자들은 자기가 원하는 특정 채권을 매입하기도 하지만, 이 경우에도 채권의 유통시장에서 직접 가격을 호가하여 매입하기보다는 증권회사 등이 보유하고 있는 재고의 일부를 증권회사가 제시한 가격에 따라 매입하는 경우가 일반적이다.

채권시장에서는 거래의 편의를 위해 다음과 같은 일정한 금융관행이 적용되고 있다.

① 우리나라에서는 채권을 거래할 때 가격이 아닌 수익률(yield)로 호가한다. 즉, 사거나 팔고자 하는 채권의 종류와 수량을 지정함과 동시에, 매도 또는 매수하고자 하는 수익률을 호가하면, 채권의 이표이자와 원금을 호가된 수익률로 할인하여 계산된 현재가치에 의해 채권가격이 자연스럽게 결정된다. 예를 들어, 액면가가 100만원이고 이표이율이 5%(이표이자는 반년마다 지급)인 5년만기 국고채를 5.5%의 수익률로 매수하겠다고 호가하였다면, 이것은 매 6개월마다 25,000원씩 10회에 걸쳐 지급하게 될 이표이자와 5년 후

지급하게 될 100만원의 원금을 5.5%의 수익률로 할인하여 계산된 현재가치에 해당하는 채권가격으로 매수하겠다는 것과 동일하다. 호가된 수익률이 주어져 있을 때 채권가격이 어떻게 계산될 것인지에 대해서는 다음 절에서 구체적으로 설명하기로 한다.[01]

② 수익률이나 이자율은 연율(annual rate)을 기준으로 하고 bp(basis point = 1/10000, 1%는 100bp)를 단위로 한다. 예를 들어, 6.52%의 수익률로 사겠다고 호가할 때, 이것은 연율로 6.52%라는 뜻이며 흔히 652bp라고 하기도 한다. 이자율 변동을 말할 때에도 bp를 기준으로 하는 것이 일반적이다. 예를 들어, 국고채수익률이 어제보다 7bp 상승하였다고 한다면, 이것은 국고채수익률이 0.07% 상승하였다는 것을 의미한다.

③ 우리나라에서는 365일을 1년으로 한다(미국에서는 360일을 1년으로 한다). 예를 들어, 어떤 회사가 발행한 CP(기업어음)의 만기가 91일후이고 액면가가 1억원이라 하자. 현재 이 CP가 연리 5.7%의 할인율로 거래되고 있다면, 이것은 CP는 365일 중 91일에 해당하는 금액(즉, 1억원×0.057×(91÷365) = 1,421,110원) 만큼을 액면가로부터 할인한 가격인 9,857만 8,890원으로 거래되고 있다는 것을 의미한다. 이와 관련하여 흥미있는 관행의 하나는 만기가 1년 이하인 단기채권의 만기는 일반적으로 91일, 181일, 364일 등과 같이 7의 배수로 정해진다(통화안정증권의 경우 1년 6개월에 해당하는 546일 만기조건으로 발행되는 경우도 있다).

01 미국에서는 채권을 거래할 때 액면가 100달러에 대한 가격을 기준으로 호가하며, 채권가격은 1/32달러를 기본단위로 하여 표시한다. 예를 들어, 어떤 채권의 가격이 $100.7로 표기되어 있으면, 그 채권은 $100의 액면가에 대해 $100 + $7/32의 가격으로 거래되고 있다는 것을 의미한다.

제2절 | 채권의 가격과 만기수익률

1. 채권의 발행조건

우리나라 채권시장이 나름대로 특색 있는 여러 가지 거래관행이 있지만, 그 중에 가장 중요한 것은 수익률로 호가한다는 것이다. 즉, 거래당사자들이 특정한 채권의 가격을 흥정할 때 수익률(더 정확하게 표현하면 만기수익률(yield to maturity : YTM)을 사용하여 호가한다. 이 관행이 갖는 의미를 분명히 이해하기 위하여, 이표채권의 약관의 핵심적인 내용을 먼저 정리해 보기로 하자.

① 액면가 : 채권 1장마다 권면에 표시되어 있는 원금을 액면가(par or face value)라고 한다. 이 액면가는 채권의 발행규모, 이표이자, 만기상환액의 크기 등을 계산하는 기준이 된다. 우리나라에서는 10만원을 최소의 액면가로 삼고 있으며, 동일 종목의 회사채를 여러 가지 권종(예를 들어, 액면가가 100만원, 1,000만원, 1억원, 5억원인 채권)으로 발행하고자 하는 경우에는 반드시 이 최소 액면의 정배수를 액면가로 하도록 되어 있다.

② 이표이율 : 이표채권의 연간 이자지급액을 액면가로 나눈 값을 이표이율(coupon rate) 또는 표면이율이라고 한다. 예컨대 액면 100만원인 회사채에 대하여 연간 70,000원의 지급이자가 주어진다면 그 회사채의 표면이율은 7%이다. 우리나라에서 국고채는 연 2회에 걸쳐 이표이자를 분할지급하고 회사채는 연 4회 분할지급하는 것이 관례이다.

이표이율의 크기는 대체로 시장의 실세금리에 맞추어 결정된다. 예를 들어, 3년만기 국고채가 5.23%의 만기수익률로 거래되고 있다면(만기수익률은 시장에서 결정된 이자율로 이해), 정부에서 3년만기 국고채를 발행할 때 이표이율도 5.23%에 가까운 5%로 결정하여 발행한다.

③ 만기 : 만기(maturity)는 채권의 원금을 최종적으로 상환하는 시기이다. 우리나라에서 대부분의 회사채는 3년 내지 5년의 비교적 짧은 만기를 갖고 있다. 정부가 발행하는 국고채는 3년, 5년만기의 채권과 함께 10년만기의 장기채권도 상당한 규모로 발행되고 있다. 만기는 자금의 용도, 만기까지의 이자율동향에 대한 예상, 만기에 대한 투자자들의 선호와 수요 등을 고려하여 결정된다.

예를 들어, 2008년 10월 1일 현재 어떤 회사가 이표이율이 연 7%(연 4회 분할지급)이고 만기가 3년 후이며 액면가가 100만원인 회사채를 발행하였다 하자. 이 채권의 만기가 3년 후이므로 2011년 9월 30일에 100만원의 원금을 상환하게 된다. 그리고 이표이율이 연 7%이므로 연간 7만원(=100만원×0.07)의 이표이자를 지급하되, 연 4회 분할지급조건이므로 매 분기마다 17,500원씩 나누어 지급하게 된다. 따라서 이 채권의 현금흐름은 2008년 12월 31일부터 2011년 9월 30일까지 매 3개월마다 12회에 걸쳐 17,500원의 이표이자와 2011년 9월 30일의 원금상환액 100만원으로 이루어진다.

2. 이표채권의 가격결정

위에서 우리나라 채권시장에서는 채권의 가격을 흥정할 때 수익률로 호가한다고 하였다. 이 말은 호가된 수익률로 채권의 현금흐름(즉, 원금과 이표이자)을 할인하여 얻어진 현재가치를 채권가격으로 호가한다는 것을 의미한다. 이를 좀 더 분명하게 이해하기 위하여 구체적인 예를 들어 설명해보기로 하자.

2008년 11월 어느날 K은행의 자금부가 필요한 자금을 마련하기 위해 보유채권을 매각하기로 했다 하자. 그 채권은 잔존만기가 3년이고 이표이율이 5%(연 2회 분할지급)이며 액면가가 1억원인 국고채이다.

채권중개회사의 홈피 자료를 확인해보니, 30분 전에 동일한 채권이 5.2%로 거래된 바 있으나 대체로 국고채수익률이 빠른 속도로 상승하고 있었다. 따라서 K은행 채권딜러는 이런 추세를 고려하여 5bp 정도 높은 5.25%로 호가하여 매도주문을 채권중개회사 홈피에 공시하였다. 이 주문에서 5.25%로 호가하였다는 것을 가격(P_0)으로 표현하면 다음과 같이 9,931만 4,353원으로 팔겠다는 것과 동일한 의미이다.

$$P_0 = \sum_{t=1}^{6} \frac{250\text{만}}{\left(1+\frac{0.0525}{2}\right)^t} + \frac{1\text{억}}{\left(1+\frac{0.0525}{2}\right)^6} = 99{,}314{,}353\text{원}$$

이 식은 매 반기(6개월) 말에 250만원의 이표이자를 6회에 걸쳐 지급하고 6회(즉, 3년) 후에 1억원의 원금을 상환하는 현금흐름을 연 5.25%, 즉 반기에 2.625%의 할인율로 할인한 현재가치가 9,931만 4,353원이라는 것을 말해주고 있다. 만일 5.25%의 수익률로 이 채권을 매입하겠다는 다른 매수자가 나타나면 이 채권의 거래가 성립되고, 매수자는 9,931만 4,353원을 매도자에게 지불하고 매도자는 매수자에게 해당 채권을 인도해준다.

만일 매수자와 매도자가 호가한 수익률이 다르면 거래가 성립되지 않고 다른 거래자가 나타날 때까지 기다리거나 쌍방이 직접 흥정하여 어떤 특정한 수익률로 거래를 성립시킬 수도 있다. 예를 들어, 매수자와 매도자가 5.3%의 수익률에 합의하여 거래가 성립되었다면, 이것은 처음의 매도주문에서 제시된 것보다 13만 6,443원이 낮은 9,917만 7,910원의 가격으로 거래가 이루어진다는 것을 의미한다. 위의 식에서 모든 조건은 동일하나 수익률을 변화시킨 0.0525 대신 0.053을 넣고 현재가치를 계산해보면 9,917만 7,910원이 되는 것을 알 수 있다. 위의 예에서는 국고채와 같이 이표이자가 연 2회 지급되는 경우의 채권가격을 계산하였다.

$$P_0 = \sum_{t=1}^{6} \frac{250\text{만}}{\left(1+\frac{0.053}{2}\right)^t} + \frac{1\text{억}}{\left(1+\frac{0.053}{2}\right)^6} = 99{,}177{,}910\text{원}$$

그러나 기업들이 발행하는 회사채는 연 4회 분기말에 이표이자를 지급하는 것이 일반적이다. 예를 들어, 3년만기이고 이표이자가 연 7%이며 액면가가 100만원인 회사채가 현재 7.5%의 수익률로 거래되고 있다면 이 채권의 가격은 다음과 같이 계산된다.

$$P_0 = \sum_{t=1}^{12} \frac{17{,}500}{\left(1+\frac{0.075}{2}\right)^t} + \frac{1{,}000{,}000}{\left(1+\frac{0.075}{2}\right)^{12}} = 986{,}658\text{원}$$

참고로 이표이자 지급시기의 중간에 거래가 이루어질 경우의 채권가격은 아래와 같다.

실제로는 이자지급시점의 중간에 채권거래가 이루어질 수도 있다. 예를 들어, 2008년 1월 1일에 발행된 3년만기 채권으로서 만기가 2010년 12월 31일인 어떤 채권의 액면가가 10,000원이고 이표이율은 연 5%, 이표이자는 연 2회 반기말에 분할지급된다 하자. 이 채권의 잔존만기는 2년 4개월 21일이고, 이 채권의 현금흐름은 2008년 12월 31일부터 2010년 12월 31일까지 5회에 걸쳐 매 6개월마다 지급하는 250원의 이표이자와 만기(2010년 12월 31일)에 상환하는 10,000원의 액면가이다.

2008년 8월 10일에 이 채권이 6%의 수익률로 거래되고 있을 경우, 이 채권의 가격은 다음 식과 같은 방법으로 평가된다.

$$P_0 = \frac{1}{\left(1+\frac{0.06}{2}\times\frac{143}{183}\right)} \left[\sum_{t=0}^{4} \frac{250}{\left(1+\frac{0.06}{2}\right)^t} + \frac{10{,}000}{\left(1+\frac{0.06}{2}\right)^4} \right] = 9{,}834\text{원}$$

이 식에서 큰 괄호 안은 가장 가까운 이자지급시점인 2008년 12월

31일부터 그 이후에 지급하는 현금흐름을 그 시점의 현재가치로 평가한 것이다. 그리고 앞 쪽 부분은 거래일인 2008년 8월 10일 시점에서의 현재가치를 구하기 위해 일수계산을 하고 있는 부분이다. 8월10일부터 첫 번째 이자지급일인 12월 31일까지 143일이 남아 있고 직전 이자지급일인 6월 30일부터 다음 이자지급일인 12월 31일까지의 기간은 183일이므로, 반기이자율(3%)의 143/183에 해당하는 부분만큼 할인한 현재가치가 8월 10일 현재시점의 가격인 9,834원으로 계산된다.

3. 채권가격 변동의 특성

(1) 만기수익률(채권수익률)

앞의 예에서 호가된 수익률에 따라 채권가격이 결정된다는 것을 보았다. 일반적으로 채권의 이표이자와 원금상환액은 계약에 의하여 확정되어 있으므로, 채권의 수익률이 주어지면 채권가격도 현재가치 계산공식에 의해 자동적으로 결정된다. 즉, 수익률이 높아지면 채권가격은 하락하고 수익률이 하락하면 채권가격은 상승한다. 따라서 채권의 수익률과 채권가격은 채권의 가치를 표현하는 두 가지 다른 척도라고 할 수 있다.

앞항의 계산 예에서 사용된 채권의 수익률이라는 개념의 좀 더 정확한 표현은 만기수익률(yield to maturity)이다. 채권의 만기수익률이란 어떤 시점에 채권가격을 지급하고 매입하여 만기까지 그 채권을 보유하였을 경우 투자자가 실현하게 될 내부수익률을 말한다(내부수익률에 대해서는 제4장에서 설명한 바 있다). 위의 3년만기 국고채의 예에서는 만기수익률이 5.25%이다. 투자자가 현재 9,931만 4,353원을 지급하고 그 채권을 매입하여 3년후 만기까지 그 채권을 보유함으로써 투자자가 얻을 수 있는 연간 평균수익률을 의미하며, 채권이 시장에서 거래되는 가격과 만기까지의 현금흐름을 화폐의 시간가치를 고려하여 일치시켜주는 할인율이라 할 수 있다.

실제로 만기수익률을 계산해 보면,

$$9{,}931\text{만}\ 4{,}353\text{원} = \sum_{t=1}^{6} \frac{250}{(1+r)^n} + \frac{1\text{억}}{(1+r)^6}$$

앞에서는 채권수익률로 수익률이 정해져 있는 상황에서 채권의 가격을 계산하였지만, 채권시장에서의 수익률은 정해져 있는 것이 아니라, 위의 식에서 r이라고 하는 좌변과 우변을 일치시켜주는 수익률을 찾아내는 방법으로 만기수익률을 찾아내는데 여기에는 시행착오법과 근사법이 있다.[02]

시행착오법은 이자율(r)을 바꿔가며 좌변과 우변을 일치시키는 수익률을 찾는데 시간이 오래 걸리고 번거롭기 때문에 근사치의 수익률을 찾아 근사법을 활용하는 방법이 있다.

02 엑셀을 사용하여 IRR을 사용하여 만기수익률을 쉽게 구할 수 있다.

$$\text{근사법} = \frac{\text{액면이자금액}+(\text{액면가}-\text{채권의 현재시장가격})/\text{기간}}{(\text{채권의 현재시장가격}+\text{액면가})/2}$$

근사법으로 수익률을 계산해 보면,

$$\frac{250\text{만원}\,(1\text{억} - 9{,}931\text{만}\ 4{,}353\text{원})/\,6}{(9{,}931\text{만}\ 4{,}353\text{원} + 1\text{억})/\,2} \fallingdotseq 0.0262$$

이때 계산된 수익률은 근사값이므로 정확하게 계산된 수익률이 아니므로, 다음의 채권가격과 채권수익률 간의 관계를 이해하면 좀 더 쉽게 만기수익률을 구할 수 있을 것이다.

(2) 채권가격과 수익률

채권가격(P_0)과 채권수익률 사이에는 역의 관계가 성립함을 알 수 있다. 즉, 채권수익률이 높으면 채권가격은 낮아지고 채권수익률이 낮으면 채권가격은 높아진다.

예를 들어 액면가 10,000원, 이표이자율 15%(이자지급횟수 연 1회), 채권의 만기 3년인 채권이 있다고 하자.

① 채권수익률이 15%인 경우

$$P_0 = \frac{1,500}{(1+0.15)} + \frac{1,500}{(1+0.15)^2} + \frac{1,500}{(1+0.15)^3} + \frac{10,000}{(1+0.15)^3}$$

=10,000원

② 채권수익률이 10%로 하락하였을 경우

$$P_0 = \frac{1,500}{(1+0.10)} + \frac{1,500}{(1+0.10)^2} + \frac{1,500}{(1+0.10)^3} + \frac{10,000}{(1+0.10)^3}$$

=11,243원

③ 채권수익률이 20%로 상승하였을 경우

$$P_0 = \frac{1,500}{(1+0.20)} + \frac{1,500}{(1+0.20)^2} + \frac{1,500}{(1+0.20)^3} + \frac{10,000}{(1+0.20)^3}$$

=8,947원

채권수익률과 채권가격과의 관계를 그림으로 나타내면 [그림 6-1]과 같다.

그림 6-1 | 채권가격과 채권수익률과의 관계

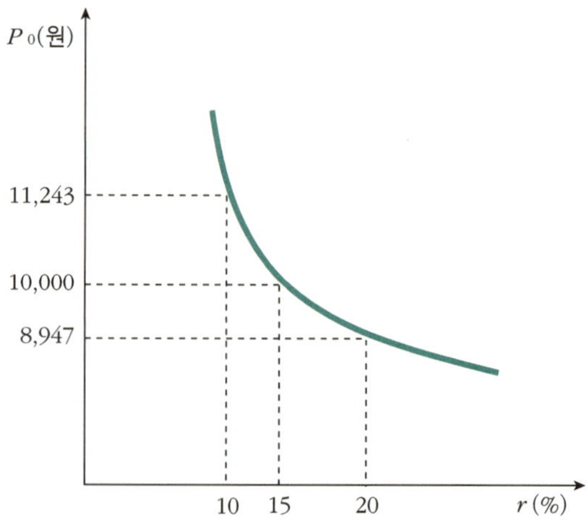

이표이자율 > 채권수익률 → 채권가격 > 액면금액
이표이자율 = 채권수익률 → 채권가격 = 액면금액
이표이자율 < 채권수익률 → 채권가격 < 액면금액

(3) 채권가격과 만기

채권의 수익률이 변화할 때 채권가격과의 역의 관계는 만기에 따라 더욱 민감하게 변화한다.

채권가격의 변동은 채권수익률뿐만 아니라 만기에 의해서도 영향을 받는다. 채권수익률이 동일한 크기로 변동할 때에 만기가 긴 채권의 가격은 만기가 짧은 채권의 가격보다 더욱 민감하게 변동함을 알 수 있다.

예를 들어 액면가 10,000원, 이표이자율 15%(이자지급횟수 연 1회), 채권의 만기 5년인 채권이 있다고 하자.

① 채권수익률이 15%인 경우

$$P_0 = \frac{1{,}500}{(1+0.15)} + \frac{1{,}500}{(1+0.15)^2} + \cdots + \frac{1{,}500}{(1+0.15)^5} + \frac{10{,}000}{(1+0.15)^5}$$

=10,000원

② 채권수익률이 10%로 하락하였을 경우

$$P_0 = \frac{1{,}500}{(1+0.10)} + \frac{1{,}500}{(1+0.10)^2} + \cdots + \frac{1{,}500}{(1+0.10)^5} + \frac{10{,}000}{(1+0.10)^5}$$

=11,985원

③ 채권수익률이 20%로 상승하였을 경우

$$P_0 = \frac{1{,}500}{(1+0.20)} + \frac{1{,}500}{(1+0.20)^2} + \cdots + \frac{1{,}500}{(1+0.20)^5} + \frac{10{,}000}{(1+0.20)^5}$$

=8,505원

채권가격과 채권수익률의 관계가 만기에 따라 달라지는 것을 표를 통해 정리해 보면 쉽게 알 수 있다.

표 6-2 | 만기에 따른 채권수익률과 채권가격과의 관계

액면가=10,000원, 이표이자율 15%일 때		
채권수익률	n=3년인 P_0	n=5년인 P_0
r=15%	10,000원	10,000원
r=10%	11,243원	11,985원
r=20%	8,947원	8,505원

채권의 만기가 서로 다른 채권의 가격과 채권수익률의 관계는 [그림 6-2]와 같다. 즉, 나머지 조건은 동일할 때 만기가 긴 채권일수록 채권수익률의 변동에 채권가격 변동이 크게 일어나므로 만기가 긴 채권일수록 위험에 대한 더 높은 이자율을 요구하게 되는 것이다.

그림 6-2 | 채권가격과 만기의 관계

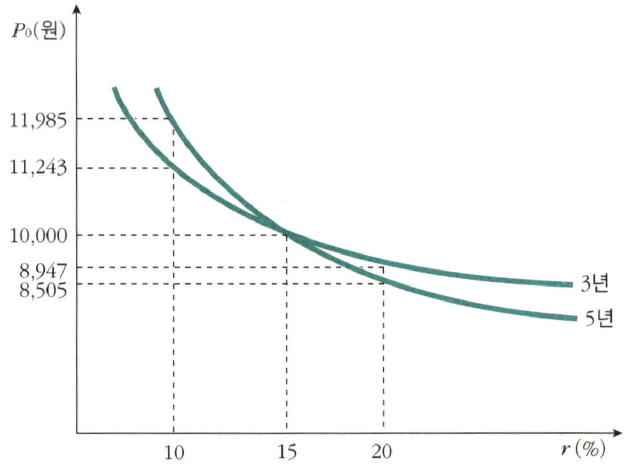

(4) 채권가격과 이표이율

이표이자율이 낮은 채권일수록 채권의 가격변동이 심하게 일어난다.

즉, 순수할인채권의 경우 가격변동률이 일정한 이자율의 변화에서 가장 크게 나타나고 있다.

예를 들어 만기는 3년 후이며, 액면가 10,000원인 순수할인채권이 있다고 하자.

① 채권수익률이 15%인 경우

$$P_0 = \frac{10,000}{(1+0.15)^3} = 6,575\text{원}$$

② 채권수익률이 10%로 하락하였을 경우

$$P^0 = \frac{10,000}{(1+0.10)^3} = 7,513\text{원}$$

③ 채권수익률이 20%로 상승하였을 경우

$$P^0 = \frac{10,000}{(1+0.20)^3} = 5,787\text{원}$$

채권가격과 채권수익률의 관계가 이표이자율에 따라 달라지는 것을 표를 통해 정리해 보면 다음과 같다.

표 6-3 | 이표이자율에 따른 채권수익률과 채권가격과의 관계

액면가 210,000원, 이표이자율 15%일 때		
채권수익률	이표이자율 15%	순수할인채
r=15%	10,000	6,574
r=10%	11,243	7,513
r=20%	8,947	5,787

나머지 조건이 동일할 때 이표이자율이 낮을수록 채권수익률의 변동에 채권가격의 변동이 크게 변하고 있음을 확인할 수 있다.

4. 채권수익률의 결정요인

채권은 유통시장에서 매일매일 가격이 변하고 있다. 가격은 여러 가지 요인에 의하여 변동되고 있는데 외적 요인(시중금리, 경제상황)과 내적 요인(채권의 만기, 발행주체의 지급불능위험)의 두 가지 요인에 의해서 결정된다고 볼 수 있다.

(1) 채권수익률 결정의 외적 요인

1) 채권의 수요와 공급

채권수익률의 가장 큰 변동은 채권의 수요와 공급이다. 채권수익률은 공급보다는 수요에 더 큰 영향을 받는다. 다시 말해서 채권의 수요가 급증한다고 하여 채권의 공급이 급증하지 아니한다. 채권의 공급은 일정한 계획에 의하여 이루어지기 때문에 수요에 의하여 큰 영향을 받지 않는다. 반면에 채권의 수요는 채권의 가격이 탄력적이기 때문에 채권의 수요가 증가하면 채권가격은 상승하고 채권의 수요가 감소하면 채권가격은 하락한다.

채권수익률 변화의 가장 큰 요인은 금융시장의 자금사정 변동에 의하여 채권의 수요가 증가하는가에 있다. 채권의 시세가 강세라는 말은 채권의 공급이 감소하는 것이 아니라 채권의 수요가 증가하는 현상이 많으며 채권의 시세가 약세라는 말은 채권의 공급증가보다는 채권의 수요가 감소한 경우가 일반적이다.

2) 시중금리

일반적으로 가계에서 소득활동이 활발하여 소득이 증가하게 되면 저축의 규모가 커지고 그에 따라 자금의 공급이 늘어나게 되어 시중금리는 하락하게 된다. 반대로 기업에 있어서 생산투자기회가 늘어나면 자금의 수요의 증가로 시중금리는 상승하게 된다. 인플레이션 또한 자금의 수요의 증가를 가져와 시중금리를 상승시키며, 정부의 재정금융정책상 통화량을 증가(감소)시키는 것에 따라 시중금리는 하락(상승)하기도 한다. 이러한 요인들에 의해서 시중금리가 변동하면 채권가격은 이와 역의 방향으로 움직이게 되는 것이다.

3) 경기동향

경기가 상승국면에 진입하면 각 기업들은 설비투자를 중심으로 자금 수요가 급증한다. 이때 기업은 필요한 자금을 금융기관에서 차입하든가 회사채를 대량으로 발행하게 되며, 금융기관은 필요한 자금을 확보하기 위하여 보유하고 있는 유가증권을 매각하며 금융시장에서는 자금 사정이 궁핍하여진다. 이 경우 채권의 공급은 증대되고 채권의 수요가 감소함으로써 채권수익률은 상승하게 된다.

반대로 경기가 하강국면에 진입하면 각 기업은 투자의욕이 감소하고 시설투자의 증가보다는 축소를 도모하며 금융기관에서는 대출자금의 압박에서 벗어나 자금의 여유가 발생, 자금사정은 풍부하여져 채권수요가 증가하게 되므로 채권수익률은 하락하게 된다.

4) 물가상승

물가상승과 채권수익률은 정의 상관관계가 있다. 물가상승시 명목금리는 상승하나 실질금리는 하락한다. 시장의 명목금리의 상승은 기존의 채권투자보다는 다른 실물투기를 발생시키면서 채권의 수요는 감소하게 된다. 반대로 물가의 하락시 시장의 실질금리는 상승하고, 기존의 채권수익률로 채권을 투자하는 것이 유리하여 채권의 수요가 증대하게 되므로 채권수익률은 하락하게 된다.

(2) 채권수익률 결정의 내적 요인

채권수익률은 위에서 설명한 외적 요인에 의해서도 결정되지만 채권의 만기와 같은 발행조건이나 발행주체가 지니는 지급불능위험과 같은 채권의 내적 요인에 의해서도 영향을 받는다.

1) 채권의 잔존기간

채권은 만기까지의 잔존기간에 따라 수익률이 달라진다. 다른 조건이 일정할 때 만기까지의 잔존기간이 길수록 채권가격의 변동위험은 크고 유동성이 줄어들어서 장기채일수록 수익률이 높아진다. 즉 채권의 잔존기간이 길수록 시장이자율에 따라 이자가 복리로 계산되는 기간이 더 많아지거나 채권수익률로 할인하는 기간이 길기 때문에 장기채일수록 채권수익률 변화에 따른 채권가격의 변동성은 크다. 결국 채권만기의 장 · 단에 따라 채권수익률 변화에 따른 채권가격의 변동폭이 달라지므로 만기까지의 잔존기간에 따라 채권수익률에 차이가 생기게 된다.

이러한 채권수익률과 만기까지의 잔존기간과의 관계를 채권수익률의 만기구조라고 한다.

2) 채무불이행위험(발행주체의 위험)

채권은 원금과 이표이자 수입이 약속된 확정이자부 증권이지만 위험이 전혀 없는 것은 아니다. 발행자의 재정난, 실적부진 등으로 인하여 이자뿐만 아니라 원금상환도 제대로 이행하지 못하는 경우도 있는데 이러한 위험을 채무불이행위험이라고 한다. 따라서 여타 조건이 동일하다면 채무불이행위험이 높은 채권일수록 투자자는 높은 위험프리미엄을 요구하게 되고 이로 인하여 채권수익률은 올라간다.

3) 유동성

채권의 유동성이란 채권을 적절한 가격으로 원하는 시점에서 매각할 수 있는 정도를 말하는데, 일반적으로 유동성이 높은 채권은 거래가 활발하기 때문에 당해 채권 보유자는 언제든지 원할 때 쉽게 현금화할 수 있는 장점을 가지고 있다. 따라서 합리적인 투자자라면 다른 조건이 같다고 할 때 유동성이 낮은 채권보다는 유동성이 높은 채권을 선호할 것이므로 유동성이 낮은 채권은 그만큼 발행하기가 어려워진다.

결국 유동성이 낮은 채권이 발행되거나 또는 유통시장에서 거래가 되기 위해서는 그 대가로 유동성 프리미엄을 제공해야 되기 때문에 낮은 유동성은 채권의 수익률을 올리는 요인이 된다.

5. 채권수익률의 기간구조

채권의 수익률은 시장이자율, 만기, 이표이자율 등 여러 가지 요인에 의해 달라진다. 이와 같은 채권수익률의 결정요인 중에서 다른 조건이 모두 같고 만기까지의 기간만 다른 경우 만기까지의 기간과 채권수익률과의 관계를 채권수익률의 기간구조(term structure) 또는 이자율의 기간구조(term structure of interest rate)라 부른다. 채권시장에서는 다른 조건은 동일하지만 만기가 서로 다른 채권들이 거래되고 있다. 이 채권들의 수익률은 서로 다른 값을 갖는 것이 일반적이다. 수익률곡선(yield curve)은 채권수익률과 만기의 관계를 설명하는 곡선을 의미한다.

채권수익률의 기간구조를 설명하는 이론으로 기대이론, 유동성프리미엄이론, 시장분할이론 등이 있다.

(1) 기대이론

기대이론(expectation theory)은 채권의 만기수익률이 미래 현물이자율에 대한 투자자의 예상을 그대로 반영한다는 이론이다. 예를 들어 투자자가 3년만기의 채권에 일정금액을 투자한다고 가정해 보자. 그리고 대체투자안으로 같은 금액을 1년 단위로 3년간 투자하는 방안이 있다고 가정해 보자, 즉, 첫 해에는 첫 해의 이자율로 투자한 후 다시 둘째 해의 이자율로 재투자하고 다시 셋째 해의 이자율로 재투자하는 상황인 것이다. 기대이론에 의하면 매년 재투자를 계속하였을 때와 3년만기 채권에 투자하였을 때의 수익률이 일치하게 된다.

채권의 단기이자율이 만기가 길어지는 장기이자율에 영향을 미치는 것으로 단기이자율이 상승하리라 기대되면 장기이자율도 그에 따라 상승을 가져오게 된다.

채권수익률과 만기까지의 기간구조를 볼 때 기대이론은 미래이자율이 상승할 것으로 기대되면 채권수익률에 있어 기간구조는 우상향하는 형태를 보이며, 미래이자율이 낮아질 것으로 기대되면 채권수익률의 기간구조는 우하향하는 형태를 보인다([그림 6-3] 참조).

그림 6-3 | 기대이론과 채권수익률의 기간구조

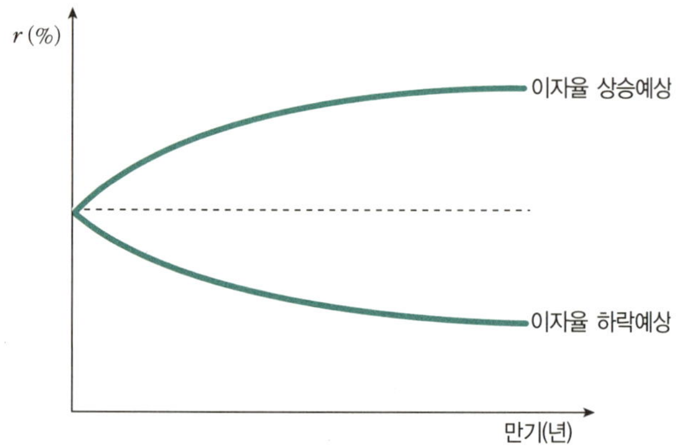

(2) 유동성프리미엄이론

이자율의 기간구조를 설명하는 또 다른 이론이 유동성프리미엄이론(liquidity premium theory)이다. 일반적으로 투자자들은 불확실성이 높은 장기채권보다는 유동성이 좋은 단기채권을 더 선호하기 때문에 장기채권에 투자할 경우 예상 미래이자율 외에 불확실한 미래에 대한 추가적인 프리미엄, 즉 유동성프리미엄(liquidity premium)을 요구한다는 이론이다.[03]

03 이는 기대 · 위험회피가설(expectation and risk aversion hypothesis)이라고도 한다.

[그림 6-4]는 투자자들은 만기가 길어질수록 증가하게 되는 위험과 상실하게 되는 유동성에 대한 프리미엄을 요구하게 되는데, 만기가 길수록 원금 및 이자지급에 대한 불확실성과 미래이자율 변동에 따른 채권가격의 변동가능성이 더 커지지 때문에 이에 대한 보상, 즉 유동성프

그림 6-4 | 유동성프리미엄이론과 채권수익률의 기간구조

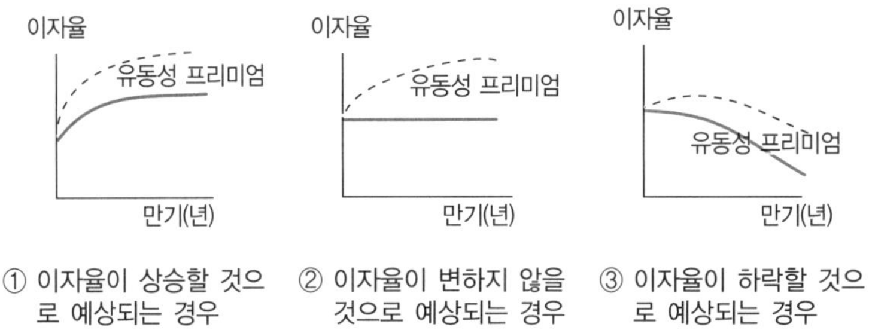

리미엄을 요구하게 된다.

(3) 시장분할이론

시장분할이론(market segmentation theory)은 채권시장의 투자자들은 채권의 만기에 따라 선호대상이 다르기 때문에, 채권의 만기수익률은 어느 일정범위의 만기에서는 그 만기의 채권을 선호하는 투자자 사이에서 결정된다는 이론이다. 이러한 투자자들은 제도, 법규, 만기선호가 다르기 때문이다. 즉, 단기채권의 수익률은 단기자금의 수요와 공급에 의해서 결정되고, 장기채권의 수익률은 장기자금의 수요와 공급에 의해서 결정된다는 것이다.

그림 6-5 | 시장분할이론과 채권수익률의 기간구조

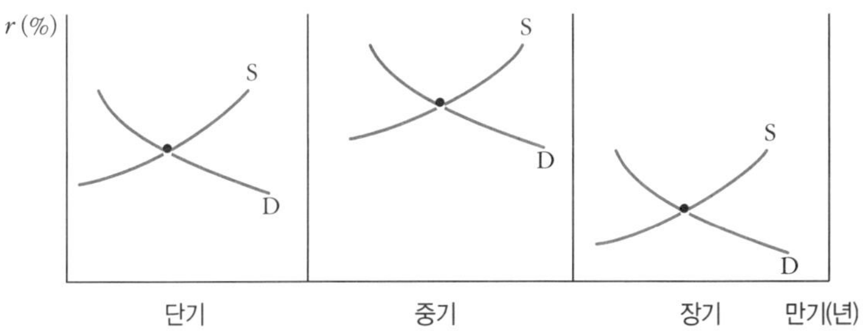

6. 채권수익률의 위험구조

채권은 만기까지의 이자와 원금의 상환액이 계약에 의해 보장되어 있는 확정이자부증권으로서 다른 금융상품에 비해 비교적 안전성이 높은 것으로 알려져 있다. 그러나 채권투자의 위험이 전혀 없는 것은 아니다. 발행주체(발행자)의 영업실적이 악화되어 원리금 지급불능의 상황이 발생될 수 있으며, 임의상환과 같은 계약조건에 따라 투자수익의 위험 또는 불확실성이 커질 수 있다. 이와 같이 채권의 발행주체 또는 발행조건으로 인한 위험 때문에 채권수익률의 체계적 차이가 발생될 수 있다.

(1) 채무불이행위험과 채권수익률의 위험구조

채권은 발행시 지급이자와 원금상환액이 정해진 고정수익증권이지만, 채무불이행위험(default risk)이란 채권의 발행주체가 가지고 있는 채무불이행의 위험에 따른 채권수익률의 변화를 가르키는 것으로, 이자와 원금을 약속한 대로 지급하지 못할 가능성을 말한다.

이와 같은 채무불이행위험과 채권의 만기수익률 간의 체계적인 관계를 채권수익률(또는 이자율)의 위험구조(risk structure)라 한다.

그림 6-6 | 위험채권의 수익률 구성

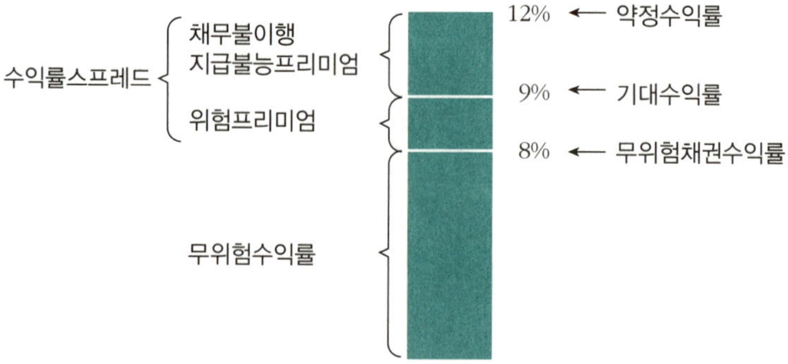

약정(약속)수익률 12%, 기대수익률 9%, 무위험채권수익률 8%의 경우

[그림 6-6]은 위험채권의 만기수익률인 약속수익률(promised yield)과 국공채 등 무위험채권의 만기수익률인 무위험수익률(default-free yield)의 차이를 채권의 수익률 스프레드(yield spread)라 한다. 그리고 약속수익률과 채무불이행가능성을 고려하여 계산된 수익률의 기댓값인 기대수익률(expected yield)의 차이를 채무불이행프리미엄(default premium)이라 하며, 기대수익률과 무위험수익률의 차이를 위험프리미엄(risk premium)이라 한다. 그러므로 수익률스프레드는 채무불이행프리미엄과 위험프리미엄을 합한 것과 같다.

예를 들어 3년 만기 채권의 만기수익률은 9%이며, 채무불이행프리미엄을 고려한 기대수익률은 6%이다. 만기 3년인 국공채의 수익률이 5%일 때 채권의 수익률스프레드는 4%, 채무불이행프리미엄은 3%, 위험프리미엄은 1%로 계산되어질 수 있다.

(2) 채권등급평가

채권등급평가(bond rating)는 발행주체의 채권의 원리금상환에 대한 지급능력을 평가하는 것으로 이를 이해하기 쉬운 기호나 문장으로 등급을 매겨 투자자에게 전달하는 제도를 의미한다. 채권등급평가는 채권의 객관적인 정보를 제공함으로써 투자자를 보호하는 데 있다.

신용평가기관으로는 미국의 S&P(Standard and Poor's Corporation)와 무디스(Moody's Investors Service)이다. 이들의 평가기준, 평가방식, 평가결과는 거의 비슷하지만 신용등급의 부호에 다소 차이가 있다. S&P와 무디스의 회사채 등 장기채권의 등급은 [표 6-3]에서 볼 수 있는 바와 같다.

등급별로 +, o, - 의 부호가 따라 붙는다. 예를 들어 A+ 등급은 Ao 보다 상위등급이고 Ao는 A- 보다 상위등급이다.

회사채나 기업어음의 등급은 최상위등급(AAA나 A1)이라고 해서 부도가 전혀 나지 않는다는 것이 아니며 또한 투기등급(BB이하, B 이하)이라고 해서 모두 부도가 난다는 의미는 아니다. 다만 경제상황이 악화될 경우 부도날 확률이 상위등급이 낮고 하위등급으로 갈수록 높아진다는 의미이다.

우리나라에도 채권등급평가기관으로 한국기업평가(주), 한국신용평가(주), 한국신용정보(주)가 있다.

표 **6-3** | 채권등급분류

S&P	무디스	의미
AAA	Aaa	원리금 지급능력이 최상급임
AA+ AA AA-	Aa1 Aa2 Aa3	원리금 지급능력이 매우 우수하지만 AAA의 채권보다 다소 열위임
A+ A A-	A1 A2 A3	원리금 지급능력은 우수하지만 상위등급보다 경제여건 및 환경악화에 따른 영향을 받기 쉬운 면이 있음
BBB+ BBB BBB-	Baa1 Baa2 Baa3	원리금 지급능력이 양호하지만 상위등급에 비해서 경제여건 및 환경 악화에 따라 장래 원리금의 지급능력이 저하될 가능성을 내포하고 있음
BB+ BB BB-	Ba1 Ba2 Ba3	원리금 지급능력에 당장은 문제가 없으나 장래의 안전에 대해서는 단언할 수 없는 투기적 요소를 내포하고 있음
B+ B B-	B1 B2 B3	원리금지급능력이 결핍되어 투기적이며 불황시에 이자지급이 확실치 않음
CCC	Caa	원리금지급에 관하여 현재에도 불안요소가 있으며 채무불이행의 위험이 매우 투기적임
CC	Ca	매우 투기적이며, 채무불이행가능성이 매우 높음
C D	C	최하급채권으로 극히 투기적이며, 채무불이행 상태에 있음

[참고]

1. 채권의 발행추이

(단위 : 억원)

구분	1998	1999	2000	2001	2002	2003	2004	2005
국채	169,889	291,912	247,003	331,192	317,690	628,602	751,164	747,486
지방채	21,895	25,041	16,189	16,267	19,767	19,678	18,925	22,321
특수채	528,799	384,608	260,904	476,567	121,134	136,316	210,512	244,287
금융채	4,118,299	1,054,246	1,423,321	1,211,314	1,488,234	1,573,668	2,133,831	2,534,646
회사채	560,003	306,714	586,628	871,949	775,220	617,575	503,790	481,031
계	5,398,885	2,062,521	2,534,045	2,907,289	2,722,045	2,975,839	3,618,222	4,209,771

자료 : 재정경제부(재정금융통계), 금융감독원(금융통계월보)

2. 채권시장(Bond Market)의 연도별 수익률추이

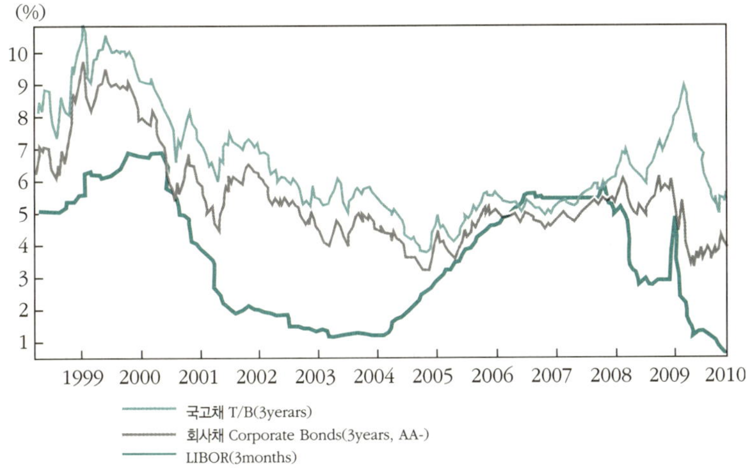

자료 : 금융감독원(금융통계월보)

Chapter 7

파생상품과 펀드의 이용

제1절 선물거래

제2절 옵션거래

제3절 우리나라의 선물 및 옵션시장

제4절 펀드의 이해

제1절 | 선물거래

1. 선물거래의 생성과 발전

미국 중서부 곡창지대의 중심에 위치한 시카고에서는 해마다 되풀이 되는 곡물의 수급 및 유통문제를 해결하려는 목적으로 1848년 상인들이 시카고상품거래소(Chicago Board of Trade)를 설립하였다. 1865년 10월에 거래소일반법칙(General Rule of the Board of Trade)이라는 포괄적인 규칙을 도입하여 거래대상 상품의 품질, 양, 인도장소, 인도시점 등 선물계약조건을 표준화시키고 거래소가 계약이행을 보증하는 형태로 선물거래를 정형화함으로써 오늘날 선물거래제도의 기본적인 틀이 처음으로 만들어지게 되었다.

1960년대 들어와 세계적인 인플레이션과 함께 자원위기가 고조되면서 선물거래가 각종 원자재의 가격변동위험을 가장 효율적으로 관리할 수 있는 수단으로 인식되어 선물거래 규모도 급격히 증가하는 추세를 나타내었다.

농산물과 원자재 등을 대상으로 하는 상품선물거래는 오랜 역사와 전통을 가지고 있으나 금융선물거래는 그 역사가 매우 짧다. 1971년 "닉슨 쇼크(Nixon Shock)"라 불리는 금과 달러의 태환정지 선언 이후 통화제도는 완전한 변동환율제도로 바뀌었다. 환율변동위험을 회피할 수 있는 방법의 연구결과 이미 농산물거래에 이용되고 있던 상품선물거래의 방법이 외환선물거래에도 이용될 수 있는 거래방법을 고안하게 되었다. 1972년 시카고상업거래소는 신규사업부문으로 국제통화시장(IMM : International Monetary Market)을 창설하고 미국 달러화에 대한 주요 외국통화의 선물거래를 시작함으로써 금융선물거래제도를 처음으로 도입하였다. 이후 금리, 주가지수 등 금융자산에 선물계약이 도입되어 비약적인 발전을 거듭하고 있다.

2. 선물의 개념 및 특징

(1) 선물의 개념

선물거래(futures trading)란 미래의 일정시점에서 수량, 규격, 품질 등이 표준화되어 있는 특정의 대상물건을 계약 체결시에 결정한 가격(선물시세)으로 인도 · 인수할 것을 약속하는 계약(거래)을 의미하며, 규격화된 거래장소(선물거래소)에서 이루어지는 계약이다. 일반적으로 매매계약의 성립과 동시에 대상물의 인도와 대금결제가 이루어지는 현물거래와는 구분되며, 선물거래는 매매계약 성립시점과 대상물의 인도 및 대금결제의 시점이 각각 다른 거래를 의미한다.

(2) 선물거래의 특징

1) 조직화된 거래소

선물거래는 공인된 거래소에서 자격이 있는 회원의 중개를 통하여 거래되므로 거래상대방을 찾아다녀야 하는 불편함을 해소하고, 정해진 시간과 방법에 따라 이루어진다.

2) 표준화된 계약조건

선도계약의 경우에는 계약조건이 당사자 간의 합의에 의하여 정해지지만 선물거래는 거래대상품의 규격 및 품질, 거래단위, 인수도 방법 및 시기, 호가단위 등 거래소가 지정한 표준화된 선물계약을 기준으로 거래가 이루어진다. 이러한 선물계약의 표준화로 선물거래는 선도거래의 경우와 달리 거래시마다 거래상대방을 찾아 계약조건을 협의해야 하는 번잡함을 줄일 수 있다

3) 청산소의 존재

선물거래는 거래소가 매매의 체결과 계좌관리 및 일일정산을 담당하

고 청산기관은 청산책임을 짐으로써 신용위험을 최소화하고 안전한 거래가 이루어질 수 있도록 만든다.

4) 증거금과 일일정산제도

선물거래를 하고자 하는 고객이나 회원은 의무적으로 거래소가 정한 소정의 증거금을 납부해야 한다. 이 증거금은 계약이행을 보증하는 일종의 담보금의 형태로 대개 거래대상상품의 일일가격변동 허용폭 크기와 비슷한 수준으로 정해진다. 매일 거래가 이루어지는 선물거래에서는 자신이 보유한 포지션을 수시로 청산이 가능하며 이러한 청산기능으로 투자자에게 이익을 실현하고 손실을 최소화할 수 있는 수단을 제공하고 나아가 신용위험, 즉 채무불이행위험을 최소화하는 장치로서 이용되고 있다.

5) 레버리지(leverage)효과

선물거래는 소액의 증거금(margin)만 예치하면 현물거래와 동일한 금액의 거래를 할 수 있기 때문에 현물거래에 비하여 투자금액에 대한 기대수익률이 매우 높으며 기대수익률이 높은 만큼 손실가능성도 높다.

(3) 선물계약의 종류

선물계약(futures contracts)은 거래대상물에 따라 상품선물(commodity futures)과 금융선물(financial futures)로 나누어진다. 상품선물은 농산물, 에너지, 금속 등으로 실물상품을 거래대상으로 만들어진 것이며, 금융선물은 주식, 주가지수, 채권(금리), 통화 등의 금융자산을 거래대상으로 한다.

표 7-1 | 선도거래와 선물거래

	선물거래	선도거래
거래장소	조직화된 거래소시장	특정한 장소가 없음
거래방법	전자거래시스템	계약당사 간의 협상
표준화	거래단위, 대상상품, 가격변동폭, 품질 등	표준화되어 있지 않음
거래금액	표준단위	제한 없음
일일정산	일일정산제도를 통한 이행보증	일일정산제도가 없음
이행보증	결재기관	당사자 간의 신용도
증거금	개시증거금, 유지증거금, 추가증거금	증거금 없음
규제기관	공적규제기관	자율규제기관
만기일	특정 만기일	당사자 간 협의에 의해 결정

3. 선물거래의 경제적 기능

(1) 위험의 전가

선물거래는 상품의 가격이 오르내리는 가격위험에 노출되어 있는 생산자, 소비자, 기업, 금융기관들의 자산가치 변동위험을 감수하면서 보다 높은 이익을 추구하는 투기자(speculator)들에게 전가할 수 있는 기능을 가지고 있다.

(2) 가격의 예측

선물시장에서 형성되는 선물가격은 해당 상품의 수요와 공급에 관련된 각종 정보가 집약되어 결정되므로 현재시점에서 미래 현물가격에 대한 수많은 시장참가자들의 공통된 예측을 나타낸다. 시장의 흐름에 따라 새로운 수급요인을 반영, 시장참가자들의 미래에 대한 예측이 변동되면 선물가격도 변동하게 된다.

이와 같이 현재의 선물가격이 미래 현물가격에 대한 가격예시기능을 수행함으로써 실수요자에 해당되는 생산자, 소비자 등 각 경제주체들의 현재시점의 의사결정에 커다란 영향을 미치게 되고, 미래 가격변동의 불확실성을 어느 정도 제거함으로써 현물시장의 수요공급에 영향을 미쳐 현물가격의 변동을 안정화시키는 기능을 수행한다.

(3) 여유자본의 운영

선물시장은 헤저에게는 가격변동위험을 조절할 수 있는 위험조절의 장으로서, 투기자에게는 선물거래가 갖는 높은 투자 레버리지효과로 인해 높은 투자이익을 얻을 수 있는 기회를 제공해 준다. 선물시장은 이러한 투기자의 부동자금을 흡수하여 기업을 안정적으로 경영하고자 하는 헤저들의 효율적 자금관리와 자본형성에 도움을 준다. 선물거래의 주된 기능이 위험의 이전에 있으므로 기업들은 증거금 정도의 소액자본으로 대규모 자원을 조절할 수 있으므로 다액의 여유자금을 운영할 수 있다.

(4) 효율적이고 시기적절한 자원배분

농산물의 경우 선물시장이 주는 가격예시기능의 부차적인 효과로 장기보관이 가능한 농산물의 출하시기를 적절히 조절함으로써 농산물 수급을 안정시키고 이를 통해 적절한 시기에 자원을 배분하는 효율성을 증대시킨다고 볼 수 있다.

(5) 정보의 공유

선물거래소는 통상 비영리 회원조직체의 성격을 갖고 있지만 선물거래소의 회원 및 기타 기관들은 고객중개업무 수행을 통해 영리를 추구하게 된다. 이들은 고객의 선물거래활동을 유도하기 위하여 선물가격에 직접적인 영향을 미치는 해당상품의 수요와 공급에 관련된 효율적인 정보의 제공을 통해 경쟁력을 높이게 된다. 이러한 선물시장에서의 경쟁적인 정보제공의 노력은 효과적인 정보제공수집 및 시장정보전달의 신속성을 증대시킴으로써 선물시장은 효율적인 정보의 공시 및 배분의 기능을 수행한다.

(6) 금융상품거래의 활성화 기능

선물거래는 레버리지(leverage)효과가 크다고 할 수 있다. 따라서 위험을 감수하고서라도 적은 자금으로 높은 수익을 얻고자 하는 투기자에게는 선물거래가 유리한 투자수단이 된다. 결과적으로 선물거래는 투기성 자금의 시장유입을 촉진하여 시장을 활성화시키는 경제적 기능을 한다. 한편으로 선물시장은 현물시장과의 차익(arbitrage)거래 기회를 제공함으로써 현물시장의 거래를 촉진한다. 특히, 채권의 인수자 또는 딜러는 금리선물거래를 이용하여 현물포지션을 헤지할 수 있기 때문에 채권거래가 원활히 이루어질 수 있다.

4. 선물가격의 결정

선물가격이란 정형화된 공식 선물시장(거래소)에서 장래 일정시점에 인도 · 인수될 상장상품에 적용될 가격으로 매도 · 매수 쌍방 간의 공개경쟁에 의해 결정되는 가격이다. 이에 반하여 현물가격이란 우리가 일상 접하는 가격으로 매매와 동시에 실물이 인도되고 대금이 지불될 때의 가격을 말한다.

(1) 선물가격의 결정원리

균형선물가격이란 선물시장에서 선물계약에 대한 수요와 공급이 일치하는 가격을 의미한다. 현물가격과 달리 선물가격은 미래의 가격을 현재의 가치로 평가하기 때문에 선물가격을 결정하는 데는 여러 요인을, 즉 현물보유비용, 미래의 기대치, 미래에 대한 위험부담 등을 고려해야 한다. 그 중에서도 선물가격은 그 시점의 현물가격에 만기까지의 현물보유비용에 의해 결정된다는 보유비용모형(cost-of-carry model)에 의해 설명되어질 수 있다.

(2) 보유비용모형

선물과 현물에 대한 투자는 대상물의 인수도 및 대금지불시점만 다를 뿐 실질적으로 투자대상물이 동일하고 선물의 최종결제일에는 선물과 현물의 구별이 없어지게 된다. 따라서 이론적으로 보면 선물의 계약시점부터 만기일까지의 기간 동안 선물과 현물에 투자할 경우 양 투자방법의 투자수익(손실)은 동일해야 한다. 그렇지 않을 경우에는 선물시장과 현물시장 간에 차익거래가 발생하여 양 시장 간의 투자수익률을 동일하게 만들 것이다. 선물과 현물의 이러한 관계로부터 현물가격을 기초로 한 선물이론가격을 도출해 낼 수 있는데 그 과정은 다음과 같다.

이론 선물가격= 현물가격 + 보유비용

보유비용(Cost of Carry) : 이자, 창고료, 보험료, 운송료 등
현물의 보유에 소요되는 비용

이론적 선물가격은 현물가격에 최종 결제일(만기)까지의 이자, 보관료(창고료), 보험료, 운송료 등을 합한 것과 동일하다. 따라서 일반적인 경우 선물가격이 현물가격보다 높다. 그리고 최종 결제일(만기)이 멀수록 보유비용(cost of carry)이 늘어날 것이므로 근월물보다 원월물의 가격이 높다. 그러나 현물의 가격이 비정상적으로 선물의 가격보다 높은 경우도 발생할 수 있다.

1) 보유비용이 양(+)인 경우

상품선물의 경우 보유비용이 양(+)의 값을 갖기 때문에 선물가격이 현물가격보다 높고 선물가격 중에도 원월물이 근월물보다 높은 시장이 형성되는데 이러한 가격관계 또는 현물가격과 선물가격 사이의 관계를 반영하는 시장을 콘탱고(contango)라고 한다.

선물가격 > 현물가격 → contango

2) 보유비용이 음(−)인 경우

금융선물에서는 금융상품을 만기까지 보관하는 동안에 부담하게 되는 기회비용보다 그 기간에 발생하는 이익이 더 큰 경우가 있다. 예를 들면 주가지수선물의 경우에는 보유기간 동안의 배당수익이 기회비용보다 더 클 수 있다. 이때에는 보유비용이 음(−)의 값을 갖게 되어 선물가격이 현물가격보다 낮게 형성되는데 이와 같은 시장상황을 백워데이션(backwardation)이라 한다.

선물가격 < 현물가격 → backwardation

그림 7-1 | 콘탱고와 백워데이션

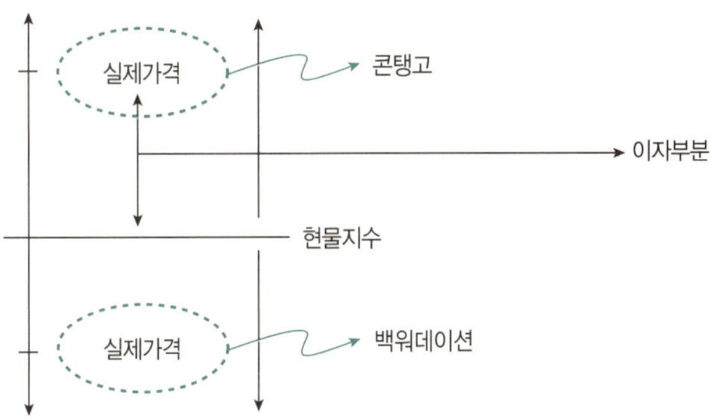

3) 베이시스 수렴

베이시스(basis)는 선물가격에서 현물가격을 차감한 값, 즉 보유비용이다. 베이시스 변동에 따라 선물가격이 변동하며, 베이시스는 만기일이 가까워질수록 0에 접근하고 만기일까지 기간이 길수록 확대된다.

그림 **7-2** | 베이시스의 움직임

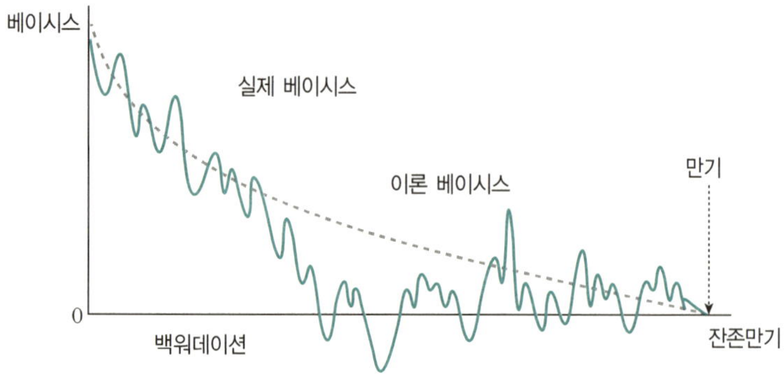

(3) 선물거래의 손익

선물을 매입한 사람은 매입한 선물을 만기까지 보유하지 않고 만기 이전에 선물가격이 매입 당시보다 높게 형성되면 매입한 선물을 높은 가격에 매도함으로써 시세차익을 누리고 만기 실물인수의 의무에서 벗어날 수 있게 된다. 선물을 매도한 사람 또한 매도한 선물을 만기까지 보유하지 않고 만기 이전에 선물가격이 매도 당시보다 낮게 형성되면 매도한 선물을 낮은 가격에 매수함으로써 시세차익을 누리고 실물인도의 의무에서 벗어나게 된다.

그림 **7-3** | 선물거래의 손익

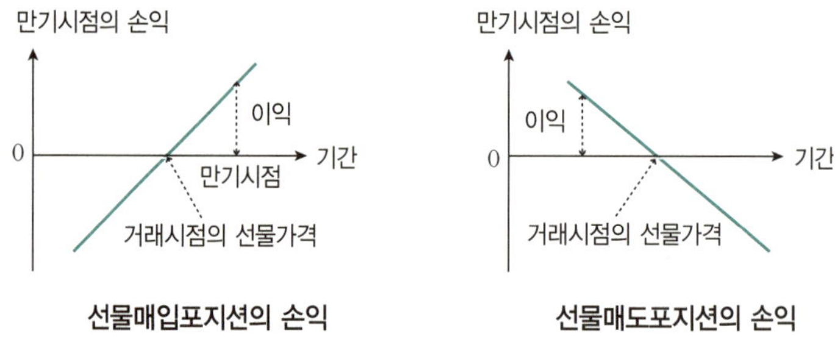

5. 선물거래의 이용

(1) 헤지거래

헤지(hedge)거래는 일반적으로 가격변동의 위험을 회피하고자 선물시장에서 현물시장과는 반대의 포지션을 취하는 거래이다. 다시 말하면 주식(현물)포지션의 손실을 선물포지션의 이익으로 상쇄시키고 그와 반대로 현물포지션의 이익은 선물포지션의 손실로 상쇄시켜 위험과 이익이 모두 제로가 되는 거래이다. 쉽게 풀이 하면 주식을 보유하고 있는 투자자는 주가가 하락하면 매수가격이 올 때까지 기다리거나 아니면 손해를 볼 수 있기 때문에 주식과 대응되는 주가지수선물을 매도함으로써 가격하락의 위험을 회피할 수가 있다. 왜냐하면, 주가가 하락하면 현물보유는 손해를 보지만 주가지수선물 매도포지션은 이익이 발생할 수 있기 때문이다. 결국 현물의 손실을 선물거래에서 상쇄할 수 있기 때문이다. 선물거래에서 헤지거래는 주로 매도헤지를 말한다.

① 매도헤지(현물매수/선물매도) : 현물주식을 매수한 투자자가 보유주식의 가격하락시 손해를 대비하기 위해 보유주식과 대응되는 주가지수선물을 매도함으로써 현물주가 하락시 손실을 상쇄시켜 위험을 회피하는 거래

② 매입헤지 : 선물시세가 상승할 것으로 예상하여 현물을 매수하고 싶지만 매수자금이 없을 때 선물을 매수하는 거래

③ 직접헤지 : 헤지하고자 하는 현물과 동일한 상품이 선물시장에서 거래되고 있는 경우 이를 헤지의 대상상품으로 하는 헤지

④ 교차헤지 : 헤지하고자 하는 현물상품을 대상으로 하는 선물이 존재하지 않을 때 헤지하고자 하는 현물상품과 유사한 가격변동 패턴을 갖는 선물계약을 이용하는 헤지

(2) 차익거래

선물가격과 현물가격의 이론적인 보유비용모형의 관계를 반영하지

못하면 차익거래에 의한 이익창출의 기회가 존재하게 된다.

주가지수선물가격과 현물주가지수 간에는 이론적인 관계가 성립함에 따라 실제로 형성된 주가지수선물가격이 이론가격에서 이탈하여 선물과 주식의 거래비용을 초과하는 수준에 달할 경우 주가지수에 연동하는 주식 포트폴리오와 주가지수선물을 동시에 매매한 후 상대적으로 고평가된 것을 매도하고 저평가된 것을 매수한다. 상기 괴리가 축소되는 경우 또는 선물의 최종거래일에 동 포지션을 해소함으로써 무위험수익을 얻을 수 있는데, 이를 지수차익거래라고 한다. 차익거래는 다음과 같이 분류된다.

① 매수차익거래(프로그램매수) : 주가지수선물의 실제가격이 이론가격보다 높게 형성되 는 경우, 주가지수선물이 고평가되고 주식은 저평가된 것을 이용해 선물매도/주식매수하는 차익거래를 말한다.

② 매도차익거래(프로그램매도) : 주가지수선물의 실제가격이 이론가격보다 낮게 형성되는 경우, 주가지수선물이 저평가되고 주식은 고평가된 것을 이용해 선물매수/주식매도하는 차익거래를 말한다.

(3) 투기거래

선물거래는 현물거래(예를 들어 주식거래)와 달리 적은 증거금으로 큰 포지션을 취할 수 있기 때문에 레버리지(leverage)효과가 상당히 크다. 이러한 효과는 투자자가 예상한대로 시장이 움직이는 경우는 상당히 큰 이익을 올릴 수 있지만, 그 반대의 경우에는 큰 손실이 발생할 수 있다. 투기거래란 현물거래와 연계하지 않고 선물시장에서 선물가격의 변동성을 예측하여 시세차익을 얻고자 하는 거래이다. 주가상승이 예상되면 주가지수선물을 매수한 후에 예상대로 상승하면 매도하여 차익을 실현하면 된다(저점매수 후 고점매도로 차익실현). 주가하락이 예상되면 주가지수선물을 매도한 후에 예상대로 하락하면 동일수량만큼 매수하여 차익을 실현하면 된다(고점매도 후 저점매수로 차익실현). 결국,

주가지수선물을 이용한 투기거래에서는 단지 시장 전체의 방향만을 예측하여 거래할 수 있는 용이성과 저렴한 거래비용, 그리고 낮은 수준의 증거금으로도 큰 규모의 거래를 행할 수 있어서 작은 가격변동에 의해 큰 손익을 얻을 수 있다. 다음은 포지션 관리형태에 따른 투기거래의 분류이다.

① 스캘퍼(scalper) : 시장가격의 미소한 변동, 즉 최소가격의 변동을 이용하여 매매이익을 실하고자 하는 투기거래자를 말하며, 거래규모가 크고 시장 내 유동성을 높여 준다.

② 데이트레이더(day trader) : 포지션을 개장시간 동안에 보유하는 거래자로 매일매일의 가격차를 이용하여 차익을 실현하는 투기거래자를 말한다.

③ 포지션트레이더(position trader) : 시장의 큰 흐름을 파악하여 중장기적 가격변동에 따라 거래하여 차익을 실현하는 중장기 투기거래자를 말한다.

(4) 스프레드거래

선물가격이 현물가격과 보유비용을 감안한 만큼의 가격차이를 보이는 한편 동일한 대상자산을 갖는 선물들 사이에서도 결제월이 다르면 결제기간의 차이를 반영하여 선물가격이 차이가 난다. 그러나 이러한 가격차이가 비정상적인 경우 스프레드거래를 통하여 정상적인 수준으로 돌아올 것을 예상하여 상대적으로 고평가된 선물을 매도함과 동시에 저평가된 선물을 매수하는 거래방법이다.

차익거래는 현물시장과 선물시장에서 동시에 반대포지션을 취하는 반면에 스프레드거래는 선물시장 내에서 다른 종류의 선물(동일한 대상물 중 결제월이 다른 종목이나 대상물은 다르지만 가격움직임이 유사한 선물)에 서로 반대포지션을 동시에 취하는 것이다. 따라서 스프레드거래는 개별 선물가격의 상승 또는 하락에 대한 예상보다는 밀접한 가격관계를 보이는 2개 선물의 가격차이가 확대 또는 축소될지에 대한 예상에 근거한 거래방법이다. 스프레드거래는 크게 결제월 간 스프레드와 상품 간 스프레드로 나눌 수 있다.

1) 상품 간 스프레드

결제월 간 스프레드거래의 단순한 전략은 근월물을 매입하고, 원월물을 매도하는 것이다. 동일한 거래소 내에서 동일상품을 대상으로 하여 매도 · 매수의 결과가 0이 되도록 결제월이 다른 두 선물을 매매하는 것이다. 이는 시세변동이 예상되더라도 투기거래를 행할 정도의 위험을 감수하지 않으려는 투자자들이 한정된 위험만을 감수하고 시세차익을 얻고자 할 때 이용된다.

3) 시장 간 스프레드

동일한 대상물 또는 대체상품이거나 수급의 패턴이 비슷한 종목 간의 가격관계를 이용하여 거래하는 것이다. 강세시장이 예상될 때 두 지수 선물이 가격변동폭도 서로 다를 것으로 전망되면 상대적으로 상승폭이 클 것을 매입하고 작을 것을 매도한 후 예상되로 되면 청산하여 두 지수의 상승폭 간 차이에 해당하는 이익을 얻을 수 있다.

제2절 | 옵션거래

1. 옵션의 개념

옵션이란 상품이나 유가증권 등의 기본자산을 미리 정한 가격으로 사거나(call option), 팔아서(put option) 이익을 향유할 수 있는 권리를 의미한다. 선물거래는 미래에 상품가격이 상승할 것으로 예상되면 미리 매수하고, 하락할 것으로 예상되면 미리 매도하는 거래이다. 그러나 옵션은 가격이 상승할 것으로 예상되면 미래시점에서 매수할 수 있는 권리를 사고팔고, 가격이 하락할 것으로 예상되면 미래시점에서 매도할 수 있는 권리를 사고파는 거래이다.

미래에 가격이 상승할 것으로 예상해서 매수할 수 있는 권리(call option)를 사두었는데, 미래의 약속한 시점에 가서 상품의 시장가격이 상승하지 않았다면 매수할 권리(call option)만을 포기하면 된다. 반대로 가격이 하락할 것으로 예상해서 매도할 수 있는 권리(put option)를 사두었는데, 미래시점에 가서 시장가격이 하락하지 않았다면 매도할 권리(put option)만을 포기하면 된다.

2. 옵션의 기초개념

(1) 기초자산(underlying asset)

옵션거래의 대상이 되는 기초자산은 주가지수옵션의 경우 KOSPI200 지수이다.

(2) 행사가격(exercise price or strike price)

행사가격은 옵션거래에서 기초자산에 대한 매수가격(콜옵션) 또는 매도가격(풋옵션)을 말하며 권리행사의 기준가격을 말한다.

(3) 만기일(expiration date)

권리를 행사할 수 있는 특정 시점 또는 일정기간의 마지막 날을 의미하며, 만기일이 지나면 그 해당 옵션은 그 가치를 상실하게 되고 더 이상 그 권리를 행사할 수 없게 된다.

(4) 프리미엄(premium)

옵션매수자는 만기일에 가서 유리한 경우에는 그 권리를 행사하면 된다. 반면 옵션매도자는 옵션매수자의 권리행사에 응해야 하는 의무를 지닌다. 이처럼, 옵션매도자는 매수자에 비해서 일방적으로 불리한 상황에 처하게 되기 때문에 옵션매수자로부터 권리부여에 대한 일정 대가를 받게되는데 이것을 프리미엄 또는 옵션가격이라 한다.

3. 옵션의 종류

(1) 부여된 권리의 내용에 따른 분류

1) 콜옵션(call option)

특정의 기본자산을 사전에 정한 가격으로 지정된 날짜 또는 이전에 매수할 수 있는 권리를 말한다. 콜옵션 매수자는 (콜)매도자에게 프리미엄을 지불하는 대신 기본자산을 살 수 있는 권리를 소유하게 된다. 콜옵션 매도자는 프리미엄을 지급받는 대신에 (콜)매수자가 권리를 행사할 경우 미리 정한 가격에 기본자산을 팔아야 할 의무를 지닌다.

2) 풋옵션(put option)

특정의 기본자산을 사전에 정한 가격으로 지정된 날짜 또는 이전에 매도할 수 있는 권리를 말한다. 풋옵션 매수자는 (풋)매도자에게 사전에 정한 가격으로 일정시점에 기본자산을 팔 수 있는 권리를 소유하게 되는 대가로 옵션의 가격인 프리미엄을 지불하게 된다. 풋옵션 매도자는 프리미엄을 지급받는 대신 (풋)매수자가 권리를 행사할 경우 미리 정한 가격에 기본자산을 사줘야 할 의무를 지닌다.

(2) 권리행사의 가능시점에 따른 분류

1) 유럽형옵션(european option)

만기일에만 옵션의 권리를 행사할 수 있는 옵션으로 우리나라의 주가지수옵션과 개별옵션이 여기에 해당된다.

2) 미국형옵션(american option)

옵션만기일을 포함하여 언제든지 권리행사가 가능하다. 옵션매수자에게는 미국형옵션이 유럽형옵션에 비해 유리한 조건이므로 프리미엄이 더 비싸다.

(3) 기초자산가격과 행사가격의 관계에 따른 분류

1) 내가격옵션(in the money : ITM)

콜옵션의 경우에는 행사가격이 기본자산의 시장가격보다 낮은 경우의 옵션을 내가격 콜옵션이라 하며, 풋옵션의 경우 행사가격이 기본자산의 시장가격보다 높은 경우의 옵션을 내가격 풋옵션이라 한다. 예를 들면 KOSPI200 선물지수의 기준가가 210.00p이면 210.00p보다 행사가격이 낮은 콜옵션은 내가격 콜옵션(207.50콜, 205.00콜, 202.50콜, 200.00콜 등)이 되고, 행사가격이 높은 풋옵션은 내가격 풋옵션(212.50풋, 215.00풋, 217.00풋, 220.00풋 등)이 된다.

내가격 콜옵션 : 기초자산가격보다 행사가격이 작을 때
(행사가격 < 기초자산)

내가격 풋옵션 : 기초자산가격보다 행사가격이 클 때
(행사가격 > 기초자산)

2) 등가격옵션(at the money : ATM)

행사가격이 기본자산의 시장가격과 가장 근사치인 옵션을 등가격옵션이라 하며, 콜옵션이든 풋옵션이든 같은 조건을 만족할 때 모두 등가격 콜옵션, 등가격 풋옵션이라 한다. 예를 들면 KOSPI200 선물지수의 기준가가 208.08p이면 가장 근사치 행사가격인 210.00에 해당하는 콜옵션이 등가격 콜옵션(210.00콜)이라 하고, 풋옵션도 등가격 풋옵션(210.00풋)이 된다.

등가격 콜옵션 : 기초자산가격과 행사가격이 같을 때
(행사가격 = 기초자산)
등가격 풋옵션 : 기초자산가격과 행사가격이 같을 때
(행사가격 = 기초자산)

3) 외가격옵션(out the money : OTM)

콜옵션의 경우에는 행사가격이 기본자산의 시장가격보다 높은 경우의 옵션을 외가격 콜옵션이라 하며, 풋옵션의 경우 행사가격이 기본자산의 시장가격보다 낮은 경우의 옵션을 외가격 풋옵션이라 한다. 예를 들면 KOSPI200 선물지수의 기준가가 210.00p이면 79.60p보다 행사가격이 높은 콜옵션은 외가격 콜옵션(212.50콜, 215.00콜, 217.00콜, 220.00콜 등)이 되고, 행사가격이 낮은 풋옵션은 외가격 풋옵션(207.50풋, 205.00풋, 202.50풋, 200.00풋 등)이 된다.

외가격 콜옵션 : 기초자산가격보다 행사가격이 클 때
(행사가격 > 기초자산)
외가격 풋옵션 : 기초자산가격보다 행사가격이 작을 때
(행사가격 < 기초자산)

표 7-2 | 옵션가격표(2009년 9월물)

콜옵션				행사가격	풋옵션			
미결제	거래량	대비	현재가		현재가	대비	거래량	미결제
49614	1830	0.30	9.75	0909-200.00	0.52	0.25	779367	146541
29055	5411	0.15	7.40	0909-202.50	0.80	0.37	631124	94957
50838	28330	0.05	5.65	0909-205.00	1.32	0.42	551820	83144
37864	43072	0.30	3.70	0909-207.50	2.12	0.62	481285	59029
119532	265440	0.07	2.53*	0909-210.00*	3.40	0.55	149695	37320
75258	488883	0.08	1.50	0909-212.50	4.75	0.50	31882	16222
147137	784141	0.11	0.83	0909-215.00	6.70	0.55	48701	30974
163082	784642	0.03	0.48	0909-217.50	8.70	0.55	25174	7735
235313	718231	0.04	0.22	0909-220.00	10.90	0.55	714	3732

4. 옵션거래의 특징

(1) 헤지효과가 있다

대상자산을 보유하고 있는 투자자는 풋옵션을 매수함으로써 대상자산의 가격하락에 따른 위험을 회피할 수 있다. 또한, 장래에 대상자산을 매수하려는 투자자는 콜옵션을 매수함으로써 그동안의 대상자산의 가격상승에 따른 위험을 회피할 수 있다.

(2) 레버리지효과를 기대할 수 있다

옵션거래의 매수자는 대상자산의 가격보다 훨씬 적은 금액의 프리미엄으로 그 대상자산을 거래하는 유사한 효과를 얻을 수 있다.

(3) 매수자는 위험한정의 효과가 있다

콜옵션거래의 매수자는 대상자산의 가격이 상승하면 권리를 행사하여 대상자산의 가격상승에 따른 이익을 실현하든지, 또는 옵션을 반대매매하여 프리미엄의 상승에 따른 이익을 실현하든지 자유롭게 선택할 수 있다. 풋옵션거래의 매수자도 대상자산의 가격이 하락하면 권리를 행사하여 대상자산의 가격하락에 따른 이익을 실현하든지, 또는 옵션을 반대매매하여 프리미엄의 상승에 따른 이익을 실현하든지 자유롭게 선택할 수 있다.

그런데, 이러한 옵션거래에 있어서 매수자는 시세변동에 따라 이익이 무한대로 정비례하고, 손실은 유한(정해진 범위 내)대로 발생하며 정비례하지 않는다. 반면, 콜이든 풋이든 옵션거래에 있어서 매도자는 매수자의 권리행사에 무조건 응해야 하기 때문에 시세변동에 따른 이익은 프리미엄(옵션가격)으로 미리 정해져 있다. 다시 말해서 이익은 유한(정해진 범위 내)대로 발생하며, 손실은 무한대로 정비례한다.

5. 선물거래와 옵션거래의 차이점

(1) 선물거래

- 선물매수자 : 증거금부과, 손실무제한, 이익무한대, 권리와 의무가 모두 있다.
- 선물매도자 : 증거금부과, 손실무제한, 이익무한대, 관리와 의무가 모두 있다.

(2) 옵션거래

- 옵션매수자 : 프리미엄지급, 손실한정, 이익무한대, 권리는 있고 의무는 없다.
- 옵션매도자 : 프리미엄수취, 손실무제한, 이익한정, 권리는 없고 의무만 있다.

6. 옵션거래의 손익구조

(1) 콜옵션(call option)의 손익구조

콜옵션을 매입할 경우 만기일에 기초자산의 시장가격이 미리 정한 행사가격보다 높으면 옵션을 행사함으로써 그 차익만큼의 이익을 볼 수 있다. 쉽게 말하자면 주식시장에서 어떤 종목을 저가에 샀다면 그 종목이 예상대로 상승을 하면 고점에 매도하여 이익을 챙길 수가 있다. 콜옵션의 매입(매수)측면이 이 경우와 동일한 개념이다. 콜옵션을 매수할 때 매도자에게 매입가격, 즉 프리미엄을 이미 지불한 상태이기 때문에 콜옵션 행사시 실제이익은 다음의 계산식에 의해 산출된다.

콜옵션 행사시 실제이익=(시장가격-행사가격)-프리미엄

반면에 만기일에 시장가격이 행사가격보다 낮을 경우 콜옵션 매수자는 직접 시장가격으로 기본자산을 매입하는 것이 더 유리하므로 옵션행사를 포기하게 된다. 이에 따라, 콜옵션 매수자는 매입가격(프리미엄)만큼 손해를 보게 된다. 시장가격이 행사가격을 초과하는 영역이 콜옵션 매수자에게 권리행사(이익) 영역이 되고, 콜옵션 매도자에게는 의무이행 영역이 된다.

콜옵션 매수자(long call) 시장가격이 상승할 경우 이익은 무한대가 되지만, 하락할 경우 콜옵션 권리행사를 포기함으로써 콜옵션 매입가격(프리미엄)만큼만 한정된 손실만 보게 된다.

콜옵션 매도자(short call)와 매수자는 대칭적인 손익구조를 갖게 되며, 시장가격이 하락할 경우 프리미엄만큼의 이익이 확보되지만, 반대로 시장가격이 상승할 경우에는 손실이 무한대로 확대된다.

그림 7-4 | 주식 1주에 대한 콜옵션을 1개 매입, 매도한 투자자의 손익구조

옵션가격 = 1,000원, 행사가격 = 35,000원

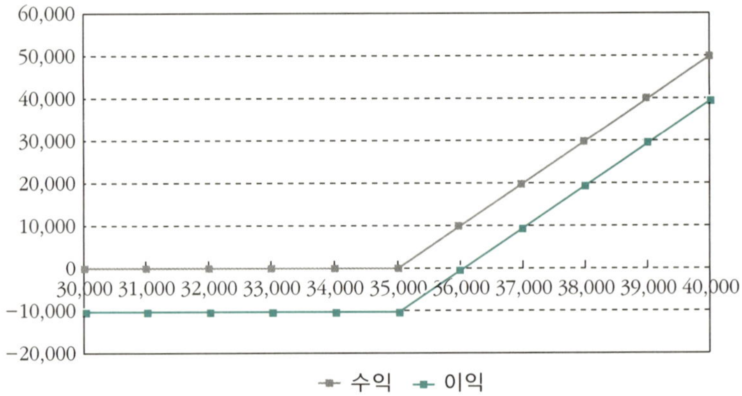

콜옵션 매수

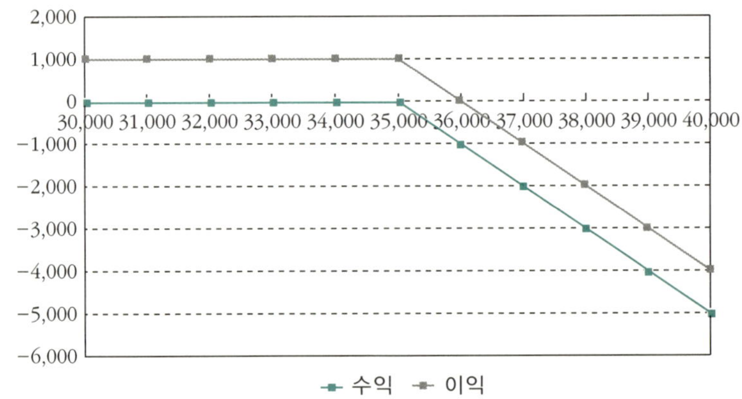

콜옵션 매도

(2) 풋옵션(put option)의 손익구조

투자자가 풋옵션을 매수할 경우 만기일에 기본자산의 시장가격이 행사가격보다 낮으면 시장가격보다 높은 행사가격에 기본자산을 매도하는 것이 유리하므로 풋옵션의 권리를 행사하게 된다. 이 경우 풋옵션을 매수한 투자자는 이익을 보게 되는데, 이미 풋옵션을 매수할 때 매도자에게 매입가격(프리미엄)을 지불한 상태이므로 실제이익은 다음의 계산

식에 의해 산출된다.

풋옵션 행사시 실제이익=(행사가격－시장가격)－프리미엄

반면에 만기일에 시장가격이 행사가격보다 높을 경우 풋옵션 매수자는 직접 시장가격으로 기본자산을 매도하는 것이 더 유리하므로 옵션행사를 포기하게 된다. 이에 따라, 풋옵션 매수자는 매입가격(프리미엄)

그림 7-5 | 주식 1주에 대한 풋옵션을 1개 매입, 매도한 투자자의 손익구조

옵션가격 = 1,000원, 행사가격 = 40,000원

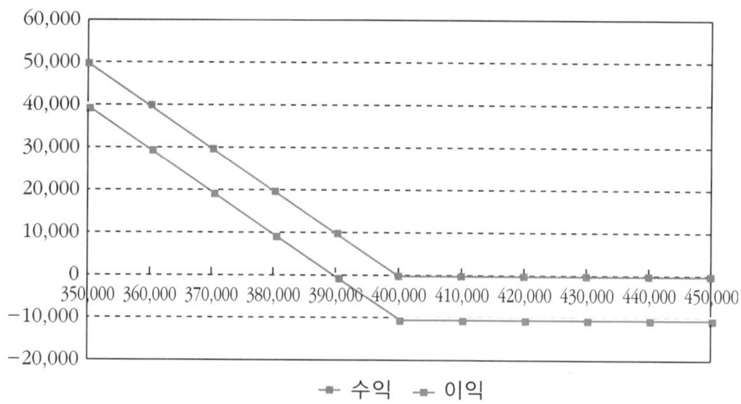

풋옵션 매수

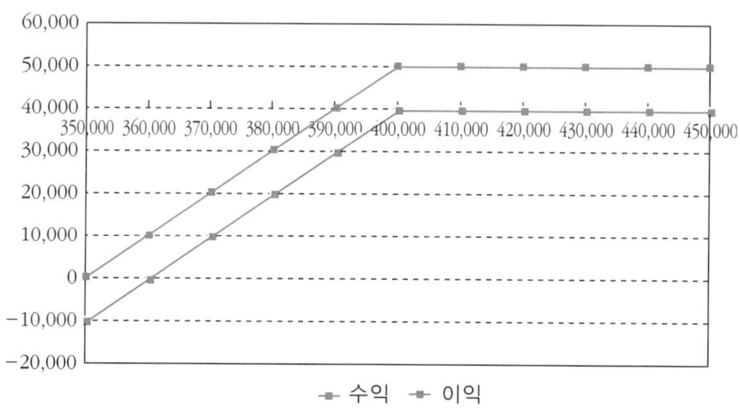

풋옵션 매도

만큼 손해를 보게 된다. 행사가격이 시장가격을 초과하는 영역이 풋옵션 매수자에게 권리행사(이익) 영역이 되고, 풋옵션 매도자에게는 의무이행 영역이 된다. 다시 말해, 시장가격이 행사가격을 초과하는 영역이 풋옵션 매수자에게는 권리포기(손실)영역이 되고, 풋옵션 매도자에게는 의무소멸(이익)영역이 된다. 풋옵션을 매도한 투자자는 권리행사시 행사가격으로 기본자산을 매수해야 할 의무가 있으므로 시장가격이 하락하면 하락할수록 손실이 커지게 된다.

풋옵션 매수자(short put) 시장가격이 하락할 경우 이익은 실제적으로 무한대가 되지만, 상승할 경우 풋옵션 권리행사를 포기함으로써 풋옵션 매입가격(프리미엄)만큼만 한정된 손실만 보게 된다.

풋옵션 매도자와 매수자가 대칭적인 손익구조를 갖게 되며, 시장가격이 상승할 경우 프리미엄만큼의 이익이 확보되지만, 반대로 시장가격이 하락할 경우에는 손실이 실제적으로 무한대로 확대된다.

7. 옵션가격의 결정

(1) 옵션가격(프리미엄)의 의의

일반적으로 옵션의 가격은 내재가치(intrinsic value)와 시간가치(time value)의 합으로 이루어진다.

옵션의 가격(프리미엄) = 내재가치 + 시간가치

1) 내재가치(intrinsic value)

현시점에서 옵션이 행사될 경우 실현될 수 있는 가치이다.

① 콜옵션(call option)의 경우

- 행사가격 < 기초자산(내가격 콜옵션) = 내재가치 존재

- 행사가격 > 기초자산(외가격 콜옵션) = 내재가치 없음, 시간가치 만 존재

② 풋옵션(put option)의 경우

- 행사가격 > 기초자산(내가격 풋옵션) = 내재가치 존재
- 행사가격 < 기초자산(외가격 풋옵션) = 내재가치 없음, 시간가치 만 존재

예를 들어 설명하면 A주식의 행사가격이 10,000원이고 콜옵션 현재 A주식의 가격이 12,000원이면 현재 옵션을 행사한다면 2,000원의 이익을 볼 수 있으므로 이 옵션의 내재가치는 2,000원이라 할 수가 있다.

2) 시간가치(time value)

시간가치는 만기까지 남은 시간 동안에 기초자산의 가격이 변화해서 옵션행사로 얻을 수 있는 이익에 대한 미래의 기대가치이다. 예를 들어서 설명하면 앞의 보기의 A주식의 현재가격이 10,000원이라고 가정하고 현재 옵션을 행사한다면 이익을 얻을 수 없다. 하지만 만기까지 주가가 10,000원 이상이 된다면 콜옵션 소유자는 옵션을 행사하여 이익을 얻을 수 있는 가능성이 존재할 수 있다. 이처럼 미래의 가능성에 대한 가치가 바로 시간가치이다.

콜옵션의 시간가치 = 콜옵션의 프리미엄(가격) − 콜옵션의 내재가치

풋옵션의 시간가치 = 풋옵션의 프리미엄(가격) − 풋옵션의 내재가치

3) 시간가치의 특징

- 기초자산의 시장가격과 행사가격이 비슷할수록 옵션의 가치가 크다. 즉, 등가격옵션의 시간가치가 내가격옵션이나 외가격옵션의 시간가치보다 크다.
- 시간가치는 만기가 많이 남아 있을수록 크다. 이것은 만기가 많이

그림 7-6 | 옵션의 내재가치와 시간가치

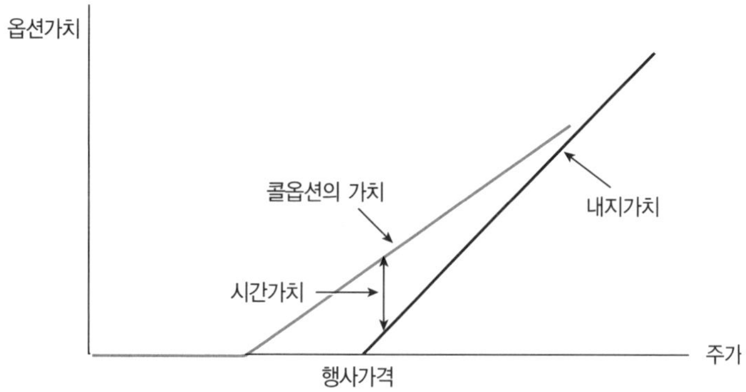

남아 있을수록 기초자산의 시장가격이 변동하여 내재가치가 증가할 수 있는 가능성이 커지기 때문이다.

- 시간가치 잠식속도는 등가격옵션일수록, 만기에 근접할수록 빨라진다.

(2) 옵션가격의 결정요인

옵션의 가치(가격)는 만기시에는 내재가치에 의해 결정되는데, 옵션의 만기일 전까지는 많은 변수에 의해 옵션의 가치(가격)가 결정된다. 그 중 주요한 변수들은 기초자산의 가격, 옵션의 행사가격, 잔존기간, 기초자산의 가격변동성, 무위험이자율, 기초자산의 현금배당률 등이다.

1) 기초자산의 가격

기초자산의 가격은 행사가격과 함께 옵션의 가치를 결정하는 가장 중요한 요인이다.

2) 행사가격

행사가격이 높을수록 콜옵션의 가격은 낮아지고, 풋옵션의 가격은 높아진다. 반대로 행사가격이 낮을수록 콜옵션의 가격은 높아지고, 풋옵션의 가격은 낮아진다.

3) 기본자산의 변동성

기본자산의 가격변동성이 클수록 옵션의 가치는 올라간다. 콜옵션의 경우 기본자산의 가격변동성이 크다는 것은 기본자산의 가격이 행사가격보다 높아질 기회가 많아져 이익을 낼 가능성이 커진다는 것을 뜻한다. 한편, 풋옵션의 경우에도 기본자산의 가격변동성이 크다는 것은 기본자산의 가격이 행사가격보다 낮아질 기회가 많아져 이익을 낼 가능성이 커진다는 것을 뜻한다.

4) 잔존기간

옵션의 잔존기간이 길어질수록 미래 기본자산의 가격이 행사가격보다 유리하게 형성될 가능성은 커지게 되므로 옵션의 가치는 높아진다.

5) 무위험이자율

무위험이자율이 커질수록 행사가격의 현재가치는 더욱 감소하게 된다. 이자율이 상승할 경우 콜옵션의 가치는 커지는 반면 풋옵션의 가치는 작아진다.

6) 기본자산의 현금배당률

배당금을 지급하게 되면 주식보유자는 그 배당금을 받게 되지만 옵션보유자는 그렇지 못하다. 배당락일에 기본자산은 배당금액만큼 가격이 하락하게 되므로 배당금이 클수록 콜옵션의 가치는 하락하고 풋옵션의 가치는 상승하게 되는 것이다.

제3절 | 우리나라의 선물 및 옵션시장

우리나라에서는 1996년 5월에 최초로 증권거래소에서 KOSPI200을 대상으로 한 주가지수선물거래가 시작되었다. 그 이듬해인 1997년 7월에는 주가지수선물과 동일한 기초자산을 대상으로 한 KOSPI200 옵션 상품이 증권거래소에 상장되었다. 1994년 4월에 금융선물 및 상품선물 거래를 통합 · 관리할 수 있는 한국선물거래소가 개설되었다. 채권금리 상품으로 국채선물 및 옵션, CD선물, 통안증권금리선물과 주가지수상품으로 KOSDQ50 선물 및 옵션, 통화상품으로 미국달러 선물 및 옵션, commodity 상품으로 금선물이 상장되었다.

2005년 1월 한국증권선물거래소법에 따라 증권거래소와 선물거래소가 합병되어 한국증권선물거래소가 설립되고 이후 명칭이 한국거래소로 변경되었다. 모든 선물상품은 한국거래소 내 선물시장에서 거래되고 있다. 현재 상장되어 거래되는 주요 상품은 아래와 같다.

1. 주가지수상품

(1) KOSPI200선물 : 산출시점 1990년 1월 3일 100P

유가증권시장본부에 상장된 200종목의 시가총액 기준으로 산출된 KOSPI200지수를 거래대상으로 하는 상품으로 유동성이 풍부하고 투자자 층도 다행해서 국내를 대표하는 선물상품이다.

(2) 스타지수선물 : 산출시점 2003년 1월 2일 1,000P

코스닥에 상장된 종목 중에서 시장대표성, 유동성 및 재무건전성이 우량한 30개 종목을 구성종목으로 하는 스타지수를 거래대상으로 하는 상품이다.

(3) KOSPI200옵션 : 산출시점 1990년 1월 3일 100P

개인투자자의 매매가 활발하여 세계 제1의 거래량을 기록하는 등 국내 파생상품 중 최고의 상품이다.

2. 개별주식상품

(1) 주식선물

유통주식수가 1,000만주 이상, 소액주주가 1만명 이상, 1년간 총거래대금 5,000억원 이상인 보통주식 중에서 15개 기업이 발행한 주식을 거래대상으로 하는 선물상품이다.

(2) 개별주식옵션

유통주식수가 1,000만주 이상, 소액주주가 1만명 이상, 1년간 총거래대금 5,000억원 이상인 보통주식 중에서 33개 기업이 발행한 주식을 거래대상으로 하는 옵션상품이다.

3. 채권/금리상품

(1) 3/5년 국채선물

3/5년 국채선물은 만기일 기준으로 잔존기간이 3 내지 5년의 국고채를 대상으로 거래하는 계약이다. 중 · 단기금리에 대한 헤징수단으로 적극 활용되며 변동성이 크다는 장점으로 투기거래로 활발하게 이루어지고 있는 상품이다.

(2) 10년 국채선물

10년 국채선물은 만기일 기준으로 잔존기간이 10년의 국고채를 대상으로 거래하는 계약으로 장기국채의 가격변동에 따른 위험을 효과적으로 관리할 수 있는 상품이다.

(3) 통안증권금리선물

한국은행이 발행하는 364일 통화안정증권의 유통수익률을 거래대상으로 하며 투자자에게 단기금리 변동에 대한 위험관리 수단을 제공한다.

4. 통화상품

(1) 미국달러선물

미국달러선물은 미래의 일정시점에 인 · 수도할 미달러화를 현재시점에서 미리 매수하거나 매도하는 계약이다.

(2) 엔선물

엔선물은 미래의 일정시점에 인 · 수도할 엔화를 현재시점에 미리 매수하거나 매도하는 계약으로, 일본 엔화를 거래대상으로 하는 원화표시 선물거래이다.

(3) 유로선물

유로선물은 미래의 일정시점에 인 · 수도할 유럽 유로화를 현재시점에서 미리 매수하거나 매도하는 계약으로 유로 · 원 환율변동위험을 관리할 수 있도록 1계약당 5만 유로를 거래대상으로 하는 원화표시 선물거래이다.

5. Commodity상품

(1) 금선물

금선물은 미래의 일정시점에 인 · 수도할 금을 현재시점에서 미리 매수하거나 매도하는 계약이다. 국내 현물시장 규모가 크고 제품 또한 표준화 · 규격화되어 있으며 일반인들의 시장접근이 용이한 상품이다.

(2) 돈육선물

돈육선물은 돼지가격의 변동위험을 회피하기 위하여 1계약당 1,000kg에 해당하는 돈육 대표가격을 매수하거나 매도하는 계약이다. 실제 돼지를 사고 파는 것이 아닌 돈육의 가격을 거래대상으로 한다.

제4절 | 펀드의 이해

1. 간접투자상품의 정의

(1) 개념

간접투자란 자산운용회사, 증권사, 은행, 보험과 같은 전문적인 투자회사들이 운용하는 투자상품에 가입하여 간접적으로 투자하는 것을 말한다(직접투자란 투자자들이 자신의 분석과 투자결정에 의하여 각종 유가증권이나 자산을 직접 매매하는 것). 간접투자상품은 수많은 투자자로부터 자금을 모아 펀드를 형성하고, 이를 여러 가지 유가증권이나 자산에 투자하고 최종적으로 달성된 손익을 투자자에게 분배하는 상품이다.

일반적으로 간접투자상품을 펀드라고 한다. 펀드란 각종 펀드, 변액보험, 신탁, 펀드형 랩어카운트, 투자일임자문계약 등 모두를 포함한다.

자본시장법에서는 펀드를 간접투자기구 또는 집합투자기구라고 규정하며, 펀드에 가입한다는 것은 펀드가 발행하는 집합투자증권인 수익증권이나 출자지분을 매수하는 것을 말한다.

(2) 금융투자상품

금융투자상품이란 원본손실가능성을 부담하면서 이익을 얻거나 손실을 회피할 목적으로 거래상대방에게 현재 또는 장래에 금전을 이전하기로 약정함으로써 갖게 되는 권리를 말한다.

(3) 금융투자상품의 분류

증권이란 원본까지만 손실이 발생할 기능성이 있는 금융투자상품이며 원본을 초과하여 손실이 발생할 가능성이 있는 금융투자상품은 파생상품으로 분류한다. 간접투자상품은 금융상품 중 증권의 한 가지로 포함된다.

2. 집합투자기구의 운용구조 및 이해관계자

(1) 투자신탁형 집합투자기구의 구조

투자신탁형 집합투자기구의 관계인은 불특정 다수의 고객으로부터 모은 자금으로 조성된 투자신탁을 투자자를 대신해 유가증권에 투자·운용하는 자산운용회사를 포함한 집합투자업자와 자산운용회사의 지시에 따라 유가증권의 매매에 따른 대금 및 증권의 결재, 유가증권의 보관·관리를 담당하는 수탁회사, 판매업무 등을 수행하는 판매회사 그리고 투자자로 구분할 수 있다.

1) 집합투자업자(자산운용회사, 은행, 보험회사 등)

- 집합투자재산의 운용 및 운용지시
- 수익증권을 발행하고 수익증권 원부를 관리
- 수익증권 환매 및 신탁재산을 평가하여 기준가격 결정

2) 신탁업자(은행)

- 투자신탁재산 운용 및 운용지시의 이행
- 투자신탁재산의 보관 · 관리
- 집합투자업자의 투자신탁재산 운용지시 등에 대한 감사와 감독

3) 판매회사(은행, 증권사, 보험회사 등)

- 집합투자신탁의 판매 및 환매와 관련된 업무수행
- 투자설명서 및 자산운용보고서의 교부
- 이익금 및 상환금의 지급업무 수행
- 잔고증명서, 거래명세서 교부 및 집합투자신탁 관련 제 신고 접수 · 처리

(2) 투자회사형 집합투자기구의 구조

투자회사형 집합투자기구의 관계인은 자산운용회사 등이 발기인이 되어 설립한 투자회사, 투자회사로부터 집합투자재산의 운용을 위탁받은 자산운용회사, 투자회사의 투자신탁재산을 보관 · 관리하는 자산보관회사, 운영업무를 수행하는 일반사무관리회사, 판매업무를 대행하는 판매회사 그리고 투자회사의 주주가 되는 투자자로 구분될 수 있다.

1) 투자회사 : 발기인이 모여 설립

- 상법상 주식회사인 투자회사는 최소자본금 10억원 이상
- 이사회와 주주총회를 갖추어야 한다.

2) 집합투자업자(자산운용회사)

- 투자회사의 법인이사로 투자회사의 주요 업무를 집행
- 투자회사의 위탁을 받아 투자회사의 재산을 운용하고 이를 평가

3) 자산보관회사(신탁업자, 은행)

- 투자회사재산의 운용에 따른 결재 등의 이행 및 관리
- 투자회사의 재산의 운용에 대한 감시

4) 일반사무관리회사

- 투자회사의 위탁을 받아 투자회사 재산의 계산 및 일반사무업무를 처리

5) 판매회사(투자매매 · 중개회사)

- 투자회사의 위탁을 받아 투자회사 주식의 판매 및 환매업무를 수행

3. 집합투자기구(펀드)의 종류

(1) 일반적인 형태의 집합투자기구

집합투자기구의 주요 투자대상(집합투자기구 자산의 50% 초과 투자자산)을 기준으로 증권집합투자기구, 부동산집합투자기구, 특별자산 집합투자기구, 단기금융투자집합기구(MMF)로 구분하고 있다. 혼합자산집합투자기구의 경우 운용관련 증권, 부동산, 특별자산의 최저투자비율의 적용을 받지 않는다.

표 7-3 | 일반적인 형태의 집합투자기구의 종류 및 투자대상

투자대상	증권 집합투자기구	부동산 집합투자기구	특별자산 집합투자기구	MMF	혼합자산 집합투자기구
증권	○	○	○	○	○
파생상품	○	○	○	×	○
부동산	○	○	○	×	○
실물자산	○	○	○	×	○
특별자산	○	○	○	×	○

※ ○ : 투자가능, × : 투자불가능

(2) 특수한 형태의 집합투자기구

1) 환매금지형 집합투자기구(펀드)

환매금지형 집합투자기구란 투자자가 펀드에 투자한 이후 만기 또는 존속기간까지 환매청구를 할 수 없는 펀드를 말하며, '폐쇄형펀드' 라고도 한다.

2) 종류형 집합투자기구(펀드)

종류형 집합투자기구란 투자자별로 판매보수 또는 수수료 등을 차등 적용하여, 동일펀드 내에 기준가격이 상이한 여러 종류의 집합투자증권이 존재하는 형태를 말한다.

3) 전환형 집합투자기구(펀드)

전환형 펀드란 공통으로 적용되는 집합투자규약에 의하여 서로 다른 여러 종류의 펀드상품으로 전환할 수 있는 권리가 투자자에게 부여된 펀드로서 2개의 펀드 간에 전환이 가능한 구조를 카멜레온펀드(chameleon fund)라고 하고, 3개 이상의 펀드 간에 자유로운 전환이 가능한 구조를 엄부렐러펀드(umbrella fund)라고 한다. 목표수익률을 달성한 주식형 펀드를 채권형 펀드로 전활할 수 있는 옵션을 주는 경우가 대표적인 전환형 펀드라 할 수 있다.

4) 모자형 집합투자기구(펀드)

모자형 집합투자기구란 모(母)펀드와 자(子)펀드를 설정하고, 자펀드는 모펀드의 집합투자증권을 취득하는 형태의 집합투자상품이다. 투자자는 자(子)펀드에 가입하고, 자펀드는 자펀드의 재산을 모(母)펀드의 집합투자증권에 투자하며, 모펀드가 펀드재산을 직접 운용하는 형태를 가지는데, 투자자가 기업하는 펀드는 모펀드가 아닌 자펀드이다.

5) 상장지수 집합투자기구(펀드)

상장지수펀드(집합투자기구)는 특정 지수와 연동되는 수익률을 얻을 수 있도록 설계된 집합투자상품으로, 증권집합투자기구의 인덱스펀드와 유사한 성격을 지니고 있다. 하지만 상장지수펀드는 거래소에 상장하여, 주식처럼 매매된다는 점에서 인덱스펀드와 차이가 있다.

4. 펀드의 환매

(1) 펀드환매의 정의

펀드환매(redemption)란 집합투자증권을 매입한 투자자가 펀드의 순자산가치대로 자신의 집합투자증권 전액(전액환매) 또는 일부금액(일부환매)을 회수하는 것이다. 환매청구를 받은 투자매매업자나 투자중개업자는 집합투자업자나 투자회사 등에 즉시 환매에 응할 것을 요구해야 한다. 판매회사로부터 환매를 청구받은 집합투자업자나 투자회사는 환매청구일로부터 15일 이내에 펀드의 정관이나 약관에서 정한 환매일에 환매대금을 지급해야 한다.

그러나 집합투자기구 자산총액이 10%를 초과하여 시장성이 없는 자산에 투자하는 경우와 집합투자기구 자산총액의 50%를 초과하여 외화자산에 투자하는 경우에는 환매기간을 15일을 초과하여 정할 수 있다.

(2) 환매시 기준가 적용기준

투자자에게 돌려주는 환매가격은 환매청구일 후에 계산되는 기준가격으로 해야 하며 이를 미래가격[01]으로 환매하는 원칙이라 한다. 환매청구일 이후에 산정되는 기준가격은 환매청구일 다음날인 제2영업일로 하며, 펀드의 정관이나 약관에서 정한 시간(오후 3시) 이후에 환매를 청구한 경우 제3영업일 이후에 공고되는 기준가격으로 한다.

01 미래가격(forward pricing)이란 판매회사가 투자자를 대상으로 집합투자증권을 판매(환매)하는 경우 그 판매(환매)가격은 투자자가 집합투자증권의 취득을 위하여 자금 등을 납입(환매청구)한 후 최초로 산출되는 기준가격으로 정함으로써, 현재의 펀드 순자산가치와 판매가격 간의 불일치를 이용하는 불공정 행위의 가능성을 제거하는 가격방식이다.

표 7-4 | 환매시 기준가 적용기준

구분		T일 (당일)	T일+1일 (2일차)	T일+2일 (3일차)	T일+3일 (4일차)	T일+4일 (5일차)
주식 50% 이상펀드	3시 이전	환매청구	기준가적용		환매금지급	
	3시 이후	환매청구		기준가적용	환매금지급	
주식 50% 미만 펀드	5시 이전	환매청구		기준가적용	환매금지급	
	5시 이후	환매청구			기준가적용	환매금지급
채권형 펀드	5시 이전	환매청구		기준가적용 환매금지급		
	5시 이후	환매청구			기준가적용 환매금지급	
MMF	5시 이전	환매청구	기준가적용 환매금지급			
	5시 이후	환매청구		기준가적용 환매금지급		

(3) 환매수수료

환매수수료는 환매를 청구한 투자자가 부담하며 이를 펀드 재산에 귀속시킨다. 환매수수료 중 해지수수료는 지나치게 일찍 펀드에서 자금을 찾아가는 투자자로 인해 남아 있는 투자자에게 미치는 부정적인 영향을 완화하기 위해 부과하는 벌칙성 부과금 성격으로 펀드자산에 유보하게 된다.

5. 펀드의 비용

(1) 펀드비용의 종류

펀드에는 각종 보수와 비용이 소요된다. 펀드 운용에 중요한 역할을 담당하는 관계자들에게 지급하는 신탁보수로 집합투자업자의 운용보수, 판매회사의 판매보수, 수탁회사의 수탁자보수로 구분된다. 여러 비용 중에서 가장 큰 비중을 차지하는 것이 신탁보수이다. 유가증권의 매매수수료, 신탁재산의 운용 등에 소요되는 비용은 기타비용으로 구분한다.

(2) 판매보수와 판매수수료의 차이점

판매보수와 수수료는 집합투자증권(펀드)의 판매의 대가 또는 투자자에게 지속적으로 제공하는 용역의 대가로서 취득한다는 점에서 동일하나 취득방식이나 취득기준 그리고 부담주체 등 여러 가지 면에서 서로 상이한 기준을 가지고 있다.

표 7-5 | 판매수수료와 판매보수의 비교

구분	판매수수료	판매보수
취득근거	집합투자증권의 판매대가	투자자에게 지속적으로 제공하는 용역의 대가
취득방식	투자자로부턱 직접 취득	집합투자기구로부터 취득
취득기준	판매금액(환매금액)×수수료율	집합투자재산 연평균가액×보수율
부담방법	판매 또는 환매시(1회)	펀드환매시(지속적)
기준가격에 영향	기준가격에 영향을 미치지 않음	기준가격에 영향을 미침

Chapter 8

보험과 부동산

제1절 위험의 개념과 관리기법
제2절 보험의 개념과 분류
제3절 생명보험과 손해보험
제4절 부동산의 개념과 이해
제5절 부동산의 권리와 거래

제1절 | 위험의 개념과 관리기법

위험이라는 단어에는 위험을 가지고 있거나 위험이 크다는 두 가지 의미를 내포하고 있다. 따라서 위험의 개념을 정확히 파악하기 위해서는 위험에 대한 정의와 위험에 대한 측정방법을 이해하여야 한다.

1. 위험의 정의와 측정

(1) 위험의 정의

우리가 사는 세상에는 많은 위험이 존재하지만 대부분의 사람들은 이 위험을 인식하지 못하고 살아가고 있다. 어떤 사람들은 사고에 의해, 어떤 사람들은 질병에 의해, 또는 화재 등 수많은 위험에 노출되어 있다. 이러한 일반적인 위험 외에 태풍이나 홍수 등 자연재해와 금융상품에 투자하여 발생하는 손실 등 우리가 인식하지 못하는 사이 우리 일상생활은 위험에 직접 또는 간접적으로 노출되어 있다. 이렇듯 자연스럽게 우리가 경험하는 것이 위험이다. 위험은 우리에게 불안감을 가져다주는 요소로 손실가능성과 불확실성으로 요약할 수 있다.

일상생활에서 위험은 부정적인 것으로만 인식되고 있는 데 반하여 경영학적인 측면, 특히 재무관리 측면에서는 위험이 클수록 수익률이 높다는 것을 의미하기도 한다. 즉, 투자를 결정함에 있어 위험을 미래수익의 불확실성 또는 변동성으로 사용하기도 한다. 이와 같은 투자활동으로 인한 어떤 수익을 획득하고자 할 때 미래수익에 대한 불확실성을 위험으로 간주하며 이것은 투자에 따른 손실뿐만 아니라 투자안에 대한 불확실성까지 위험에 포함시키는 보다 넓은 의미의 위험이라 할 수 있다. 이렇듯 현실세계에서 다양하게 사용되고 있는 위험을 회피할 수 있는 선택의 대안이 보험이다. 보험(insurance)은 위험에 대한 보호 또는 보장으로 해석할 수 있는데 이에 따라 보험과 위험은 불가분의 관계를 갖고 있다.

이상과 같이 위험에는 다음과 같은 두 가지 공통요소를 포함하고 있다. 첫째, 결과가 예측불가능하여야 한다. 즉 위험을 가지고 있는 것은 적어도 두 가지 이상의 결과가 있어 그 결과를 예측할 수 없어야 한다. 이와는 반대로 손실이 일어날 것을 확실히 알고 있다면 위험은 존재하지 않는다고 말할 수 있다. 둘째, 위험은 가능한 결과 중 최소한 하나가 손실이 발생하여야 한다. 주식에 투자하는 투자자의 경우 주가상승 또는 배당 등 이익을 얻기 위해 투자를 하지만 투자에 따른 결과는 투자자의 예측과는 반대로 손실을 볼 수도 있다. 이처럼 주식투자는 손실이 발생할 수 있기 때문에 위험을 가지고 있다고 할 수 있다.

(2) 위험의 측정

일반적으로 위험과 관련하여 위험하다 또는 위험하지 않다와 같이 위험을 인식하고 있다. 이처럼 우리는 위험에 민감하게 반응을 하는데 그렇다면 위험을 어떻게 측정할 수 있는 것일까? 여러 가지 방법으로 위험을 측정할 수 있겠지만 다음과 같이 두 가지 방법으로 위험을 측정할 수 있을 것이다.

첫째, 손실발생가능성이다. 즉 손해빈도(frequency of loss)가 높은 것은 위험하다고 할 수 있을 것이고 손해빈도가 낮은 것은 덜 위험하다고 말할 수 있을 것이다. 예를 들어 주식에 투자하는 경우는 손실발생가능성이 존재하여 위험하다고 할 수 있고, 은행에 예금하는 것은 손실발생가능성이 낮아 덜 위험하다고 할 수 있을 것이다.

둘째, 잠재적 손실규모이다. 만일 손실발생가능성이 같은 경우 손해강도(severity of loss)가 크면 위험하다고 말하고 손해강도가 작으면 덜 위험하다고 할 수 있다. 예를 들어 자동차사고의 경우 사고발생확률이 동일하다고 하면 국산차보다 외제차를 운행하는 사람이 잠재적 손실

규모가 크기 때문에 더 위험하다고 할 수 있고 이에 따라 외제차 사용자가 보험료를 더 부담하게 된다.

2. 위험의 확장

일반적으로 우리가 알고 있는 위험 외에 위험과 비슷한 개념으로 손인(peril)과 위태(hazard)가 있다. 위험을 정확히 평가하기 위하여 손인과 위태의 정확한 개념을 파악해야 한다.

(1) 손인

손인은 손실의 원인으로 정의할 수 있는데 예를 들면 질병, 상해, 화재, 태풍 등이 이에 해당한다. 이러한 손인의 발생으로 소득 및 자산의 손실의 원인이 된다.

(2) 위태

위태는 손인에서 손실발생 정도를 증가시키거나 감소시키는 것을 말한다. 예를 들어 보험에 가입을 하는 목적이 미래에 대한 대비가 아니라 보험금을 수령할 목적으로 보험을 가입하는 경우를 위태라 할 수 있다.

3. 위험관리방법

위험관리는 보유하고 있는 자산가치를 보존하는 데 의의를 둘 수 있다. 이는 경제활동을 통해 자산을 증가시키는 것도 중요하지만 예상하지 못한 손해로 인한 자산가치 감소의 기회를 줄이는 것이 경제적 가치를 유지하는 방법이기 때문이다.

위험을 관리하는 방법에는 위험통제기법, 손해통제기법, 그리고 위험재무기법이 있다.

(1) 위험통제기법

위험 자체를 통제하여 위험으로부터 야기되는 영향을 최소화 시키는 방법으로 위험회피와 위험보유가 있다.

1) 위험회피

위험회피는 새로운 위험이 발생하지 않게 하거나 기존의 위험을 전가하기 위해 이루어지는 위험통제기법이다. 예를 들면 경영상태가 부실하여 부도위험에 처해 있는 기업의 주식을 사지 않는 것을 들 수 있다. 또한 새로운 사업을 시작할 때 시장에서 퇴출되는 업종은 피하는 방법 등이 있다.

위험회피는 매우 유용한 위험통제기법이지만 모든 위험을 회피한다는 것은 불가능할 뿐만 아니라 위험회피 자체가 불가능할 수 있다. 예를 들어 암에 걸릴 수 있는 경우를 없애기 위해 몸속의 장기를 떼어낼 수 없기 때문이다.

2) 위험보유

위험보유는 두 가지로 나누어 볼 수 있다. 위험의 존재를 인식하지 못하고 위험을 보유하는 경우와 위험의 존재를 인식하였는데 회피하는 것이 바람직하지 않아 위험을 보유하는 경우이다. 이 중 전자의 경우는 손해가 발생할 가능성이 높고 손해의 규모 또한 크게 일어날 가능성이 있어 위험보유자에게 심각한 영향을 미칠 수 있다.

(2) 손해통제기법

위험을 인지하였지만 위험통제를 할 수 없는 경우 위험의 영향을 최소화하기 위해 사용하는 방법으로 손해빈도통제와 손해강도통제가 있다.

1) 손해빈도통제

손해빈도통제는 보유한 위험이 발생하는 빈도를 낮추는 손해통제기법이다. 공사장에서 추락위험 등 사고가 자주 발생하는 경우 직원들에 대한 안전교육 실시로 사고빈도를 낮추는 경우이다. 즉 위험예방이라 할 수 있다.

2) 손해강도통제

손해강도통제는 손해가 발생했을 경우 손해의 규모를 줄이는 손해통제기법이다. 주식에 투자를 하는 경우 손실폭을 미리 정하여 일정수준 이상의 손해가 발생하면 환매를 통해 그 손해를 줄이는 것이 좋은 예라 할 수 있다.

(3) 위험재무기법

위험의 악영향으로 손실이 발생한 경우 이를 복구하기 위하여 자금이 필요하게 된다. 즉 손해복구에 필요한 자금을 조달하는 것을 의미한다. 위험재무기법으로는 자금조달의 방법에 따라 자체조달방법과 외부조달방법이 있다.

1) 자체조달방법

자체조달방법은 손해복구에 필요한 자금을 복구자 스스로가 조달하는 위험재무기법으로 위험적립금 활용이나 경상비의 활용, 자가보험 등을 들 수 있다. 이와 같은 방법들은 손해규모가 적거나 손해빈도가 적을 경우에 유리하지만 손해규모가 크거나 손해빈도가 높을 경우에는 손해복구가 어렵다는 단점을 가지고 있다.

2) 외부조달방법

외부조달방법은 손해복구에 필요한 자금을 외부에서 조달하는 위험재무기법으로 차입과 보험이 있다. 차입은 외부로부터 단순히 자금을 빌려오는 것을 말하고 일반적으로 보험이 대표적인 외부조달방법이라 할 수 있다.

4. 위험관리기법의 활용

위험은 손해빈도와 손해강도를 기준으로 측정할 수 있다. 손해빈도와 손해강도에 따라 어떤 위험은 위험보유가 적절하고 어떤 위험은 위험이전이 적절할 수 있다. 또는 위험이전보다는 위험회피나 위험축소가 적합할 수 있다.

손해빈도와 손해강도를 기준으로 손해빈도와 손해강도가 모두 큰 위험은 위험을 이전할 경우 경우 보험료 등 비용이 높아지기 때문에 위험을 회피하는 관리방법을 사용한다. 이에 반해 손해빈도는 적으나 손해강도가 큰 위험은 손실이 발생하면 손해복구가 자력으로 불가능하기 때문에 보험을 통해 위험을 관리한다.

또한 손해강도는 적은 데 반해 손해빈도가 높은 위험은 위험을 이전할 경우 빈도에 따라 비용이 증가하기 때문에 위험회피기법을 통해 위험을 관리한다. 마지막으로 손해빈도가 적고 손해강도도 적은 위험은 자주 발생하지 않고 발생하더라도 손실 규모가 작기 때문에 위험을 보유하여 위험을 관리하게 된다. 이를 요약하면 다음과 같다.

표 8-1 | 손해유형별 위험관리방법

<table>
<tr><th colspan="2" rowspan="2">구분</th><th colspan="2">발생빈도</th></tr>
<tr><th>높다</th><th>낮다</th></tr>
<tr><td rowspan="4">손실 규모</td><td rowspan="2">크다</td><td>위험회피</td><td rowspan="2">위험이전(보험)</td></tr>
<tr><td>위험축소</td></tr>
<tr><td rowspan="2">적다</td><td>위험보유</td><td rowspan="2">위험보유</td></tr>
<tr><td>위험축소</td></tr>
</table>

제2절 | 보험의 개념과 분류

보험은 일상생활의 대표적 위험관리기법으로 매우 중요한 역할을 담당하고 있다. 보험에 대한 개념을 정리하고 보험이 가지는 특성과 일반적으로 분류되는 보험인 손해보험과 인보험에 대하여 알아보고자 한다.

1. 보험의 정의

보험은 위험을 타인에게 이전하는 대표적인 방법으로 위험을 전이하는 자가 위험에 상응하는 보험료를 지급하고 위험을 수용한 자는 위험을 전이한 자에게 손해가 발생했을 경우 보험금을 지급하는 계약을 체결함으로 성립하게 된다. 보험이 성립하기 위해서는 동질적이고 독립적인 위험에 직면한 다수의 사람들이 존재하여야 한다는 것이다. 대표적인 예가 자동차보험이다. 자동차보험은 자동차를 소유한 다수의 사람들이 동질적인 위험에 직면하기 때문에 보험계약이 성립하게 된다. 이를 대수의 법칙이라고 한다.

2. 보험의 기본적 특징

보험은 앞서 살펴보았듯이 다음과 같은 여러 가지 특징을 가지고 있다.

(1) 우연한 사고

보험은 우연한 사고에 대해 보험금을 지급한다. 우연하다는 것은 사고의 원인이 위험에 직면한 자(피보험자)가 예측할 수 없는 상태를 의미한다. 이러한 우연성은 고의와 반대되는 개념으로 설명할 수 있다. 위험에 따른 사고가 상대방이 존재하는 경우 쌍방이 아닌 한쪽에서 우연한 사고이면 보험이 성립하게 된다. 예를 들면 자동차사고가 발생했을 경우 한쪽은 보험금을 탈 목적으로 사고를 냈지만 다른 한쪽은 그러한 사실이 없을 경우 보험이 성립하게 된다는 것이다. 또한 사람은 누구나 사망하게 된다는 필연성을 가지고 있으나 그 발생시기에 우연성이 있기 때문에 보험의 대상이 될 수 있지만 자살의 경우에는 고의성이 내포되어 있어 대부분 보험금을 지급하지 않는 경우이다.

(2) 위험의 이전

위험의 이전은 보험의 필수요건이다. 보험이 가지는 특성이 위험에 직면한 자가 위험을 관리할 목적으로 보험을 선택하기 때문이다. 위험이전은 보험계약자가 위험을 전이하는 대가로 보험료를 지급함으로써 미래의 우연한 사고에 발생하는 재산적 손해를 충당하는 위험관리기법이다.

(3) 위험의 결합

위험의 결합은 특정의 사람에게 발생된 손실을 보험자(보험회사)가 각 위험을 인수하여 전체로 분산시키는 것을 말한다. 이 손실의 인수과정을 통하여 개별적으로 발생되는 손실은 평균적 손실의 형태로 전환된다. 즉 개별의 위험을 전체로 합산하여 평균위험으로 감소시키는 위험분산효과라 할 수 있다. 이것은 주식을 투자함에 있어 어느 한 종목에 집중 투자하는 것이 아니라 투자위험을 줄이기 위해 여러 종목에 분산투자하는 포트폴리오 개념으로 생각할 수 있다.

(4) 손실보상

보험의 대표적 특성 중 하나가 손실보상이다. 손실보상이란 위험으로부터 야기된 손실을 사고발생 이전의 상태로 되돌려놓는 것을 의미한다. 만약 자동차사고가 발생했다고 하면 자동차보험을 통해 사고로 파손된 부분을 수리하여 원래의 상태로 되돌려 놓는 것이라 할 수 있다.

3. 보험의 기본원리

보험은 대수의 법칙을 기준으로 성립한다. 이외에 보험은 수지상등의 원칙, 급부 · 반대급부균등의 원칙, 이득금지의 원칙이 적용된다.

대수의 법칙이란 관찰의 수가 많아지면 대단히 일어나기 어려워 보이는 현상이 일어날 수 있거나 혹은 더 이상 일어나기 어려운 것이 아니라는 것이다. 즉 동일한 위험을 가진 보험가입자의 수가 많아지면 사고로 야기되는 손실을 예측할 수 있다는 것이다.

(1) 대수의 법칙

대수의 법칙이란 관찰의 수가 많아지면 대단히 일어나기 어려워 보이는 현상이 일어날 수 있거나 혹은 더 이상 일어나기 어려운 것이 아니라는 것이다. 즉 동일한 위험을 가진 보험가입자의 수가 많아지면 사고로 야기되는 손실을 예측할 수 있다는 것이다.

다시 말하면 개개인의 입장에서 보면 우연한 사고일지라도 이를 단체로 보면 일정한 확률로 나타나게 된다는 것이다. 동전을 수없이 많이 던진다면 앞면이 나올 확률은 $\frac{1}{2}$이라는 것과 동일하게 생각할 수 있다.

(2) 수지상등의 원칙

수지상등의 원칙은 보험가입자(계약자)로부터 받은 순보험료 총액이 보험사고로 지급하는 보험금 총액과 같다는 원칙이다. 보험가입자가 납입하는 보험료는 해당 보험이 부보(담보)하고자 하는 위험의 발생가능성과 지급될 보험금액을 곱한 값인 보험보상의 평균금액이어야 한다는 것이다. 수지상등의 원칙은 보험료가 너무 비쌀 경우 보험이 형성되지 않을 것이고, 보험료가 너무 쌀 경우에도 보험이 형성되지 않기 때문이다.

(3) 급부 · 반대급부균등의 원칙

급부 · 반대급부균등의 원칙은 수지상등의 원칙과 비슷한 개념으로 개개인의 보험료 부담은 그 위험에 대응하여 공평해야 되며, 보험료를 산정하는 입장에서도 공평성의 원칙에 입각하여야 한다는 것이다. 예를 들면 자동차보험의 경우 사고를 많이 낸 사람은 보험료가 할증되고 사고를 내지 않은 사람은 보험료가 할인되는 것과 같은 이유이다. 급부 · 반대급부균등의 원칙은 개별 보험계약별로 그 위험수준의 차이에 따라 보험요율을 차별화할 수 있도록 뒷받침하는 원리이다.

4. 보험의 분류

보험에 대한 분류는 계속해서 발전해 왔다. 우리나라 상법은 보험을 손해보험과 인보험으로 분류한다. 일반적으로 분류되는 보험은 다음과 같다.

(1) 인보험과 물보험

보험은 위험에 노출되는 대상에 따라 인보험과 물보험으로 구분된다. 위험에 노출되는 대상인 보험의 목적이 사람이면 인보험으로 분류하고, 위험에 노출되는 대상이 물건이면 물보험으로 분류된다.

인보험은 사람의 생명과 관계되는 생명보험, 건강과 관련된 건강보험, 상해와 관련된 장해보험, 실업과 관련된 실업보험으로 나누어진다. 물보험은 대표적인 자동차보험, 주택 및 건물 등의 화재와 관련한 화재보험, 선박운송과 관련된 해상보험, 의무보험인 책임보험으로 나누어진다. 일반적 상식으로 생각하면 인보험은 생명보험이고 물보험은 손해보험으로 인식되어지고 있다.

(2) 공영보험과 민영보험

보험은 보험사업을 운영하는 주체에 따라 민영보험과 공영보험으로 나누어진다. 공영보험은 운영주체가 정부, 공공단체 등 공공의 성격을 가진 자가 운영하는 보험이다. 민영보험은 운영주체가 개인, 주식회사, 상호회사 등 민간의 성격을 가진 자가 운영하는 보험이다. 공영보험이나 민영보험 모두 계약자로부터 보험료를 받아 운영을 하지만 두 보험의 가장 큰 차이점은 영리를 목적으로 운영이 되는지의 여부인데 영리를 목적으로 운영하는 보험이 민영보험이다. 국가에서 운영하는 고용보험이 공영보험에 해당하고 생명보험사나 손해보험사에서 운영하는 보험이 민영보험에 해당한다.

(3) 원보험과 재보험

보험은 보험계약자의 유형에 따라 원보험과 재보험으로 나누어진다. 일반 개인이나 기업이 보험계약자로 보험을 가입하는 것이 원보험이고, 보험회사(보험자)가 보험계약자로 보험을 가입하는 것이 재보험이다. 재보험은 개인이나 기업으로부터 보험가입을 받은 보험회사가 위험을 분산하기 위하여 또 다른 보험회사에 보험을 가입하는 것이다. 선박보험이나 항공기보험의 경우 사고가 발생하면 보험회사는 보험금지급에 막대한 자금이 필요하기 때문에 이를 준비하기 위함이다.

제3절 | 생명보험과 손해보험

1. 생명보험의 의의

보험은 위험에 노출되는 대상에 따라 인보험과 물보험으로 나누어진다. 위험의 대상이 신체인 경우 인보험인 생명보험에 가입을 하게 된다. 생명보험은 계약자가 보험료를 납부하고 보험회사는 납부된 보험료를 근거로 하여 계약에 명시된 위험에 대하여 손해가 발생했을 경우 보험금을 지급하는 보험계약이다.

(1) 예정위험률

보험료를 산정함에 있어 가장 기초가 되는 것이 예정위험률이다. 위험률이란 위험이 현실화되어 실제로 일어날 확률로 보험회사는 이 위험률을 토대로 위험에 비례하여 보험료를 산정하게 된다. 위험률 산정시 고려되는 요소로는 사망률과 건강관련 위험률이 있다. 우리나라는 2006년에 개정된 제5회 경험생명표의 사망률을 사용하고 있다. 건강관련 위험률은 과거병력, 질병 정도 등을 고려하여 다양하게 산출되고 있다. 이와 같이 위험을 고려하여 보험료 산정에 필요한 위험률을 예정위험률이라 한다.

(2) 예정이자율

예정이자율은 생명보험이 가지는 특성을 고려한 보험료 구성기준이다. 생명보험은 다른 보험보다 보험가입기간이 길기 때문에 보험료 납입시점과 보험금 지급시점에 시차가 발생하게 된다. 이 시차를 조정하기 위하여 필요한 방법이 이자율이다. 보험회사는 보험금을 받아 미리 정한 이율에 따라 운용을 하여 보험금으로 지급하게 된다. 보험계약자에게는 보험기간 동안에 발생한 운용수익을 현재가치로 환산하여 보험료계산시 할인하는 방법으로 돌려받게 된다. 이처럼 이자율이 사전에 예측되기 때문에 보험료 산정에 필요한 이율을 예정이율이라고 한다.

(3) 예정사업비율

보험사업을 영위하는 보험회사는 이익추구뿐만 아니라 회사를 운영하는 데 다양한 경비가 필요하게 된다. 예를 들면 모집인 수당, 내근직원 급여, 계약유지에 필요한 기타비용 등 많은 비용이 필요하다. 이와 같은 사업운영에 필요한 경비를 각 보험에 부과할 때 적용하는 비율을 예정사업비율이라 한다. 사업비 또한 보험료 납입시점과 보험금 지급시점의 시차에서 발생하는 문제를 보험계약시 적용하기 때문에 예정사업비율이라고 한다.

2. 생명보험의 특징

(1) 수지상등의 원칙

수지상등의 원칙은 보험료를 산정하는 데 있어 매우 중요한 원칙이다. 이 원칙은 보험료를 산정하는데 보험계약자가 납입하는 보험료와 보험회사가 지불하는 보험금이 같아야 된다는 것이다. 보험료가 과다하게 계산되어 진다면 보험가입자가 손해를 보게 되고 보험금이 과다하게 지급된다면 보험회사가 손해를 보기 때문이다. 따라서 보험료 산정에 고려되는 예정위험률, 예정이자율, 예정사업비율을 이용하여 보험회사 수입인 보험료와 보험회사 지출인 보험금이 같아지도록 하여야 한다는 것이다. 유의해야 할 것은 지출금액이 같아야 된다는 것이 아니라 시차를 고려하여 이들의 현재가치(present value)가 같아야 된다는 것이다.

(2) 책임준비금

생명보험은 보험기간이 길기 때문에 보험료 납입시점과 보험금 지급시점에 차이가 발생하게 된다. 따라서 생명보험회사는 보험계약자가 납입한 보험료를 기초로 하여 보험금 지급의무를 이행하여야 한다. 이와 같은 의무를 이행하기 위해 의무적으로 준비해야 하는 것을 책임준비금이라고 한다. 즉 보험회사가 보험금 지급의무를 수행하기 위하여 확보해야 하는 기금을 책임준비금이라고 한다. 책임준비금은 보험금지급 외에 계약자배당금 등 다양한 형태로 적립된다.

(3) 생명보험의 대상

생명보험은 보험가입자의 신체를 보험의 목적으로 하고 있다. 따라서 신체와 관련하여 사망시에 지급하는 사망보험, 사망시 또는 만기에 생존시 지급하는 생사혼합보험, 질병과 관련이 있는 건강보험 등으로 분류되어진다.

3. 손해보험의 의의

손해보험은 보험사고가 주로 고객의 재산에 발생하는 사고에 대해 보상을 하는 보험이다. 이는 생명보험이 고객의 신체에 대해 보상하는 것과 구별되는 특징 중 하나이다. 또한 손해보험은 급격하고 우연한 사고에 대해서만 보상을 하는 특징을 가지고 있다. 급격하고 우연한 사고란 사고발생과 사고규모 등 사고원인이 불확실하다는 것을 의미한다. 이러한 특징 때문에 보험이 가지는 대수의 법칙이 적용되기 어려워 실제 발생한 손해를 보상하는 이득금지의 원칙이 적용된다. 손해보험의 대표적인 예가 자동차보험이라 할 수 있다.

4. 손해보험의 특징

손해보험은 우연한 사고로 재산에 발생한 손해에 대해 보상을 하는 것으로 물보험의 성격을 가지고 있다. 손해보험이 가지는 대표적 특징은 실손보상이다. 실손보상은 손해가 발생한 부분만을 보상한다는 것이다. 손해보험은 일상생활 중 발생하는 급격하고 우연한 손해만을 보상하기 때문에 다음과 같은 특징을 가지고 있다.

(1) 위험의 분담

보험가입의 목적은 위험을 가진 자가 위험에 대한 손해를 줄이기 위해 선택하는 위험관리방법이다. 손해보험 역시 보험이 가지는 기본원리가 적용된다. 즉 동일한 위험을 무수히 많은 사람이 보험료를 분담하여 보험사고로 발생한 손해를 감당하는 위험분담의 원리가 적용된다.

(2) 수지상등의 원칙

수지상등의 원칙은 보험료를 산정하는 데 보험계약자가 납입하는 보험료와 보험회사가 지불하는 보험금이 같아야 된다는 것이다. 이것은 보험회사의 수입보험료와 지급보험금이 같아야 한다는 것인데 보험가입자의 입장에서 보면 가입자가 부담하는 지급보험료와 지급받는 보험금이 같아야 한다는 것이다. 이를 급부 · 반대급부균등의 원칙이라고도 한다.

(3) 실손보상의 원칙

실손보상의 원칙은 손해보험의 목적이 급격하고 우연한 사고로 발생한 손실에 대한 보상에 목적을 두고 있기 때문에 실제 발생한 손해만을 보상하고 그 외의 것은 보상하지 아니하는 것을 의미한다. 예를 들어 자동차사고가 발생하여 앞부분이 파손되면 파손된 부위를 보상하고 그 외에 다른 부분은 보상하지 아니하는 것이다. 이를 이득금지의 원칙이라고도 한다.

(4) 손해보험의 대상

손해보험은 보험가입자의 재산을 보험의 목적으로 하고 있다. 따라서 자동차사고에 대비한 자동차보험, 주택 및 건물 등의 화재와 관련한 화재보험, 선박운송과 관련된 해상보험, 의무보험인 책임보험 등으로 분류되어진다.

5. 기타 공영보험

지금까지 설명된 보험 외에 공영보험이 있다. 공영보험을 살펴보면 국민건강보험, 산업재해보상보험, 고용보험이 있다.

(1) 국민건강보험

국민건강보험은 국민의 질병과 부상에 대한 예방, 진단, 치료, 재활과 출산 · 사망 및 건강증진에 대한 보험급여를 실시함으로써 국민보건을 향상시키고 사회보장을 증진시키는 보험이다. 국민건강보험은 질병, 부상 등으로 인한 추가적인 가계지출로 가계가 파탄되는 것을 방지하기 위해 보험의 원리를 이용하여 의료비지출 부담을 전국민에게 분담시켜 국민생활의 안정을 도모하고 국민의 의료서비스 접근을 용이하게 하여 국민건강을 향상시키는 제도이다.

(2) 산업재해보상보험

산업재해보상보험(산재보험)은 근로자의 업무상 재해나 직업병에 대한 신속 · 공정한 보상과 재해근로자의 재활이나 사회복귀를 촉진하는

데 기본적인 목적이 있으며, 나아가 근로자의 재해로 인한 사용자의 책임을 보험의 원리를 이용하여 경제적으로 분산하는 효과를 가지게 된다. 산재보험은 일정한 요건을 갖추었을 경우 의무적으로 가입해야 하며 보험료는 전액 사업주가 부담하며 근로자의 업무상의 재해에 대하여 사용자에게 고의 · 과실의 유무를 묻지 않는 무과실책임주의 원칙을 적용한다.

(3) 고용보험

고용보험은 실업의 예방, 고용의 촉진 및 근로자의 직업능력 개발 · 향상을 도모하고, 국가의 직업지도 · 직업소개 기능을 강화하며, 근로자가 실업한 경우에 생활에 필요한 급여를 실시함으로써 근로자의 생활의 안정과 구직활동을 촉진하여 경제 · 사회발전에 이바지함을 목적으로 실시되는 보험이다. 1인 이상의 근로자가 있는 모든 사업주는 의무적으로 고용보험에 가입해야 하며 사업주 또는 근로자의 의사와 관계없이 자동적으로 고용보험관계가 성립한다.

제4절 | 부동산의 개념과 이해

일반적으로 부동산은 투기의 대상으로 인식되어지고 있다. 이와 같은 이유는 다른 투자상품에 비해 부동산 값의 변화가 심하기 때문일 것이다. 부동산에 대한 이해를 높여 자산가치를 높이는 것도 좋은 투자방법이라 할 수 있다. 하지만 투자에는 위험이 존재하게 된다. 부동산에 대한 이해를 높인다면 부동산 투자에 따르는 위험을 줄일 수 있을 것이다.

1. 부동산의 개념

부동산은 법에 그 정의를 명시하고 있다. 법률적 개념의 부동산은 토지 및 그 정착물(민법 제99조 제1항)로, 토지는 일정한 범위의 지면에 정당한 이익이 있는 범위 내에서 그 상하를 포함(민법 제212조)하며, 정착물은 토지에서 독립된 정착물인 건축물 등과 토지에 부합된 정착물인 도로, 교량, 담장 등으로 구분된다. 즉 부동산의 소유권과 이로부터 파생되는 여러 가지 권익을 나타내는 의미로 사용된다.

부동산의 개념을 확대하면 부동산은 협의 개념의 부동산에 등록 또는 등기되는 자동차, 중기, 항공기, 선박(20톤 이상), 입목(立木), 명인방법을 갖춘 수목의 집단 및 개개의 수목, 미분리 과실, 광업권, 어업권, 조광권, 입어권, 광업재단, 공장재단 등의 의제(擬制)부동산이 포함되며 이를 준부동산이라 하기도 한다.

부동산의 개념은 다음과 같이 요약할 수 있다.

표 8-2 | 부동산의 개념

협의의 부동산	의제(擬制) 부동산
토지 및 토지에 부착되는 건물 등	등록 및 등기가 되는 물건

2. 부동산의 특성

부동산은 전술한 바와 같이 토지와 그 정착물로 규정되어 있다. 토지는 그 자체로서의 특성을 가지고 있으며, 정착물의 대표적인 것이 건물이다. 따라서 부동산의 대표적 특성을 가지고 있는 토지와 건물의 특성에 대해 살펴보기로 한다.

(1) 토지

토지가 가지는 대표적인 특성은 부동성이다. 부동성은 토지의 위치를 이동시킬 수 없는 것을 말한다. 즉, 부동성이 동산과 부동산을 구분짓는 특성이라 할 수 있다. 또한 토지는 사용에 의해 감가가 되지 않는 성질(소모되지 아니함)을 가지고 있다. 이를 속성이 변하지 않는다는 의미로 영속성이라 한다.

토지는 임의의 작업으로 물리적인 양을 증가시킬 수 없는 특징을 가지고 있다. 이 같은 특징으로 인해 토지부족 문제가 발생하게 되고, 희소성을 지닌 투자의 대상이 된다. 이를 토지의 부증성이라고 한다. 토지는 일반상품이 가지는 일물일가(한 가지 상품에는 한 가지 가격만 존재)의 법칙이 존재하지 않는 특성을 지니고 있다. 이와 같은 이유는 완전히 동일한 특성을 가진 토지는 존재하지 않기 때문이다. 이를 토지의 개별성이라 한다.

토지가 투자대상이 되는 주요한 이유는 인간의 활동에 따라 그 가치가 변하는 특성을 가지고 있기 때문이다. 신도시가 개발되면서 농지였던 토지가 상업부지로 용도가 변경되어 토지의 가치가 변화되는 것을 알 수 있다.

(2) 건물

부동산의 대표적인 특성 중 다른 하나는 건물이다. 건물이 토지와 다른 점은 인간이 인위적으로 만든 부동산이란 점이다. 이러한 특성으로 인해 건물은 재생산이 가능하고 내용연수에 따라 감가상각(소모되는 성질)을 하여 소모된 부분에 대해 비용처리를 해야 한다는 점이다.

건물은 토지 위에 건축되어진다. 하지만 다른 생산제품보다 사용연한이 장기이고 토지 위에 구축이 되어 토지의 부가물로서 여겨지는 경우가 있지만 유지보수 등 토지가 가지고 있지 않은 성질을 가지고 있어 관리상의 문제가 노출되는 위험을 가지고 있다.

(3) 부동산에 대한 인식

우리나라는 국토의 약 64%가 산으로 구성되어 있다. 경제학적 의미로 생각하면 이용해야 할 부동산이 적어 희소성의 가치를 가지고 있다는 것이다. 이것은 부동산이 투자가치를 가지고 있어 매력 있는 투자대상으로 여겨진다는 것을 내포하고 있다. 또한 경제가 성장함에 따라 부동산 이용에 대한 수요가 증가하고 있는 추세이다.

부동산은 투자의 목적 이외에 우리 삶의 기본적 욕구를 충족시키는 역할을 담당하고 있다. 이와 같은 이유가 부동산이 매력적인 투자상품이기도 하지만, 국민의 욕구와 정부의 시각이 맞물려 아파트 공급이 늘어나 초과수요가 발생하고 종합부동산세 등과 같은 규제가 늘어나면서 미분양 아파트가 속출하는 등 예전과 같은 수익을 올릴 수 없지만 여전히 투자의 대상으로 주목 받고 있는 실정이다.

부동산이 매력적인 투자가치를 지니고 있다는 사실에 비추어 볼 때 부동산에 대한 정확한 이해를 가지는 것이 투자에 대한 위험을 줄임과 부동산이 투기가 아닌 투자의 개념으로 건전한 투자문화가 조성될 수 있을 것으로 여겨진다.

3. 주요 용어해설

부동산 관련 용어를 이해하면 부동산을 좀 더 쉽게 이해할 수 있게 된다. 이해를 돕기 위해 자주 접하게 되는 부동산 관련 용어를 아래 표에 정리하였다.

표 8-2 | 부동산의 주요 용어

주요 용어	내용
가건물	건물의 구조나 형태 및 용도를 구비하지 못한 임시적인 구조물
가구	1인 또는 2인 이상이 모여 생계를 같이 하는 단위로 가사설비를 갖춘 하나의 주택에 거주하고 있는 1인 또는 복수의 사람들
가등기	본등기를 위한 실질적 요건이 갖추어지지 않았을 경우 본등기의 순위보전을 위한 등기
가압류	채무자의 재산에 대한 강제집행을 보전하기 위하여 그 재산을 임시로 압류하는 법원의 처분
가처분	소송의 지연이나 강제집행을 면하기 위한 채무자의 재산은닉 등으로 위험에 처하고 있을 경우에 그 보전을 위하여 강제집행이 가능하게 되기까지 행하여지는 처분
강제집행	사법상 또는 행정법상의 의무를 이행하지 않는 자에 대하여 국가의 강제권력으로 그 의무의 이행을 실현하는 작용이나 절차
개발이익	정부나 지방자치단체의 개발사업 등에 의하여 토지 소유자가 자기 노력에 관계없이 지가가 상승되어 현저한 이익을 받은 때의 이익
공매	국세청에 체납된 세금을 징수하기 위하여 성업공사라는 공공기관에 의뢰하여 강제매각하는 절차
공탁	유가증권, 기타의 물품을 공탁소에 임차하는 것으로 채권소멸을 위한 변제공탁, 채권담보를 위한 담보공탁, 단순히 보관하는 보관공탁, 특수한 목적의 특수공탁이 있다.
다세대주택	연면적 660m² 이하, 4층 이하로 2세대 이상 건축할 수 있으며, 각 세대별로 방, 부엌, 화장실, 현관을 갖추어 각각 독립된 주거생활을 영위할 수 있고 각 세대별 구분 소유와 분양이 가능한 공동주택
대위변제	채권을 제3자가 변제한 후 집주인을 대위, 즉 대신 권리행사를 할 수 있으며 구상권의 실현을 확보하는 것
재개발	낡고 오래된 주택이 밀집되어 주거생활이 불편하고 도로가 좁아 재해위험 등이 있는 지역에 도로, 상하수도, 공원 등 공공시설을 설치하고 구역 내 국·공유지는 불하하여 토지의 이용도를 높이며 낡은 주택은 헐고 새로 건축하여 주거환경과 도시환경을 정비하는 사업
재건축	기존 노후 불량주택을 철거한 후 그 대지 위에 새 주택을 건립하는 것을 말한다. 재건축을 위해서는 기존주택 소유자 20인 이상이 재건축 조합을 건립해야 하고 조합이 재건축사업의 주체가 됨
유치권	타인의 물건이나 유가증권을 점유한 자가 그 물건이나 유가증권에 관하여 생긴 채권이 변제기에 있는 경우에 그 채권을 변제받을 때까지 그 물건이나 유가증권을 유치할 수 있는 권리
질권	채권자가 채권의 담보로서 채무자 또는 제3자(물상보증인)로부터 받은 담보물권

4. 부동산시장

부동산 거래시 법적인 권리사항 이외에 해당 부동산이 가지는 가치를 평가하여야 한다. 해당 부동산이 가치가 없다면 부동산 거래에 따르는 이익을 얻지 못하기 때문이다.

(1) 가격과 가치

가격이란 특정 부동산에 대한 교환의 대가로서 시장에서 매수자와 매도자 간에 실제로 지불한 금액이라 할 수 있고, 가치는 미래에 기대되는 편익을 현재가치로 환원한 값이라 할 수 있다. 일반 상품의 경우와 유사하게 부동산의 가격과 가치는 수요와 공급이라는 경제학적 원리에 의해 생성되지만 부동산이 가지는 특성을 감안하면 이외에도 수많은 변수가 가격결정에 포함된다. 예를 들면 정부의 정책이나 이자율에 따라 부동산의 가격이 변화할 수 있다. 또한 토지의 효용이나 상대적 희소성, 유효수요 등 이외에도 많은 변수들이 부동산 가격에 영향을 미치고 있다.

(2) 부동산시장

부동산시장이란 부동산에 대해 수요와 공급에 의해 가격이 결정되고 거래가 이루어지는 곳을 말한다. 따라서 수요자인 매수인과 공급자인 매도인이 존재하며 이들에 의해 부동산의 매매나 교환이 이루어지는 장소를 의미한다.

1) 부동산시장의 특성

부동산시장은 부동산만이 갖는 특성에 의해 일반 재화시장과는 다른 고유의 시장특성을 가지고 있다.

대표적인 특징은 정부규제이다. 우리나라는 국토의 부족으로 부동산이 희소성을 가지고 있다. 또한 주거의 개념을 가지고 있기 때문에 높게 형성된 가격은 국민경제에 미치는 파급효과가 크게 나타난다. 국민의 주거생활 안정과 경제발전을 위해 정부에서 부동산을 규제하게 된다.

또 다른 특성은 개별성이다. 부동산은 규격화나 표준화가 어렵다. 동일한 아파트라 하더라도 수도권과 지방은 가격의 차이를 가지고 있다. 이와 같이 부동산은 표준화된 가격을 산정할 수 없는 개별성을 가지고 있다. 부동산은 수요와 공급조절이 어려워 초과수요나 초과공급의 불균형 상태가 장기간 지속되는 특성을 가지고 있다.

2) 부동산시장의 효율성

부동산가격은 수요와 공급이 균형을 이루는 곳에서 결정된다. 부동산의 가치는 미래 기대되는 효용의 현재가치로서 미래 효용의 변경이 예상되는 경우 이러한 변화는 가치에 반영되게 된다. 그러나 부동산의 가격은 실제 거래가격으로서 부동산의 가치가 반영되지 못하는 경우가 발생하게 된다. 즉 장래 효용의 변화하는 새로운 정보가 아직 시장참여자에게 공개가 되지 않을 수 있기 때문이다.

현실의 부동산시장은 부동산 정책 및 정보가 모든 참여자에게 즉시 공평하게 전달되지 않기 때문에 준강형 효율시장으로 해석되어진다. 따라서 부동산에 투자를 할 경우에는 해당 부동산에 대한 정확한 정보의 이해를 바탕으로 투자하는 것이 부동산투자에 대한 위험을 줄이는 요소로 작용할 것이다.

3) 부동산시장의 기능

부동산시장은 새로운 건물의 신축 또는 기존건물의 유지와 수선을 통한 경제활동을 수반하여 필요한 곳에 자원을 배분하는 자원배분기능을 한다. 또한 부동산시장을 통하여 부동산이 부동산과 현금 또는 다른 부동산과 매매와 교환이 이루어지거나 소유와 임대 등의 교환이 이루어지는 교환기능을 한다.

부동산은 매매당사자인 매도자와 매수자가 부동산시장에서 직접 또는 중개업자를 통하여 매수 · 매도호가의 가격차가 조정되어 거래가격이 형성되게 된다. 이렇게 형성된 가격은 시장에 제공되면서 부동산시장 참여자들에게 올바른 의사결정이 이루어지게 하고 부동산시장의 안정과 유지에 기여하게 된다.

제5절 | 부동산의 권리와 거래

부동산의 권리는 법률관계에 의해 규율되는 권리와 의무관계로 나타나게 된다. 부동산의 권리는 부동산에 대한 재산권을 의미한다.

1. 부동산 권리의 개념

일반적으로 권리는 법률사실을 기초로 하여 법률사실을 충족시키고 이에 따라 법률효과가 발생하는 것을 의미한다. 부동산은 주로 물권적 권리와 채권적 권리가 주를 이루고 있다.

부동산에 대해 권리를 가지려면 우선 등기를 하여야 한다. 즉, 등기된 부동산에 한해 법적 효력이 존재하고 이를 통해 권리를 누릴 수 있다. 권리를 가진 자는 매매계약과 같은 채권행위를 통해 권리를 이전할 수 있다. 이것을 부동산거래라 한다.

부동산은 일반 동산에 비해 물건에 대한 권리 및 상태파악이 어렵기 때문에 해당 부동산에 대한 정확한 분석을 하여야 한다. 이와 같은 행위를 통해 부동산거래에 따르는 위험을 줄일 수 있다.

2. 부동산 권리분석

부동산 권리분석이란 부동산이 지니고 있는 권리상태를 파악하여, 분석하고 평가하는 활동으로 거래물건이 가지고 있는 사용 · 수익 · 처분에 관한 제 권리의 전부 또는 일정부분에 대해 부동산에 대한 권리 존재 여부를 판단하는 일이라 할 수 있다.

(1) 권리분석

부동산 권리에 대한 사항은 앞서 언급한 공적 서류를 통해 알 수 있다. 등기부등본에는 소유권 사항을 나타내는 갑구, 압류, 가압류, 가처분 중 채무에 관계된 사항을 나타내는 을구를 통해 부동산 권리사항을 확인할 수 있다. 또한 일정한 절차를 거쳐 획득할 수 있는 주택임차권 및 상가임차권 등이 있는데 이와 같은 사항들은 상대적 약자인 임차인을 보호하기 위한 제도로 관할세무서나 동사무소에 등록하여야 한다.

(2) 수익성분석

부동산에 대한 수익성분석은 해당 물건의 가치나 수익성을 파악하는 것을 의미한다. 권리분석을 통하여 부동산을 파악하였다 할지라도 당해 부동산이 수익가치를 가지고 있지 않다면 투자대상에서 제외되거나 유사한 부동산에 비해 거래가격이 낮게 형성될 것이다.

따라서 부동산 거래시 권리분석과 수익성 분석을 동시해 고려하여야 진정한 부동산 가치를 판단할 수 있을 것이다.

3. 부동산 물권

물권이란 해당 물건을 직접 소유하여 얻는 권리를 말하며 채권과 달리 상대방이 존재하지 않으며, 모든 사람에게 주장할 수 있는 양도가능한 재산권을 의미한다. 일반적으로 소유권, 전세권, 저당권등기 등이 물권에 해당한다.

(1) 성문법적 물권

민법에는 물권을 소유권, 점유권, 지상권, 지역권, 전세권, 질권, 유치권, 저당권으로 규정하고 있다. 물권의 종류를 [표 8-3]에 설명하였다.

민법 외에 상법에서 규정한 상사유치권, 상사질권 등과 기타 특별법에서 규정한 공장저당권, 자동차저당권 등이 법에 의해 규정한 물권이라 할 수 있다.

표 8-3 | 물권의 종류

종류		내용
소유권		소유자는 법률의 범위 내에서 그 소유물을 사용 · 수익 · 처분할 권리
점유권		소유권과 관계없이 물건을 사실상 지배하고 있는 경우
용익 물건	전세권	전세금을 지급하고서 타인의 부동산을 그 용도에 따라 사용 · 수익할 수 있는 용익물권
	지상권	타인의 토지에서 건물, 기타의 공작물이나 수목을 소유하기 위해 그 토지를 사용할 수 있는 권리
	지역권	설정 행위에서 정한 일정한 목적을 위해 타인의 토지를 자기 토지의 편익에 이용하는 용익물권
담보 물권	저당권	채무자가 채무의 담보로 제공한 부동산을 인도받지 않고서 관념상으로만 지배하고 채무의 변제가 없을 시 그 부동산으로부터 우선변제를 받는 담보물권
	유치권	타인의 물건을 점유한 자가 그 물건에 관해 생긴 채무를 변제받을 때까지 유치할 수 있는 권리
	질권	돈을 빌려 주면서 물건을 담보로 잡고 갚지 않을 때에는 그 목적물에서 우선변제받는 권리

(2) 불문법적 물권

성문법 외에 관습으로 내려온 분묘기지권, 지상권 등은 관습법에 의해 인정되는 물권이라 할 수 있다. 분묘기지권은 타인의 토지에 분묘를 설치한 자는 일정한 요건을 갖추면 그 분묘에 대한 지상권과 같은 물권을 취득하게 된다. 또한 동일인의 소유에 속하는 토지와 건물이 매매 등에 의해 소유자를 서로 달리 하게 된 경우 건물의 소유자는 별도의 특약이 없는 한 토지 위에 관습법상 법정지상권을 취득하게 된다.

(3) 물권의 효력

동일한 물건에 대해 물권과 채권이 동시에 존재하는 경우 그 성립시기와 관계없이 물권은 채권에 우선하게 된다. 이는 채권자가 당해 채무에 대해 강제집행 등 법적 권리를 행사하는 경우 담보물권을 가진 자는 채권자에 앞서 우선변제받을 수 있다는 의미이다. 또한 동일 물건에 대해 2개 이상의 물권이 성립한 경우 시간적으로 먼저 성립한 물권이 나중에 성립한 물권보다 우선하게 된다.

(4) 유사용어

부동산 전반에 대한 이해를 돕기 위해 부동산 권리 및 거래시 사용되는 용어의 정확한 이해가 필요하다. 이와 관련된 내용을 [표 8-3]에 정리하였다.

표 8-4 | 유사용어

용어		내용
저당권과 근저당권	저당권	채권자가 채무자로부터 점유를 옮기지 않고 그 채권의 담보로 제공된 목적물에 대해 일반 채권자보다 우선해 변제받을 수 있는 권리
	근저당권	계속적인 거래관계에서 생기는 다수의 채권을 담보하기 위해 담보물이 부담해야 할 최고액을 정해두고 장래 결산기에 확정하는 채권을 그 범위 안에서 담보하는 권리
압류와 가압류	압류	확정판결 또는 채무명의에 의해 강제집행(경매)을 하기 위한 보전수단(경매로 실행)
	가압류	금전채권이나 금전채권을 바꿀 수 있는 청구권을 위해 소송을 제기하고 강제집행을 실행하고자 할 때, 소송기간 동안 재산을 도피 · 은닉하지 못하도록 묶어두는 보전수단(소송 후 경매로 실행)

가등기와 가처분	가등기	매매계약을 체결하고 장래의 소유권 이전등기를 할 때까지 안전하고 확실하게 하기위해 등기부상의 순위 보전을 하는 권리
	가처분	다툼이 있는 부동산을 현재 상태로 보전하기 위해 법원에 임시로 보관한 것으로, 청구권을 가지는 채권자가 장차 집행보전을 위해 현재의 상태대로 현상의 고정 · 유지할 필요가 있을 때 채무자의 재산은닉 · 양도 등의 처분을 금지시키고, 그 보관에 필요한 조치를 해두는 권리
예고 등기와 환매등기	예고등기	실행된 등기의 등기원인(매매 · 증여 · 상속 등)의 무효 · 취소가 소송으로 신청된 경우에 법원에서 이런 소송이 제기됐다는 사실을 알려 불의의 피해를 막기 위한 등기
	환매등기	환매등기란 채무자가 채권자로부터 금전을 차용하면서 채무자 소유의 부동산을 채권자(환매의무자)에게 이전시킨 후 채무자가 채무변제를 하면 소유권을 채무자(환매권리자)에게로 다시 이전하는 등기

4. 부동산의 거래

부동산 거래는 해당 부동산에 계약이나 거래 등으로 물권변동이 수반되는 법률적 행위라 할 수 있다.

(1) 계약

계약은 2인 이상의 당사자의 합의에 의하여 성립하는 법률행위로 청약과 승낙에 의해 성립하게 된다. 청약은 일정한 내용의 계약을 체결하려고 신청하는 의사표시를 말하고 승낙은 청약의 상대방 측에서 청약에 응하여 계약을 성립시킬 것을 목적으로 청약자에 대하여 행하는 의사표시를 말한다. 이 외에 계약을 체결함에 있어 과실책임이 발생하게 되는데 과실이란 계약 성립과정 또는 계약체결을 위한 준비단계에 있어서 당사자 일방의 책임 있는 사유로 상대방에게 손해를 가한 경우 그가 부담해야 할 배상책임을 말한다.

(2) 해지 및 해제

해지는 임대차 · 고용 · 사용대차와 같이 이미 유효하게 성립되어온 계속적 계약(법률관계)의 효력을 계약의 당사자 일방이 장래에 대하여 계약관계를 소멸케 하는 일방적인 표시이고, 해제는 이미 유효하게 성립하고 있는 계약의 효력을 당사자 일방의 의사표시에 의하여 소급적으로 소멸시켜 계약이 처음부터 존재하지 않았던 것과 같이 회복시키는 행위이다.

이와 유사한 의미로 무효와 취소가 있다. 무효는 법률행위가 성립된 당시부터 당연히 그 효력이 발생하지 않는 것으로 확정되어 있는 것을 의미하며, 취소는 일단 유효하게 성립된 법률행위의 효력을 무능력, 착오, 사기 및 강박을 이유로 후에 법률 행위시까지 소급하여 그 효력을 소멸케 하는 특정인의 의사표시를 의미한다.

(3) 부동산 거래

부동산 거래는 매매에 의해 성립하게 된다. 매매란 당사자 일방(매도인)이 재산권을 상대방에게 이전할 것을 약정하고, 또 상대방(매수인)은 이에 대하여 그 대금을 지급할 것을 약정함으로써 성립하는 계약이다. 매매시에는 계약금을 지불하게 되는데, 계약금이란 계약에 대한 이행보증의 성격으로 계약시 일정금액의 계약금을 지불하고 추후 중도금 및 잔금을 지불하는 것을 약정한 표시이다. 상대방 일방의 취소의사로 계약이 해지된 경우에는 계약금을 돌려받을 수 없게 되거나 위약금을 물어야 한다.

5. 부동산 거래시 유의사항

(1) 권리유무의 확인

부동산 거래에는 여러 가지 위험이 발생하게 된다. 가장 중요한 사항으로는 계약당사자의 권리유무 확인이다. 매매당사자가 법적인 권리를 가지고 있어야 거래가 실제적으로 성립하게 된다. 권리를 가지고 있지 아니한 자가 매매에 응할 경우 그 거래는 법률에 의해 취소가 되기 때문이다.

또한 실제 매매거래계약에서는 거래상대방이 직접 계약하는 것이 아니라 대리인이 계약하는 경우도 발생하게 된다. 이 경우 대리인이 매도인이나 매수인으로부터 대리권을 받지 아니하고 법률행위를 하는 경우 그 법률행위는 무권대리로서 원칙적으로 무효가 된다. 따라서 가능하면 거래당사자 본인과 계약하도록 하며 부득이하게 대리인과 계약하는 경우에는 대리권 수여 여부를 철저히 확인해야 한다.

(2) 공적서류에 의한 권리유무 확인

부동산에 대한 공적 서류는 국가나 지방자치단체 등에서 부동산의 관리를 위해 공식적으로 작성한 서류를 의미한다. 대표적인 종류를 살펴보면 등기부등본, 토지대장 및 임야대장, 건축물대장 토지이용계획확인원 등이 있다.

1) 등기부등본

등기부등본은 부동산 권리에 관한 대표적인 서류로 부동산에 대한 일반사항을 정리한 표제부, 소유권을 나타내는 갑구, 소유권 이외의 권리를 나타내는 을구로 구성되어 있다. 따라서 등기부등본은 개인이력서와 같은 것으로 등기부등본만 확인한다면 부동산(건물, 아파트)의 형태(면적, 층수, 주소지)와 소유자, 그리고 부채상황(전세권, 저당권) 등 모든 것을 한눈에 알아볼 수 있다. 부동산 거래시 등기부등본 확인사항으로 대상 부동산의 지번과 표제부의 지번이 일치하는지 살펴본 다음에 계약서 작성시 소유자 이름과 주소를 확인한 후 되도록 소유자와 직접 계약하는 것이 거래에 따르는 위험을 줄일 수 있는 방법이다.

2) 토지대장 및 임야대장

토지대장은 지적대장으로 인식되는 지적서류의 일종으로 특별시 · 광역시 · 시 · 군에 비치되어 있는 토지확인장부라 할 수 있다. 토지에 관한 사실상의 상황을 명확하게 한다는 점에서 토지에 대한 권리관계를 공시하는 토지등기부와 구별된다.

토지대장에는 해당 토지의 소재지, 지번, 지목, 면적, 토지등급, 개별공시지가, 소유자 등에 대한 사항이 기재되어 있다. 다만 토지가 임야일 때는 임야대장을 열람하는데 임야대장은 토지대장 및 지적도에 등록되지 않은 임야나 정부가 임야대장에 등록할 필요가 있다고 인정한 토지를 등록하는 장부라고 할 수 있다.

이 두 장부는 그 기재내용이 서로 일치되어야 하기 때문에 부동산의 상황에 변동이 생긴 때는 먼저 대장등록을 변경한 이후에 등기부를 변경하게 된다. 그러나 권리 그 자체의 변동에 관해서는 등기부를 기초로 하고 토지대장을 이에 따르게 한다.

3) 지적도 및 임야도

지적도는 해당 토지의 경계선을 표시하기 위해 지적공사에서 측량한 일종의 측량 도면이라 할 수 있다. 따라서 실제 토지를 보지 않고 지적도를 보면 토지와 관련된 주변 환경을 이해할 수 있다. 다만 도면상의 토지환경과 실제 토지환경에 차이가 있다면 측량을 통해 바로잡을 수 있다. 또한 지적도를 통해 사려는 토지의 형태를 파악하여 토지가 가지고 있는 외적 환경을 평가하여 토지의 가치를 직 · 간접적으로 측정해 볼 수 있을 것이다.

임야도는 관련 부동산이 토지가 아닌 임야일 경우 임야도를 통해 해당 임야를 파악해야 한다.

4) 건축물대장 및 집합건축물대장

건축물대장은 조세의 부과징수를 위해 건축물의 현황과 소유자에 관한 사항을 등록한 장부로서, 지방세 부과관청인 시장 · 군수 · 구청장이 직권으로 조사하여 등록한다.

건축물대장에는 건물의 면적, 구조, 용도, 신축일, 소유권 변동사항 등을 기재하는데, 등기부등본의 내용과 일치하는지, 무허가 ,미등기건물인지, 층별 허가를 받았을지, 용도가 일치하는지 여부 등을 확인해야 하며, 토지대장 및 임야대장과 마찬가지로 부동산의 현황표시는 건축물관리대장이 우선시 되며, 권리사항은 등기부등본이 우선시됨을 주의해야 한다.

5) 토지이용계획확인원

토지이용계획확인원은 토지의 용도 및 토지사용 제한에 관한 내용이 기재된 공적 서류로 이용자 누구나 열람이 가능하며, 적용된 토지사용 여부를 확인한 후 소유주가 원하는 용도로 활용이 가능한가를 알 수 있다. 예를 들면 도시관리계획란에 개발제한구역이란 표시가 돼 있다면 개발하는 데 제약사항이 많다는 뜻이다. 또한 산림란에 보전임지 표시가 돼 있다면 주택 신축이 어렵다는 것을 나타내고 있는 것으로 생각하여야 한다.

Chapter 9

은행의 이용

제1절 은행이 하는 일

제2절 재테크의 출발은 은행예금으로부터

제3절 대출의 종류와 성격

은행의 어원과 역사

은행의 영어단어인 bank는 책상 또는 벤치를 나타내는 이탈리아 말인 'bankco'에서 왔다. 이 banco라는 말은 르네상스시기의 플로렌스 은행가들이 녹색 책상보가 덮인 책상에서 거래했던 것과 관련되어 있다.

그러나 은행업무는 르네상스시대보다 훨씬 이전인 고대에도 행해졌다. 사실 'banco'라는 말도 그 뿌리는 고대 로마제국으로 거슬러 올라간다. 당시 대금업자들은 마르셀라(marcella)라고 부르는 집안 정원 가운데에 'bancu'라고 부르는 긴 벤치에 점포를 설치하고 일을 보았다. 그들은 환전업도 함께 했는데, 그것은 단순히 외국통화를 로마의 법정통화로 바꿔주는 것이기 때문에 큰 투자를 필요로 하는 것은 아니었다.

고대사회에서도 환전업무가 이루어졌다는 증거는 [그림 9-1]에 있는 은화의 그림에서 찾을 수 있다. 이 은화는 고대 그리스 식민지로서 흑해 연안에 있었던 트라페주스(Trapezus, 오늘날의 Trabzon)에서 사용되던 은화로서, 환전상의 탁자(trapeza) 위에 동전이 가득 쌓여 있고 아래쪽에 도시 이름이 새겨져 있다. 지금도 그리스에서는 Trapeza라는 말이 탁자와 은행 모두를 의미하는 단어로 사용되고 있다고 한다.

그림 9-1 | 고대 트라페주스의 은화(기원전 4세기)

오늘날과 같이 정부의 허가를 받고 은행업무를 취급하는 금융기관의 효시는 산조르지오은행(Banco di San Giorgio, 영문명은 Bank of St. George)으로 알려져 있다. 이 은행은 이탈리아 르네상스시대인 1407년에 제노아(Genoa)공화국의 허가를 받아 설립된 은행으로서 그 본점은 Palazzo San Giorgio에 위치했다.

그림 9-2 | Palazzo San Giorgio

이 은행은 당시 제노아의 유력한 4개 가문을 대표하는 4명의 최고경영자들이 경영했다고 한다. 이 사실은 이탈리아에 있던 당시의 공화국들이 거의 모두 소수의 가문이 지배하는 과두정이라는 점을 고려한다면 공화국에서 은행의 위상이 어떠했는지를 짐작하게 하여준다.

산조르지오은행은 은행업무뿐만 아니라 해외식민지의 일부를 제노아공화국의 위임을 받아 직접 통치하기도 했다. 예를 들어, 1453년에는 공화국이 코르시카와 가자리아(Gazaria)의 통치를 산조르지오은행에 넘겼다. 15~16세기에는 유럽의 여러 지배자들에게 막대한 금액을 대출해 줌으로써 막강한 정치적 영향력을 행사했다.

제1절 | 은행이 하는 일

1. 은행의 업무

우리는 은행이 하는 일로서 예금과 대출업무가 가장 중요한 것이고 다른 업무에 대해서는 큰 비중을 두지 않는다. 실제로 은행업이 본격적으로 시작되었던 르네상스시대로부터 은행의 다국적화가 이루어진 오늘날까지 은행의 가장 중요한 업무는 예금과 대출업무이다. 그러나 다른 부문의 은행영업에서는 시대에 따라 그 비중이 크게 달라져 왔다. 또 은행법과 금융관련법의 내용, 경제활동 특성의 차이, 소비와 저축 및 투자에 관한 문화적 차이 등 때문에 국가별로도 은행업무의 내용은 큰 차이를 보인다.

우리나라에서 은행을 말할 때 그 은행은 '일반은행'을 가리킨다. 일반은행(commercial bank)은 단기의 예금 및 대출업무를 기본업무로 하는 은행으로서 전국을 영업구역으로 하는 시중은행(국민은행, 우리은행, 신한은행, 하나은행, 외환은행, 한국시티은행, SC제일은행), 특정지역을 주요 영업구역으로 하는 지방은행(대구은행, 부산은행, 광주은행, 전북은행, 제주은행, 경남은행), 외국은행 국내지점 등이 일반은행에 해당된다.

그러나 실제로 은행이라는 명칭을 사용하지 않지만 상호저축은행, 농협과 수협의 신용사업부문, 신용협동조합 등도 은행과 유사하게 예금과 대출업무를 수행하고 있으며 우체국은 예금업무를 취급하고 있다.

일반은행에서 취급하는 업무들은 고유업무, 부수업무 및 겸영업무로 구분된다. 각 업무구분에 포함되는 업무들은 다음과 같다.

(1) 고유업무

① 예금업무 : 요구불예금, 정기예금, 정기적금, CD와 같은 시장성 예금의 수취와 유가증권 또는 채무증서를 발행하여 자금을 조달하는 업무를 말한다. 일부 예외가 있긴 하지만 은행예금은 원금보장을 원칙으로 한다.

② 대출업무 : 신용대출, 담보대출, 어음할인 등.

(2) 부수업무

부수업무는 고유업무를 영위하는 데 수반되는 업무로서, 채무의 지급보증, 어음인수, 상호부금, 유가증권투자, 환매조건부채권의 매매, 유가증권의 인수와 매출, 유가증권의 모집·주선, 수납 및 지급대행, M&A의 중개·주선 또는 대리, 지금(地金)의 수탁판매, 복권 및 상품권 등의 판매대행, 파생금융상품거래, 전자상거래와 관련한 지급대행 및 전자세금계산서 교부발행, 보험대리점업무, 선불·직불 전자지급수단의 발행과 판매, 유가증권 명의개서 대행, 유동화자산 관리 및 채권추심 업무의 수탁 등이 있다.

(3) 겸영업무

신탁업무, 신용카드업무, 자산운용회사업무 및 판매회사업무, 기타 은행업무와 관련된 업무로서 기획재정부장관령으로 정해진 업무이다.

은행권의 발행

어떤 나라에서 통용되는 법정 통화는 그 나라의 중앙은행만이 발행할 수 있는 권한을 갖고 있는 것이 일반적이다. 우리나라에서는 한국은행이 중앙은행이므로 한국은행만이 원화를 발행할 수 있다. 미국에서는 미국 주요 도시에 거점을 두고 있는 12개 연방준비은행(federal reserve banks)이 미국 달러를 발행한다.

그러나 옛날에는 공신력을 갖고 있는 일반은행이 화폐를 발행할 수 있었으며, 그래서 은행권(bank note)이라는 말이 생겼다. 즉, 특정 은행이 액면상의 가치를 인정하고 은행권을 수취하거나 일정한 양의 금이나 은과 교환하겠다는 약속을 함으로써 그 은행권이 공신력을 갖고 통용될 수 있도록 하였다.

유럽 최초로 발행된 자유통용 은행권은 1656년 스웨덴의 스톡홀름은행이 발행한 것이다. [그림 9-3]은 이 은행이 1666년에 발행한 199달러(daler) 지폐이다. 이 지폐는 위조가 어렵도록 내비치는 물결무늬 종이에 인쇄되어 있으며, 여덟 개의 서명과 여러 개의 개인 도장 및 은행 관인이 들어가 있고 왼쪽 중앙에 이 은행의 설립자이었던 요한 팔름스트루크의 서명이 있다.[01]

그림 9-3 | 스톡홀름은행의 199달러 지폐

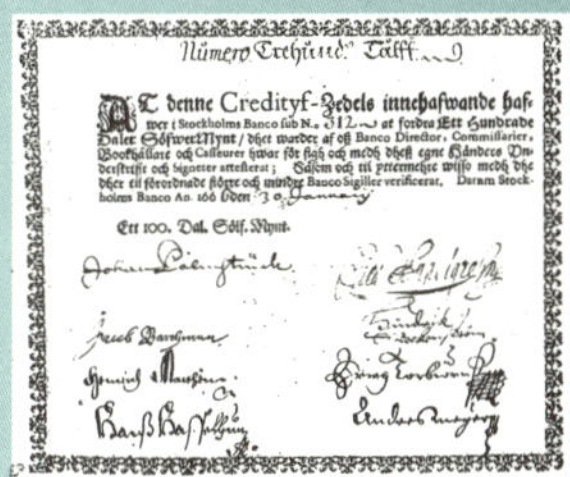

지금은 개별은행이 은행권을 발행하지 못한다. 그러나 은행이 자신의 명의로 자기앞수표를 발행하고 있고 일반 사람들이 그 수표의 공신력을 믿고 화폐처럼 통용하고 있기 때문에 은행의 자기앞수표가 은행권의 역할을 하고 있다고 볼 수도 있다.

01 J. Williams(ed), Money : A History(British Museum Press, 1997). 이인철 옮김, 돈의 세계사(까치글방, 1998), 180쪽.

2. 은행은 왜 특수한가?

일반 대중들은 은행은 다른 금융기관과는 달리 어떤 특수한 성격을 갖고 있다고 생각하고 은행의 공신력에 대해 깊은 신뢰를 주고 있다. 또 정부도 은행의 공신력을 유지하기 위해 다른 형태의 금융기관과는 달리 훨씬 엄격하게 감독하고 있다. 왜 은행이 다른 금융기관과 구분되어 특수한 존재로 여겨지고 있을까?

은행을 특수하게 생각하는 첫째 이유는 은행이 지급결제기능의 대부분을 담당하고 있기 때문이다. 지급결제란 "지급수단을 사용하여 화폐적 가치를 이전함으로써 거래당사자들 사이의 채권 · 채무 관계를 종료하는 것"으로 정의된다.[02] 여기에서 지급(payment)은 현금, 수표, 카드 등을 제시하거나 계좌이체를 통해 정당한 수취인에게 화폐적 가치를 이전하는 것을 의미하고, 결제(settlement)는 금융기관 사이의 채권과 채무를 상계하고 나머지 차액을 금융기관 간 이체를 통해 지급하는 것을 의미한다.

02 한국은행, 우리나라의 금융제도(한국은행, 2005), 78쪽. 이 책은 www.bok.or.kr에서 다운로드받을 수 있다.

만일 지급결제 기능이 제대로 이루지지 않는다면 어떻게 될까? 그렇게 되면 모든 상거래와 금융거래가 마비되어 사회 전체가 공황상태에 빠질 수도 있다. 따라서 은행은 지급결제 업무를 원활하게 수행함으로써 상거래와 금융거래에 대한 국민들의 신뢰를 유지하여야 하는 의무를 갖는다.

은행을 특수하게 생각하는 두 번째 이유는 예금자들이 은행예금에 대해 원칙적으로 원금보전을 기대하고 있기 때문이다. 사람들이 증권이나 다른 금융자산에 투자하면 이익이 나든 손실을 보든 그 결과에 대해 투자자 자신이 책임을 져야 한다. 그러나 사람들이 자신의 돈을 은행의 예금으로 맡기면 만기에 약속된 원금과 이자가 확실하게 받아야 한다고 생각한다. 은행은 원금보전의 의무 때문에 고객들의 예금을 매우 안전하게 운용하여야만 한다. 또 은행이 부실하게 되어 고객들의 예금을 제대로 돌려주지 못할 가능성이 있으므로, 국가는 예금보험제도를 운용하여 예금의 원리금지급을 보장해주고 있다.

은행을 특수하게 생각하는 세 번째 이유는 은행이 대출업무를 수행하면서 경제활동을 감시(monitoring)하는 중요한 기능을 담당하고 있기 때문이다. 은행은 예금자로부터 은행 자신의 명의로 예금을 받아 그 자금으로 은행 자신의 명의로 기업이나 가계에 대출한다.[03] 즉, 은행의 대출활동의 결과에 대해 은행 자신이 책임을 지는 것이지 예금자들이 직접 책임을 지지는 않는다. 만일 은행이 잘못 판단하여 대출의 결과가 나쁘게 된다면, 은행은 예금자들에게 약속한 원리금을 지급해야만 하기 때문에, 대출로 발생한 손실은 은행의 자기자본으로 매꿔 주어야만 한다. 따라서 은행은 차입자(borrower)가 충분한 신용도를 갖고 있는지, 차입금을 안전한 용도에 사용하고자 하는지, 채무불이행이 발생할 때 어느 정도를 회수할 수 있는지 등을 면밀히 따져서 대출해 준다. 또 대출해 준 이후에도 차입자가 자금을 잘 관리하고 있는지, 급격한 신용도 하락의 가능성이 있는지 지속적으로 감시한다.

03 투자자가 자본시장에서 증권이나 간접투자상품에 투자할 때 증권회사나 자산운용회사를 통해 투자하지만 투자 결과에 대해여 투자자 자신이 책임을 진다.

은행이 행하는 이러한 감시활동은 예금자들로부터 자금의 운용권을 위임받아 행하는 감시활동이기 때문에 '위임된 감시(delegated monitoring)' 라고 한다. 은행이 이러한 감시활동을 충실히 행함으로써 경제활동을 안정화시키는 역할을 할 수 있다. 즉, 경기가 과열될 때에는 미래의 부도사태를 염려하여 대출을 줄임으로써 경기를 조절하기도 하고, 경기침체시에는 우량한 기업과 가계에 선별적으로 대출해 줌으로써 경제활동이 안정적이고 건강한 방향으로 회복될 수 있도록 도와준다.

제2절 | 재테크의 출발은 은행예금으로부터

1. 저축하는 습관

사람들이 목돈을 모을 때 처음 천만원 모으기가 어렵다고 한다. 그러나 일단 천만원을 모으면 이것을 2천만원, 5천만원으로 늘리기는 그리 어렵지 않다고 한다. 그 다음 어려운 것은 1억원을 모으는 것이라고 한다. 일단 1억원이 모아지면 그 다음 2억, 3억 모으기는 훨씬 더 쉽다고 한다.

왜 처음 천만원 모으기가 어렵다고 할까? 그 이유는 간단하다. 이재 또는 재테크는 '저축하는 습관' 에서 출발하기 때문이다. 저축한다는 것은 소비의 유혹을 견뎌내야만 하기 때문에 큰 인내심과 결단을 필요로 한다. 특히 유혹이 많은 젊은 나이에 적은 수입을 쪼개 저축한다는 것은 결코 쉬운 일이 아니다. 그러나 구체적인 저축 목표를 세워놓고 금리가 낮더라도 수입의 일정비율을 저축해 나가다 보면, 저축 목표를 달성해 가는 것 자체가 돈의 크기에 관계없이 성취감을 가져다주며 나아가 인생을 더욱 성실하고 건강한 모습이 되도록 만들어 준다.

그런데 우리나라 사람들이 점차 '저축하는 습관' 을 잊어가고 있다는 통계가 최근 발표되었다. 2009년 7월 OECD(경제협력개발기구)의 경제전망보고서에 의하면, 우리나라의 가계저축률이 1988년에 25.2%, 1998년에 24.9%로서 오랫동안 OECD국가 중 최고수준을 유지해 왔는데, 2005년에는 4.4%, 2008년에는 2.8%로 크게 낮아졌다고 한다.[04] 이런 현상은 2000년대 이후 예금금리가 크게 낮아졌고 고령화로 인해 저축가능한 인구층이 감소되었다는 점에도 그 이유가 있지만, 많은 사람들이 우리나라가 이미 선진국에 진입한 것과 같은 착시현상으로 저축하는 습관을 망각하고 있다는 데에도 큰 이유가 있다고 생각된다.

04 연합뉴스, 2009. 7. 5. 인터넷 기사에서 인용함.

새터민과의 대화

어떤 목사님이 자기 교회에서 북한에서 넘어온 새터민들을 대상으로 강연을 해달라는 부탁을 저자에게 해왔다. 그 목사님 말씀에 의하면, 새터민들이 열심히 일하면서도 경제적으로 자립하지 못한다는 것이었다. 그 이유로서 새터민의 많은 분들이 꿈으로 그리던 좋은 상품을 자신의 수입으로 구입할 수 있다는 것을 알고 구매충동을 억제하지 못한다는 것, 많은 새터민들이 자신의 평균수명이 북한이나 중국에서와 같이 70세를 넘기지 못할 것이기 때문에 굳이 목돈을 모아둘 필요가 없다고 생각한다는 것, 일을 못하게 되면 국가가 돌봐줄 것이라고 막연하게 기대하고 있다는 것 등의 이유들을 나에게 말해 주었다.

그래서 저자는 남한사회에서 저축이 왜 중요한지를 중심으로 강연을 끌어갔다. 강연이 끝난 후 함께 차를 마시면서 뒷풀이를 하는데, 식당에서 일한다는 50대 여자분이 이런 이야기를 해주었다. 자기가 보기에 남한 사람들은 도 닦는 사람같다는 것이다. 일을 하면 매일 돈이 생기고 그 금액도 자기가 보기에는 상당히 큰 돈인데, 자기와 함께 일하는 아주머니는 언제나 그 돈이 너무 적다고 불평하면서도 그 수입의 대부분을 은행예금에 집어넣는다는 것이다. 자기는 좋은 구두, 좋은 전자제품만 보면 안살 수가 없는데 그 아주머니는 쳐다보지도 않는다는 것이다.

저자는 이렇게 말해주었다. 남한 사람들은 어렸을 적부터 '저축하는 습관'을 배워왔으며, 어느 정도의 경제적 기반을 마련해 놓지 않으면 80을 넘겨 살아야 하는 인생이 너무나 괴롭다는 것을 잘 알고 있기 때문에 저축하지 않을 수 없다고.

2. 예금의 종류와 특징

은행에서 취급하는 예금의 종류는 이루 헤아릴 수 없을 정도로 많으며, 각각이 그 나름대로 특징을 갖고 있다. 그러나 은행예금은 예금의 입출금이 자유로운지, 만기가 확정되어 있는지, 기준통화가 무엇인지 등의 특성에 따라 크게 요구불예금, 저축성예금, 외화예금으로 구분한다.

2008년도 말의 한국은행 통계를 보면, 우리나라 은행들이 취급하는 예금총액은 약 675조원 정도인데, 이 중 10.2%가 요구불예금이고 88.8% 정도가 저축성예금이다. [그림 9-4]는 연도말 기준으로 지난 20년간 요구불예금과 저축성예금이 어떻게 달라져 왔는지를 그린 것이다. 1990년대 초까지만 해도 저축성예금은 60%를 약간 넘는 수준이었으나 그 이후 계속 상승하여 2000년대에 들어서서는 저축성예금이 90% 수준을 유지하고 있다.

이런 추세는 2000년대 이후 저금리시대에 들어서면서 예금주들이 금리에 매우 민감해졌다는 것을 의미한다. 즉, 이자율수준이 3~4% 정도로 낮아진 2000년 이후의 시기에 저축성예금이 갖는 상대적 고금리가

그림 9-4 | 요구불예금과 저축성예금의 구성

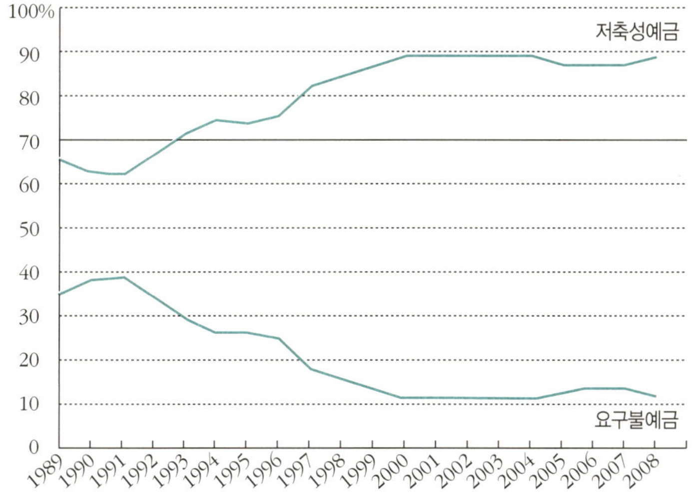

예금주들에게 훨씬 더 중요하게 받아들여지고 있다. 이런 현상은 은행들의 금리경쟁이 더욱 치열해지고 있다는 것을 의미하기도 한다.

(1) 요구불예금

요구불예금(current deposit)은 예금주가 필요로 하는 금액을 언제든지 자유롭게 출금할 수 있는 예금이다. 요구불예금의 가장 대표적인 형태는 보통예금이다. 보통예금은 수시 입출금이 가능하지만 금리가 매우 낮거나 거의 없다. 그러나 급여나 다른 사람이 보낸 자금의 입금, 공과금 등의 자동이체, 다른 사람 계좌로의 자금이체, 신용카드이용대금의 결제 등과 같은 서비스가 제공되기 때문에 일상생활에 필수적인 예금이다. 통장에 그 명칭이 보통예금이 아닌 다른 명칭이 기재되어 있지만 실제로는 수시로 입출금이 가능한 예금도 흔히 이용되고 있다. 물론 이런 종류의 예금도 보통예금에 해당된다.

미국 등 개인의 수표발행이 일반화되어 있는 나라에서 요구불예금의 대표적인 것은 당좌예금(checking account)이다. 당좌예금은 예금주가 자신의 명의로 수표를 발행하여 은행에게 자금의 지급을 지시할 수 있는 예금이다. 우리나라에서도 기업이나 공공단체에 의해 활발하게 이용되고 있다. 일반이나 가계를 위해 가계당좌예금이 우리나라에도 도입되어 있지만 신용카드의 보급 때문에 별로 사용되고 있지 않다.

요구불예금은 고객들의 입장에서 보면 은행이 제공하는 여러 가지 금융서비스를 받기 위한 수단이지만, 은행의 입장에서는 저비용 자금조달원천으로서의 의미를 갖는다. 즉, 요구불예금은 비교적 낮은 비용으로 조달된 자금이기 때문에 요구불예금의 비중이 클수록 은행의 수익성은 더 좋아진다. 그러나 은행은 요구불예금과 관련하여 여러 가지 금융서비스를 제공하여야 하고, 고객들이 일시적으로 거액의 요구불예금을 빼갈 경우 은행은 커다란 위험에 빠질 수도 있다(이런 위험을 유동성위험(liquidity risk)이라고 한다). 따라서 은행의 입장에서 요구불예금이 반드시 저비용 자금원이라고 볼 수만은 없다.

NOW계정

NOW(negotiable order of withdrawal, 양도성 인출지시서)계정은 미국의 서민 금융기관들(예컨대 savings & loan association(S&L)이나 savings bank 등의 명칭을 갖는 은행들)이 취급하는 요구불예금으로서 이자지급이 가능한 예금이다. 우리나라에서는 요구불예금에 대해서도 약간의 이자를 지급해 왔지만, 1980년대까지만해도 미국에서는 Regulation Q에 의해 요구불예금에 이자를 지급하지 못하도록 규정되어 있었으며, 서민금융기관들은 요구불예금을 취급할 수 없도록 되어 있었다.

그러나 서민금융기관들이 영업시간 내에 출금이 가능한 저축성예금은 취급할 수 있었다. 그래서 매사추세츠주의 Consumer Savings Bank라는 한 서민금융기관이 법적으로는 저축성예금이면서 실제로는 당좌예금과 유사한 요구불예금인 NOW계정이라는 것을 1972년에 처음 취급하기 시작하였다. 이 NOW계정은 법적으로 저축성예금이기 때문에 이자를 지급할 수 있다. 그러나 NOW계정의 예금주가 출금 이전에 금융기관에게 출금하겠다는 의사를 미리 통지하여야 하는 의무를 면제해주고, 또 예금주가 정당하게 발행한 인출지시서(NOW : negotiable order of withdrawal)를 제시하면 그 대금을 지급해주기로 금융기관은 약속했다. 결국 이 서민금융기관은 이자를 지급하는 사실상의 당좌예금을 취급하기 시작한 것이다.

그 이후 NOW계정은 서민금융기관 사이에 급속하게 보급되었으며, 그 결과 요구불예금을 지키려는 일반은행과 그것을 빼앗아오려는 서민금융기관 사이에 치열한 경쟁이 벌어졌으며, 점차 더 다양한 형태의 금융상품 개발경쟁으로 번져나갔다. 또 NOW계정은 금융기관에 대한 규제의 유효성에 대한 논쟁을 불러일으키는 계기가 되었으며 그 결과 1980년대에 Regulation Q가 폐지되는 결과를 가져왔다.

오늘날에는 입출금이 자유로우면서도 예치기간에 따라 어느 정도의 이자를 지급하는 예금도 취급되고 있다. 예를 들어, MMDA(money market deposit account)는 시장금리에 따라 이자를 지급하면서도 수시 입출금이 가능한 예금이다. 또 증권회사에서 취급하고 있는 자금관리계좌(CMA : cash management account)도 시장금리에 따른 이자를 지급하면서도 증권시장법에 의해 수시 입출금과 자금의 이체 및 결제도 가능한 금융상품이다.

(2) 저축성예금

저축성예금(savings deposit)은 이자를 받을 목적으로 만기를 정하여 일정금액을 예치한 것을 의미한다. 저축성예금의 대표적인 것으로서 정기예금(time deposit)과 정기적금이 있다. 일반적으로 목돈을 운용하고자 할 때에는 정기예금을, 목돈을 만들고자 할 때에는 정기적금을 이용한다.

정기예금은 예금자가 이자를 받을 목적으로 일정액을 일정기간 동안 예치하기로 약정하는 기한부 예금으로서, 예치기간은 1개월 이상 3년까지로 되어 있다. 이자는 만기에 원금과 함께 일시에 지급되는 것이 일반적이다. 정기예금은 저축자에게 높은 이자를 지급한 대신 약정된 기간 동안 안정적인 자금원으로 사용할 수 있어야 하기 때문에, 만기 전에 해지할 경우 저축자가 해지수수료를 부담하여야 하거나 매우 낮은 금리만을 받아야 한다.

정기적금은 일정금액을 일정한 기간 동안(예컨대 12개월, 24개월 또는 36개월) 정기적으로 적립하는 예금이다. 정기적금은 서민 또는 봉급생활자가 목돈을 만들기 위해 흔히 이용되지만, 예금자가 필요할 때에는 적금을 담보로 하는 대출제도와 계약금액을 한도로 하는 담보대출제도가 있어 상공업자와 중소기업자들도 유용하게 이용할 수 있는 예금이다.

오늘날 은행들 사이에 경쟁이 치열해지면서 표준적인 정기예금에 여러 가지 서비스가 부가된 다양한 금융상품이 은행에서 취급되고 있다. 예를 들어, 정기예금에 여행자보험이나 건강보험이 추가되기도 한다. 또 원금으로부터 발생하는 이자를 매월 지급해주는 정기예금도 있어서 은퇴자들이 생활비로 사용할 수도 있다. 또 특정 목적을 위해 예입하는 목적부정기예금도 있는데, 공모주청약 정기예금이나 주택청약 정기예금이 이에 속한다.

정기예금의 변형으로서 주가연동예금(equity-linked deposit : ELD)도 꾸준히 인기를 끌고 있는 정기예금이다. 주가연동예금은 주가 또는 주가지수의 상승률에 따라 금리가 달라지는 정기예금이다. 주가연동예금의 예로서, 예치기간 동안의 코스피200 주가지수 상승률의 40%를 정기예금금리로 지급하되, 주가지수가 하락할 경우 원금을 보장하고 주가지수가 단 한 번이라도 30% 이상의 수준으로 상승할 경우 8%의 고정금리를 조건으로 하는 정기예금을 들 수 있다.

정기예금이 증권화된 것으로서 CD(양도성정기예금, negotiable certificate of deposit)가 있다. CD는 정기예금과 동일한 특성을 갖고 있지만 만기 이전에 다른 사람에게 양도할 수 있다는 점에서 정기예금과 다르다. 즉, CD도 만기 이전에 은행에게 환매해줄 것을 요구할 수는 없지만, 증권과 마찬가지로 CD를 다른 사람에게 매도할 수 있다.

(3) 이자소득세와 예금금리

금융자산 소득이 연간 4,000만원 이하일 경우 이자소득에 대해서는 15.4%의 이자소득세가 원천과세되지만(즉, 14%의 이자소득세와 소득세의 10%인 주민세) 금융자산소득이 4,000만원을 초과할 경우 이자소득은 다른 소득과 합산한 종합소득에 대해 소득세를 부담해야 한다. 이와 같이 이자소득에 대해 법에 정해진 소득세를 모두 과세하는 저축을 일반과세저축이라고 한다.

복지정책의 일환으로 비과세 또는 세금우대되는 저축상품이 있다. 이때 비과세 또는 세금우대저축이라고 이름 붙여진 예금이 별도로 있는 것이 아니라, 자격을 갖춘 예금자가 예금할 때 비과세 또는 세금우대를 받을 것을 요구하면 된다.

비과세되는 저축은 흔히 생계형 저축이라고 부르는 것으로서 노인(만 60세 이상), 장애인, 독립유공자, 상이용사, 기초생활수급자, 5 · 18민주화운동부상자, 고엽제후유증환자 등이 가입할 수 있으며, 은행, 저축은행 등 금융회사에서 취급하는 저축상품에 생계형 저축으로 가입하면 된다. 생계형 저축은 원금 3,000만원(부부일 경우 6,000만원)의 한도 내에서 이자소득에 대해 비과세된다.

세금우대저축은 원금 1,000만원의 한도 내에서 이자소득에 대해 9.5%의 이자소득세(소득세 9% + 농어촌특별세 0.5%)만이 부과되는 저축이다. 가입대상은 특별한 제한이 없이 만 20세 이상 성인은 누구나

가입이 가능하다. 세금우대저축은 최초계약일로부터 1년 내에 해지하는 경우 세금우대가 적용되지 않으므로 주의해야 한다.

(4) 특수한 저축상품

은행은 위에서 설명한 요구불예금과 저축성예금 이외에 RP, 표지어음, 외화예금과 같은 특수한 저축상품도 취급하고 있다.

RP(환매조건부채권)는 미래의 일정시점에 다시 매입할 것을 조건으로 은행이 보유하고 있는 유가증권을 고객에게 매도하는 것이다. 유가증권의 재매입 시기는 15일 이후이어야 한다. 예를 들어, 어떤 은행이 보유하고 있는 액면가가 1억원이고 잔존만기가 3년인 도시철도채권을 91일 후 9,747만원에 다시 매입해 줄 것을 조건으로 고객에게 9,600만원에 매도하는 거래가 RP이다. 이 RP거래를 통해 고객은 91일에 147만원의 이자소득을 얻게 되므로 연리 6.14%(= (147÷9,600)×(365÷91))의 금리로 91일간 정기예금한 것과 동일한 효과를 얻는다.

표지어음은 은행이 보유하고 있는 기업어음을 기초로 발행한 어음이다. 예를 들어, 은행이 어떤 고객에게 31일 후 5,000만원을 지급하기로 약속한 어음을 발행하고 4,985만원을 수취하였다 하자. 이 경우 이 표지어음은 31일 동안 15만원의 이자소득을 가져다주므로 연리 3.53%(= (15÷5,000)×(365÷31)의 이자율로 31일 동안 정기예금한 것과 같다.

3. 예금보험

금융기관은 예금자들의 지급요구가 있을 때 언제든지 예금액을 지불할 수 있어야 하며, 지급요구에 응하지 못할 경우 그 소식은 다른 예금자에게 매우 빠른 속도로 전파되어 순식간에 예금인출사태(bank run)로 확대되고 또 유사한 영업을 행하는 다른 금융기관에도 빠르게 전염되는 경향을 보인다. 이런 현상이 더 진행되면 금융시스템 전체의 붕괴를 가져올 가능성을 갖고 있으므로 우리는 이 위험을 체제적 위험(systemic risk)이라고 한다.

예금자를 보호하고 체제적 위험을 방지하기 위해 전통적으로 사용해 온 방법은 지급준비금제도와 예금보험제도이다. 지급준비금제도는 금융기관들이 예금의 일정비율을 중앙은행에 예치함으로써 예금인출 사태에 대비하는 방법이다.

예금보험제도는 예금자보호법에 의해 설립된 예금보험공사가 금융기관으로부터 보험료를 받아 예금보험기금으로 적립한 후, 금융기관이 예금을 지급할 수 없게 되면 금융기관을 대신하여 예금을 지급하는 제도이다.

예금보험은 예금자보호를 목적으로 운영되는 공적 보험이기 때문에 금융 기관이 납부한 예금보험료만으로 예금을 대신 지급할 재원이 부족할 경우에는 예금보험공사가 직접 채권을 발행하는 등의 방법을 통해 재원을 조성할 수 있다.

예금보험제도는 1930년대 공황기에 미국의 많은 은행들이 예금지급불능사태에 빠졌던 경험을 바탕으로 1934년 연방예금보험공사(Federal Depository Insurance Corporation : FDIC)가 설립되어 예금보험을 실시하게 된 것이 그 기원이며, 현재 미국, 캐나다, 노르웨이, 인도 등에서도 실시되고 있다. 우리나라에서도 예금자보호법에 의해 설립된 예금보험공사가 1997년부터 이를 운영하고 있다.

우리나라에서는 원금과 이자를 합하여 예금자 1인당 최고 5천만원까지 예금보험제도의 보호를 받는다. 1인당 보호한도는 각 금융기관별로 적용되며, 동일 금융기관 본점 및 지점의 예금은 모두 합산하여 적용된다.

예금보험은 은행, 증권회사, 보험회사, 상호저축은행에 예치된 예금과 적금을 대상으로 하며, CD, RP, 유가증권, 간접투자상품(수익증권, 뮤추얼펀드, MMF 등) 등은 보호받지 못한다. 따라서 특수한 저축상품을 선택하고자 할 경우에는 그것이 예금보험의 보호를 받는지 따져볼 필요가 있다.

제3절 | 대출의 종류와 성격

저자가 1982년에 처음 내 소유의 집을 마련하고자 할 때 갖고 있던 돈은 전세금이 전부였다. 당시는 은행대출 이자율이 물가상승률이나 경제성장률 등을 고려했을 때 상당히 낮은 것으로 인식되었고 개인이 자신의 신용이나 담보만으로 은행대출을 받는다는 것 자체가 일종의 특혜인 것처럼 인식되던 시기였다. 그런데 어떤 분이 은행권의 5년만기의 주택담보대출을 소개해줄 것이니 전세금과 대출을 합해서 아파트를 장만하라고 충고해 주었다. 저자는 그 덕분에 어렵지 않게 집을 장만해서 그 집에서 18년 동안 살았다.

이런 경우는 저자뿐만 아니라 대한민국에서 살아가는 대부분의 봉급생활자들도 경험했을 것이다. 만일 은행대출이 없었다면 내 집 마련은 훨씬 더 힘들었을 것이고 나의 인생은 좀 더 피곤했을지 모른다. 그래서 저자를 포함해서 많은 사람들은 젊은 직장인들에게 작은 집이라도 빨리 내 집을 마련하되 내 돈이 부족하면 은행대출을 받아서라도 집을 마련하라고 충고한다. 일단 생활비를 절약하면서 힘들게 원금과 이자를 상환하다보면 어느덧 원리금상환은 부담스럽지 않게 되고 애들이 커서 집도 늘릴 수 있게 된다. 이것도 인생의 소박한 행복의 한 모습이구나라고 느낄 때에는 젊은이들에게 동일한 충고를 하고 있는 나의 모습을 발견하게 된다.

이처럼 대출은 우리가 잘 활용한다면 우리 생활에 정말 큰 도움을 준다. 그러나 대출은 크던 작던 이자를 요구하고 상환기간을 어기면 연체자, 신용불량자라는 딱지를 붙인다. 대출을 잘못 사용하면 극단적인 경우 재산파탄, 가정파탄에까지 이를 수 있다. 그래서 대출은 신중한 판단을 거쳐 이용해야만 하고, 일단 대출을 받으면 연체가 발생하지 않도록 소비를 크게 줄이고 자금관리에 신중을 기하여야 한다.

1. 대출의 종류

은행권의 대출은 분류기준에 따라 여러 가지 방식으로 분류된다.

대출은 대출계약의 법률적 형식에 따라 어음할인, 어음대출, 증서대출, 당좌대출로 구분된다.

어음할인은 차입자가 보유하고 있는 어음을 만기까지의 이자를 할인한 금액으로 은행이 매입하는 방식으로 차입자에게 자금을 공급하는 대출이다. 어음대출은 차입자가 은행을 수취인으로 하여 발행한 약속어음을 은행이 받고 자금을 공급하는 것으로서 기업의 단기운영자금을 대출할 때 주로 활용된다. 증서대출은 은행이 차입자로부터 차용증서를 받고 대출해주는 방식으로서 가계대출이나 장기시설자금 대출에 흔히 사용된다. 당좌대출은 예금주가 당좌예금 잔액을 초과하여 수표를 발행할 수 있도록 허용하여 줌으로써 발생하는 대출로서, 은행은 수표의 초과발행 한도를 미리 정해 준다.

대출의 용도에 따라 상업어음할인, 무역금융, 일반자금대출, 주택자금대출 등으로 구분한다.

상업어음할인은 상거래와 관련하여 발행된 어음을 은행이 할인 및 매입하여 자금을 공급하는 대출로서, 기업의 단기운영자금을 공급할 때 흔히 사용된다. 은행이 할인, 매입한 어음은 한국은행으로부터 다시 재할인받을 수 있다.

무역금융은 수출을 위한 원자재나 완제품의 공급에 소요되는 자금을 지원하는 것으로서, 수출신용장 또는 수출관련 계약서에 의하여 대출이 이루어진다.

일반자금대출은 자금용도에 특별한 제약이 없이 이루어지는 모든 대출을 말한다. 대체로 일반자금의 만기는 1년 이하이다. 기업 시설자금의 경우 4~5년 정도로 만기가 길어질 수도 있지만, 원금을 매년 분할상환하도록 함으로써 연체가 장기화되지 않도록 하는 것이 일반적이다. 또 일정기간이 경과하여야 수입이 발생할 수 있는 경우 거치기간이 설정되는 경우도 있다. 또 기업의 운전자금을 공급하기 위해 회전대출이

Mortgage라는 말의 어원

영어로 mortgage라는 말은 흔히 담보대출을 의미한다. mortgage라는 단어는 mort와 gage의 부분으로 나눌 수 있는데, 옛 프랑스어에서 mort는 죽음, gage는 약속을 의미한다. 이 어원을 보면 부채란 죽음 건 약속이라는 뜻을 갖는다. 즉, 부채를 갚지 못할 때 오늘날에는 담보만 넘겨주면 되지만 옛날에는 목숨을 잃을 수도 있었다는 것을 의미한다.

라는 것도 이용된다. 이것은 신용상태가 양호한 기업에 대해 여신한도를 설정하고 그 한도를 초과하지 않는 범위 내에서 자유롭게 대출받을 수 있도록 하는 것이다.

주택자금대출은 가계에 대해 주택구입자금을 대출하는 것이다. 대부분의 주택자금대출은 차입자가 구입하고자 하는 주택을 담보로 이루어지는 담보대출(mortgage loan)이며, 만기가 10년 내지 30년까지 매우 장기간이다. 주택자금대출은 부동산 경기에 큰 영향을 미칠 수 있기 때문에 대출한도를 LTV나 DTI비율을 기준으로 엄격하게 규제하고 있다.

2. 대출을 이용할 때 고려할 것

(1) LTV와 DTI비율

대부분의 사람들은 처음 자기 집을 마련하고자 할 때 주택구입대금의 많은 부분을 은행대출로 조달할 것을 예정하고, 자기가 대출받을 수 있는 금액이 어느 정도인지 은행에서 확인해 본다. 그때 은행직원이 반드시 언급하는 용어가 LTV와 DTI비율이라는 다소 생소한 단어이다(LTV와 DTI를 실제 계산할 때에는 여러 가지 규정을 고려해야 한다. 여기에서는 개략적인 의미만을 설명하기로 한다).

LTV(Loan To Value ratio, 담보인정비율)는 은행 등의 금융기관이 주택을 담보로 대출할 때 주택가격에 대한 대출액의 비율을 의미한다. 만일 시가가 5억원인 아파트를 담보로 2억원을 대출받았다면 이 대출의 LTV는 40%(= 2억/5억)이다. 금융기관은 주택가격이 하락할 경우 대출의 부실을 막기 위해 LTV의 상한선을 설정해 놓고 그 이내에서 대출액을 결정한다. 또 금융감독기관은 금융기관의 건전성을 유지하고 부동산 투기수요를 억제하고자 하는 목적으로 LTV 상한선을 설정해 놓고 있다. 2009년 6월말 현재 LTV 상한선은 투기지역에서 40%, 기타지역에서 60%로 제한돼 있다.

DTI(Debt To Income ratio, 총부채상환비율)는 총소득 가운데 연간 대출원리금 상환액이 차지하는 비율이다. 예를 들어, 금융기관에 대한 부채의 연간 원리금상환액이 1,800만원이고 연간소득이 5,000만원이라면 DTI는 36%이다. DTI는 차입자의 대출상환능력을 측정하는 가장 중요한 지표이다. 2009년 6월말 현재 금융감독기관은 투기지역과 수도권 투기과열지구 주택담보대출에 대해 DTI가 40%를 초과하지 않도록 규제하고 있다. 따라서 이 지역에서는 담보가치가 상당히 높더라도 차입자의 총소득이 충분하지 않으면 DTI 40%를 초과하여 대출을 받을 수 없다.

(2) 금리조건과 조기상환옵션

대출을 받을 때 신경 쓰이는 것 중의 하나는 대출금리이다. 대출금리는 프라임레이트에 가산금리를 더하여 결정된다. 프라임레이트는 CD금리 등과 같은 시장이자율에 업무원가와 적정마진을 더하여 결정된다. 가산금리는 차입자의 신용위험을 반영한 위험프리미엄이다.

대출금리와 관련하여 변동금리조건으로 할 것인지 또는 고정금리조건으로 할 것인지를 결정하는 것이다. 변동금리조건은 대부분의 은행대출에 적용되는 것으로서, 기준금리(91일물 CD금리가 흔히 사용된다)에 일정한 가산금리를 더하여 대출이자율을 결정하는 방식이다. 일반적으로 대출 초기의 금리는 변동금리가 고정금리보다 1% 이상 낮게 설정된다. 따라서 기준금리가 안정적으로 유지되거나 하락하게 되면, 변동금리가 고정금리보다 낮으므로 변동금리가 차입자에게 유리하다. 그러나 기준금리가 상승하게 되면 변동금리조건이 더 불리해진다.

고정금리대출은 금리변동에 관계없이 일정하게 이자를 지불하는 대출이다. 대표적인 고정금리 대출로서 주택금융공사의 보금자리론이라는 것이 있으며, 은행권에도 고정금리조건의 대출상품이 주어져 있다. 일반적으로 대출 초기의 고정금리는 변동금리보다 1% 이상 높게 설정되어 있다.

변동금리의 기준금리로서 흔히 91일물 CD금리가 사용되고 있다. [그림 9-5]는 91일물 CD금리 추이를 보여주고 있다. CD금리는 2000년대 초반 빠르게 하락하여 2005년의 3% 중반대까지 낮아졌다. 그러나 그 이후 2008년 중반의 6% 수준까지 다시 상승하였다. 2008년 서브프라임 파동에 따른 금융위기를 수습하기 위해 한국은행이 통화공급을 크게 늘린 결과 2009년 6월에는 2% 중반 수준까지 크게 하락하였다. 이처럼 기준금리가 큰 변동성을 보이게 된다면 변동금리와 고정금리 중

그림 9-5 | 91일물 CD금리 추이(2000. 1~2009. 6)

어떤 것이 더 유리할 것인지를 판단하기란 쉽지 않다.

대출을 받을 때 금리조건과 함께 신경써야 할 것으로서 조기상환옵션이라는 것이 있다. 조기상환(prepayment) 옵션은 만기 이전에 원금을 상환할 수 있는 옵션으로서 여유자금이 만들어졌거나 낮은 금리의 대출로 바꾸고자 할 때 유용하다. 일반적으로 대부분의 대출은 조기상환이 불가능하거나 조기상환하고자 할 때 미리 약정된 수수료를 지불해야 하는 조건이 붙어 있다. 그러나 처음 대출받을 때 조기상환옵션을 설정할 수 있으며, 그 대가로 약간 높은 대출금리가 적용될 수 있다. 따라서 앞으로 빠른 시간에 조기상환가능성이 있으면 다소 높은 대출금리를 지불하더라도 조기상환옵션을 설정해 놓을 필요가 있다.

(3) 신용등급

개인이든 기업이든 금융기관에 대출신청을 하면 신청자의 신용도를 평가하는 과정, 즉 신용평가라는 절차를 거쳐야 한다. 신용평가의 결과에 따라, 개인이나 가계의 경우 1등급부터 12등급(또는 13등급)까지의 신용등급이 결정되고 이 신용등급에 따라 대출신청의 승인 여부와 대출금리의 수준이 결정된다. 예를 들어, 신용등급이 1~6등급이면 대출이 승인되고 7등급 이하이면 기각된다. 그리고 1~6등급에 속하더라도 신용등급이 낮을수록 더 높은 가산금리가 추가된다.

신용등급은 각 은행이나 신용평가기관이 개인의 신용도를 측정하기 위해 운영하고 있는 신용평점모형(credit scoring model)을 통해 산출된다. 신용등급이 산출되는 과정, 즉 신용평점모형의 구체적 내용은 금융기관의 영업비밀 중에서도 가장 중요한 비밀에 속하는 것이기 때문에, 대출심사부서의 담당자도 그 구체적인 내용을 알 수 없도록 철저한 보안이 유지된다. 그러나 신용등급에 대한 사회적 신뢰를 올리기 위해 개략적 내용은 어느 정도 알려져 있다. 예를 들어, 2005년 9월 26일자 중앙일보에 게재된 [그림 9-6]은 신용등급평가에 어떤 항목이 중요한지를 어느 정도 상세하게 보여주고 있다.

그림 9-6 | 신용등급 평가항목(2005년 9월 26일자 중앙일보)

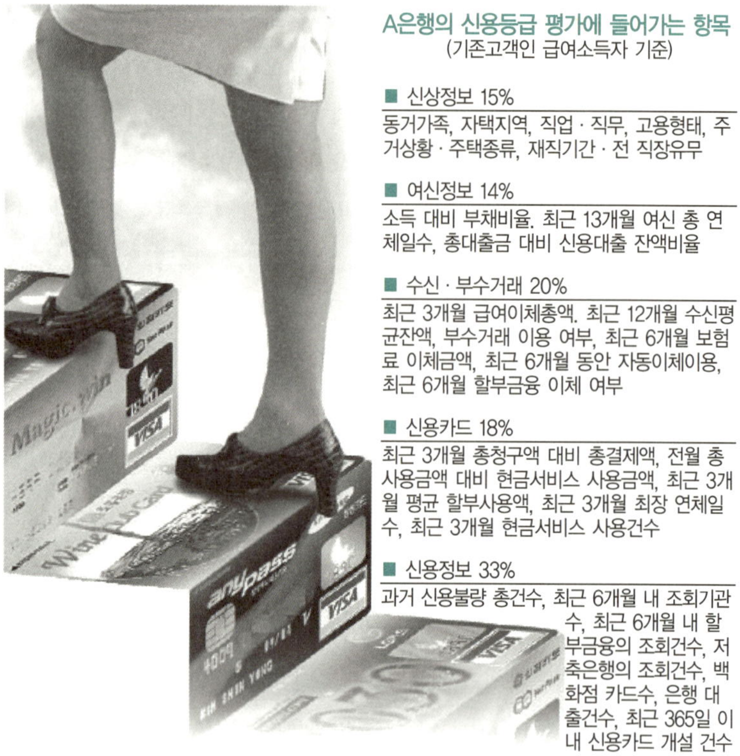

좋은 신용등급을 유지하도록 노력하는 것도 이재의 중요한 일부분이다. 이와 관련하여 흔히 알려져 있는 몇 가지 상식을 정리해보자.

① 하나의 주거래은행을 정해 놓고 급여이체, 카드대금결제, 공과금 납부 등의 거래를 집중시킨다. 이것은 수신 및 부수거래부문의 평점을 올리는 데 필수적이다. 특정 은행에 자신의 금융거래를 집중시키는 것은 자신의 재무상태에 관한 정보를 은행에 알려주는 것으로서, 정보비대칭으로 인한 레몬문제를 제거하여 자신의 신용도를 제대로 평가받는 데 도움이 된다(레몬문제의 내용은 제2장 2절에 설명되어 있다).

② 연체가 없는 우량한 대출거래나 신용카드 사용은 신용등급에 좋은 영향을 미친다. 신용등급을 결정할 때 가장 중요하게 고려하는 요

소는 여신거래 실적이다. 대출을 받아본 적도 없고 신용카드도 사용하지 않은 사람이라면, 은행의 입장에서 볼 때 여신거래의 기록이 없으므로 어느 정도의 신용도를 갖고 있는지 판단할 수 없기 때문에 좋은 신용등급을 부여할 수 없다. 그리고 연체없는 대출거래 실적이나 신용카드 거래실적은 신용등급에 좋은 영향을 미친다. 일상생활에서 자주 사용하는 신용카드는 신용등급을 올리는 데 상당히 좋은 수단이다. 신용카드거래는 은행의 입장에서 볼 때 짧은 기간의 대출이라고 볼 수 있기 때문에 신용카드 사용실적을 중요시한다. 따라서 신용카드를 자주 사용하고 그 대금을 연체없이 제때에 납입하면, 양호한 대출거래실적이 쌓이게 되어 신용등급을 높이는 데 큰 도움이 된다(체크카드도 현금거래에 해당하므로 체크카드 사용실적은 신용등급평가에 고려되지 않는 것으로 알려져 있다).

③ 연체는 독약이다. 신용등급을 평가할 때 가장 중요시되는 불량정보(신용평점에 불리한 영향을 미치는 정보)는 고객의 연체기록이다. 연체기록에는 대출 원리금이나 신용카드대금뿐만 아니라 다른 모든 종류의 연체가 포함된다. 예를 들어, 전화, 휴대폰, 전기, 가스 등의 이용대금, 세금, 과태료, 아파트관리비 등 흔히 우리가 사소하게 생각하는 채무도 일정기간 이상 연체하게 되면 연체기록으로 남게 되어 신용등급에 나쁜 영향을 미친다.

④ 신용조회를 자주 하지 말자. 어떤 사람들은 자기가 어느 정도의 대출을 받을 수 있는지, 어느 곳이 더 낮은 금리로 대출해 줄 수 있는지를 알기 위해 여러 금융기관에 대출신청을 하는 경우가 있다. 이런 것을 대출쇼핑이라고 하는데, 이것은 신용조회가 빈번하게 이루어지도록 함으로써 자신의 자금상황이 나쁘다는 것을 광고하는 것과 동일한 행동이므로 스스로 자제하는 것이 좋다. 그러나 신용평가기관에 회원으로 가입하여 개인적으로 신용등급을 조회하는 것은 신용등급에 영향을 미치지 않는 것으로 알려져 있다.

3. 비은행권의 특수한 대출상품

(1) 신용카드

신용카드(credit card)는 소비자신용의 일종이다. 어떤 카드회사가 발급한 신용카드를 소지한 소비자는 그 카드회사의 가맹점(거의 모든 백화점, 할인점, 식당, 호텔, 편의점, 약국, 병원, 철도, 버스, 택시 등)에서 현금을 지출하지 않고 신용카드를 제시하고 서명만으로 상품을 구매할 수 있다. 카드회사는 구매 다음날 상품대금을 가맹점에 지급한 후(이때 카드회사는 일정한 이용수수료를 수취한다), 소비자가 지정한 은행계좌로부터 매월 지정된 일자에 구매대금을 수금한다. 따라서 소비자의 입장에서 볼 때, 신용카드는 구매시점으로부터 대금출금일자까지 단기대출을 받는 것과 동일한 효과를 가져다준다. 또 소비자는 구매대금이 큰 경우, 이자를 지급하는 할부구매의 수단으로 이용할 수도 있다. 은행이 발급한 신용카드는 그 은행의 계좌에 연결되는 현금카드로도 사용될 수 있다.

신용카드의 역사

신용카드의 개념은 1887년에 에드먼드 벨라미(Edward Bellamy)라는 사람이 발표한 유토피아 소설 「Looking Backward」에 처음으로 등장했다. 그러나 오늘날처럼 고객이 소유하고 있는 한 개의 카드를 여러 가맹점에서 사용할 수 있는 신용카드는 1950년 다이너스클럽(Diners Club)의 설립자인 슈나이더(Ralph Schneider)와 맥나마라(Frank X. McNamara)가 창안한 것으로 알려져 있다. 우리나라의 최초의 신용카드는 1967년 신세계백화점카드이지만, 그 시기에는 백화점에서만 결제가능한 것이어서 본격적인 신용카드라고 할 수 없다. 신용카드서비스가 본격적으로 도입된 것은 1978년 외환은행에서 비자카드 발급업무를 개시하면서부터라고 할 수 있다.

오늘날 신용카드는 결제수단으로서 전 세계적으로 활발하게 이용되고 있으며, 당좌수표의 많은 부분을 대체하고 있다. 또 인터넷을 통한 전자상거래에서도 가장 중요한 결제수단으로 이용되고 있다.

신용카드 보급은 국가에 따라 상당한 차이를 보인다. 미국, 영국, 우리나라는 신용카드가 잘 보급되어 있는 국가들이다. 유럽의 도시권에서는 신용카드를 큰 불편없이 사용할 수 있으나 지방 중소도시에서는 아직도 통용되지 않는 곳이 많다. 일본도 전통적으로 현금선호가 강하기 때문에 지방도시에서는 신용카드를 받지 않는 점포들이 많다.

신용카드의 현금서비스는 상품 대신 현금을 공급받는 것으로서 카드 사용자의 신용도에 따라 가산금리가 부과된다. 또 신용카드로 상품을 할부로 구입할 경우에도 가산금리가 부과된다. 신용카드 이용대금을 연체할 경우에는 연리 25% 정도의 높은 금리가 부과되므로 특히 주의해야 한다.

상품을 구입하거나 현금서비스를 받을 때 신용카드를 무한정 사용할 수 있는 것은 아니다. 금융기관의 입장에서 볼 때, 신용카드는 소비자에게 단기대출을 제공하는 수단이기 때문에 이용자의 신용도에 따라 월간 사용한도가 정해져 있다.

2003년 카드사태

우리나라는 세계적으로도 신용카드 보급률이 높은 나라에 속한다. 구멍가게 빼놓고 어느 곳에서나 신용카드를 받아준다. 그 배경에는 1997년 외환위기 이후 '국민의 정부'의 신용카드 활성화정책으로 발생했던 카드대란이라는 값비싼 대가가 있다.

정부는 초기에 기업과 자영업자의 조세투명성을 높이기 위한 수단으로 신용카드 사용을 권장하였다. 나중에는 신용카드 보급이 소비를 촉진시킨다는 사실에 주목하고, 경기회복을 위해 구매자에게는 신용카드 사용액에 대해 소득세 공제의 혜택을 주고 판매자는 신용카드를 거절할 수 없도록 하는 정책을 시행하였다. 그 결과 조세투명성이 높아지고 소비가 활성화되는 효과를 가져왔지만 2003년경에는 우리가 '카드사태'라고 부르는 일종의 신용위기 상황이 전개되었다.

즉, 신용카드 규제를 과도하게 완화한 결과, 경제적 능력이 약한 사람에게까지 무차별하게 카드가 보급되어 카드 이용액이 증가하게 되자, 과잉소비가 초래되고 가계부채가 크게 상승하였다. 그 결과 카드대금의 연체가 크게 증가하고 카드회사 역시 부실화되었다. 어떤 사람들은 돌려막기(카드이용액을 결제할 수 없게 되자 다른 카드로 현금서비스를 받아 결제하는 것)의 악순환을 되풀이 하였다. 결국 수많은 가정이 파탄에 빠지고 카드회사의 부실이 다른 금융권으로 전이되는 상황에까지 이르렀다. 신용카드 발급요건을 강화하고 연체자에 대한 신용회복조치를 취하는 한편, 당시 최대 카드회사이던 LG카드는 워크아웃에 들어가고 일부 은행계 카드사는 모회사인 은행에 합병됨으로써 카드사태는 가까스로 수습되었다.

이 카드사태는 신용카드를 제대로 사용하지 못한 당사자에게 1차적 책임이 있지만, 무분별한 신용카드 발급을 적절하게 규제하지 못한 정부의 책임도 매우 크다고 볼 수 있다. 2003년의 카드사태는 금융시장에 대한 적절한 규제가 어느 정도 중요한지를 보여주는 사례라고 볼 수 있다.

(2) 상호저축은행의 일수대출

상호저축은행은 본점이 소재하는 행정구역(서울특별시, 부산광역시 및 각 도) 내에 소재하는 기업이나 거주자에게 금융편의를 제공하도록 설립된 지역 서민금융기관이다. 상호저축은행은 일반은행과 동일하게 예금 및 대출업무를 취급하지만 신용위험이 큰 서민과 자영업자를 주된 대상으로 고금리대출을 취급하고 있다는 점에서 일반은행과 차별화된다.

상호저축은행이 취급하는 대출의 대부분은 고위험 고객을 대상으로 한다는 점을 제외하면 은행의 일반대출과 비슷하다. 상호저축은행에서 취급하는 특수한 대출상품으로서 일수대출이라는 것이 있다. 일수대출은 차입자가 목돈을 차입하고 일정기간 동안 매일 약정된 금액을 상환하는 대출방식이다. 신용도가 낮은 영세 자영업자가 일수대출의 주된 고객이며, 담당직원이 차입자의 가게 또는 거주지를 매일 방문하여 수금하는 경우가 많다.

따라서 일수대출은 신용위험이 크고 관리비용도 큰 대출상품이라고 할 수 있다. 일수대출의 성격을 잘 모르는 고객이 볼 때 매일의 상환액이 그리 큰 금액처럼 보이지 않지만, 높은 신용위험과 관리비용 때문에 일수대출의 실제 금리는 상상 이상으로 높은 수준이다.

[표 9-1]은 광주광역시의 어떤 상호저축은행이 2004년 10월경에 배포한 일수대출 광고에 게재된 할부상환표를 사용하여 내부수익률을 계산해본 것이다(내부수익률에 대해서는 제3장에서 설명한 바 있다). 이 계산 결과에 의하면, 일수대출의 내부수익률은 연 31% 정도이다. 즉, 일수대출 이용자가 지불한 실제 대출이자율이 연 31% 정도라고 할 수 있다. 당시 은행권 일반대출의 우대금리는 연 6% 수준이었으므로, 일수대출 이용자는 24%라는 높은 가산금리를 부담한 셈이다.

표 9-1 | 일수대출 할부상환표(대출원금 100만원 기준)

만기	1일불입액	원리금합계	일수대출의 IRR(年)
360일	322,370	116,053,200	30.9%
500일	245,390	122,695,000	30.9%
720일	185,550	133,596,000	30.9%
900일	158,810	142,929,000	30.9%

찾아보기

ㄱ

가격가중방식지수(price-weighted) 130
가격제한폭(price limit) 113
가등기 227
가압류 226
가처분 227
가치주(value stock) 45
가치주 퍼즐(value stock puzzle) 45
간접금융시장 12
간접투자 191
간접투자상품 191
감시(monitoring) 10, 37
거래비용 95
거래소(exchange) 12, 89
거래소시장(securities exchanges)과 장외시장(over-the-counter market : OTC) 89
거래소일반법칙(General Rule of the Board of Trade) 162
거래의 위탁 110
거품(bubble) 46
건물 218
건전성규제(prudential regulation) 21
건축물대장 231
결제(settlement) 237
경영실태평가제도 22
경영자시장(management market) 40
고용보험 216
고정금리조건 251
공개모집(public offering 또는 public placement, 公募) 87
공동인수단(underwriting syndicate) 88
공매(空賣, short selling) 95
공시(disclosure) 33
공영보험 210
과민반응(overreaction) 44
과잉변동성 46
관계금융(relational banking) 24
교차헤지 171
구조화증권(structured securities) 79
국고채(Korean Treasury Bond : KTB) 138
국민건강보험 215
국제결제은행(Bank for International Settlements : BIS) 21
국제통화시장(IMM : International Monetary Market) 162
권리분석 224
균등가중방식지수(unweighted index) 131
균형가격(equilibrium price) 98
균형(equilibrium) 98
근저당권 226
글로벌금융허브(global financial hub) 17
금리 51
금융공황(financial panic) 21
금융규제 18
금융기관(financial institution) 13

금융선물(financial futures) 164
금융시장(financial markets) 8
금융자산(financial assets) 3
금융중개기관(financial intermediary) 12, 86
금융투자상품 192
금융허브(financial hub) 17
급부 · 반대급부균등의 원칙 209
기대수익률(expected rate of return) 85, 124
기대이론(expectation theory) 153
기본가치(fundamental value) 98
기본요인(fundamentals) 100
기본적 분석(fundamental analysis) 118
기술적 분석(technical analysis) 119
기업어음(commercial paper : CP) 11
기초자산(underlying asset) 175

ㄴ

NASDAQ (National Association of Securities Dealers Automated Quotation System, www.nasdaq.com) 93
납세전 이자율(before-tax interest rate) 74
납세후 이자율(after-tax interest rate) 74
내가격옵션(in the money : ITM) 177
내부수익률(internal rate of return : IRR) 68
내재가치(intrinsic value) 121, 184
뉴욕증권거래소(New York Stock Exchange : NYSE, www.nyse.com) 90
닉슨 쇼크(Nixon Shock) 162

ㄷ

단기금융자산 65
단기금융투자집합기구(MMF) 194
단일가격의 법칙(law of one price) 97
단일가매매방식 113
담보대출(mortgage loan) 250
당좌대출 249
당좌예금(checking account) 242
대리인(agent) 38
대리인문제(agency problem) 38
대수의 법칙 208
대출 248
데이트레이더(day trader) 173
도덕적 해이(moral hazard) 36
동시호가 113
등가격옵션(at the money : ATM) 177
등기부등본 229
DTI(Debt To Income ratio, 총부채상환비율) 251

ㄹ

레몬(lemon) 31
레몬문제 30

ㅁ

만기수익률(yield to maturity : YTM) 140, 144
만기(maturity) 67, 141
만기일(expiration date) 175
매도포지션(short position) 95
매도헤지 171
매매(dealing) 91
매수자 위험부담(caveat emptor) 19
매수포지션(long position) 94
매입보유(buy-and-hold) 94
매입헤지 171
명목가치(nominal value) 71

명목이자율(nominal rate of interest) 72
모자형 집합투자기구 196
무역금융 249
무위험수익률(risk-free rate of return) 84
무위험이자율 51
무의결권부주식(non-voting share) 106
무의결권주 108
무이표채권(zero coupon bond) 136
무차익거래조건(no-arbitrage condition) 98
무효 228
물보험 209
뮤추얼펀드(mutual fund) 93
미국형옵션(american option) 177
미래가치(future value : FV) 53
미인대회 99
민영보험 210

ㅂ

발행시장(new-issue market) 12, 86
배당소득세 96
백워데이션(backwardation) 169
베이시스(basis) 169
변동금리조건 251
변동금리채권(floating-rate bond, floater) 136
변동소득증권(variable income securities) 77, 104
보유비용모형(cost-of-carry model) 167
보통주(common stock) 106
보험시장(insurance market) 12
보험(insurance) 201
복리(compounding) 53
부동산 217
부동산 물권 224
부동산담보대출공사(Government National Mortgage Association : GNMA) 78
부동산시장 221
부동산집합투자기구 194
부동산투자신탁증권(real estate investment trust securitires : REITS) 79
부(富, wealth) 2
불문법적 물권 225
BIS기준 자기자본비율 22
비은행예금취급기관(non-bank depository institution) 16
비정상성과(abnormal performance) 43

ㅅ

사모(私募, private placement) 87
사이드카(sidecar) 114
산업재해보상보험 215
상대가치 101
상업금융(commercial banking) 15
상업어음할인 249
상업은행 15
상장지수 집합투자기구 196
상품 간 스프레드 174
상품선물(commodity futures) 164
상환청구권부채권(bond with put option) 137
생명보험 211
서킷브레커스(circuit breakers) 114
선도거래 165
선물거래 162
선물계약(futures contracts) 164
성문법적 물권 225
성장주(growth fund) 45
소비자신용 256

소음거래자(noise trader) 99
손인(peril) 202
손해강도(severity of loss) 201
손해강도통제 204
손해보험 213
손해빈도(frequency of loss) 201
손해빈도통제 204
수량단위(round lot unit) 112
수의상환채권(callable bond) 137
수익률(yield) 123, 138
수익률 스프레드(yield spread) 157
수지상등의 원칙 208, 212, 214
순자산(net worth) 101
스캘퍼(scalper) 173
스톡그랜트(stock grant) 41
스톡옵션(stock option) 41
스프레드거래 173
CD 80, 245
시가총액가중방식지수(value-weighted) 128
시가(始價, opening price) 113
시간가치(time value) 185
시장 간 스프레드 174
시장가격(market price) 98
시장가주문(market order) 110
시장규율(market discipline) 10, 26, 40
시장분할이론(market segmentation theory) 155
시장위험(market risk) 22
시장조성위험(market making risk) 88
시장중심(market-oriented) 25
시카고상품거래소(Chicago Board of Trade) 91, 162
신용거래 94
신용등급 253
신용카드(credit card) 256
신용파생상품(credit derivatives) 79
신용평점모형(credit scoring model) 253
신용평점제도(credit scoring system : CSS) 33
신호전달(signalling) 34
실물자산(real assets) 2
실물펀드 79
실손보상의 원칙 214
실질가치(real value) 71
실질이자율(real rate of interest) 72

ㅇ

아메리칸증권거래소(American Stock Exchange : AMEX, www.amex.com) 91
압류 226
액면가(par or face value) 140
액면주(par value stock) 105
약속수익률(promised yield) 157
양도성 인출지시서 243
양도성예금증서(negotiable certificate of deposit : CD) 11, 78
양도소득세 96
어음대출 249
어음할인 249
S&P500지수 129
엄부렐러펀드(umbrella fund) 195
엔론사태 39
LTV(Loan To Value ratio, 담보인정비율) 250
MMDA(money market deposit account) 243
NOW(negotiable order of withdrawal) 243
역선택(adverse selection) 31
역외금융허브(offshore financial hub) 17
역외기장센터(offshore booking center) 17
연금의 현재가치 62

연금(annuity) 61
연방예금보험공사(Federal Depository Insurance Corporation : FDIC) 247
연방준비은행(federal reserve banks) 236
영속연금의 현재가치 62
예고등기 227
예금 241
예금보험 23, 246
예금보험공사 247
예금인출사태(bank run) 20
예정사업비율 212
예정위험률 211
예정이자율 211
옵션 174
옵션가격 184
옵션부채권(option-embedded bonds) 136
완비계약(complete contract) 5, 38
외가격옵션(out the money : OTM) 178
요구불예금(current deposit) 242
우선주(preferred stock) 106
운영위험(operational risk) 22
원리금이체증권(pass-through) 78
원보험 210
위임된 감시(delegated monitoring) 238
위태(hazard) 202
위험 6, 81, 125, 200
위험 · 수익의 상충관계 83, 84, 126
위험감소(risk reduction) 9
위험보유 203
위험부담(risk taking) 84
위험분담(risk sharing) 9
위험프리미엄(risk premium) 84
위험(risk) 81
위험회피 203
유동성 152
유동성위험(liquidity risk) 242
유동성프리미엄(liquidity premium) 154
유동성프리미엄이론(liquidity premium theory) 154
유동성(liquidity) 10
유럽형옵션(european option) 177
유인(incentive) 40
유인합치계약(incentive compatible contracts) 40
유통시장(circulating market) 86
유한책임(limited liability) 105
은행(bank) 15, 235
은행권(bank note) 236, 237
은행중심(bank-oriented) 23
의결권 108
의결권주 108
이상현상(anomalies) 45
이자 50
이자소득세 96
이자율 51, 66
이자율의 기간구조(term structure of interest rate) 51, 153
이표이율(coupon rate) 140
이표채권(coupon bond) 135
인보험 209
인수기관(underwriter) 87
인수(underwrite) 13
인수(underwriting) 91
인플레이션(inflation) 70
一物一價의 법칙 97
일반은행(commercial bank) 235
일반자금대출 249
일수대출 258

일일정산제도 164
일정성장 영속연금의 현재가치 63
임야대장 230
임야도 230

ㅈ

자금관리계좌(CMA : cash management account) 243
자본배분결정(capital allocation decision) 120
자본시장(capital market) 11
자원배분 8
자산배분결정(asset allocation decision) 121
자유경쟁시장(free and competitive market) 98
잔여적 청구권 104
잠재적 손실규모 201
장부가치 101
장외시장(over-the-counter market : OTC) 93
장지리 64
재보험 210
재정거래 97
재협상가능성(renegotiability) 24
저당권 226
저축성예금(savings deposit) 243
적기시정조치제도(prompt action system) 22
전업주의(專業主義) 21
전염효과(contagion) 19
전환사채(convertible bond) 136
전환형 집합투자기구 195
접속매매 114
정기예금(time deposit) 72, 244
정기적금 244
정보 28
정보대칭(information symmetry) 29
정보비대칭(information asymmetry) 29
정보효율성(informational efficiency) 42
정월효과(January effect) 45
조기상환(prepayment) 253
종가(closing price) 113
종류형 집합투자기구 195
주가연동예금(equity-linked deposit : ELD) 244
주가지수 128
주가지수연동채권(equity linked bond) 137
주거래은행제(main-bank system) 24
주식(stocks) 77, 104
주식회사(株式會社) 104
주인(principal) 38
주주 104
중개(brockerage) 91
증거금 164
증권거래세 96
증권분석 117
증권선택 121
증권시장(securities market) 11
증권집합투자기구 194
증권투자 76
증권화(securitization) 77, 78
증권회사 91
증권(securities) 76
지급(payment) 237
지니매(Ginnie Mae) 78
지적도 230
지정가주문(limit order) 110
지체된 반응(delayed reaction) 44
직접금융시장 13
직접금융(direct financing) 87
직접모집(direct placement) 87
직접헤지 171

진입규제 21
집합건축물대장 231
집합투자기구 192, 194

ㅊ

차익거래(差益去來, arbitrage) 97, 171
채권(債券, bond) 77, 134
채권등급평가(bond rating) 157
채권수익률의 기간구조(term structure) 153
채권수익률의 위험구조 156
채권수익률(또는 이자율)의 위험구조(risk structure) 156
채무불이행 7
채무불이행위험(default risk) 6, 67, 152
채무불이행프리미엄(default premium) 157
책임준비금 213
청구권(claim) 3, 42
청산소 163
체제적 위험(systemic risk) 247
취소 228

ㅋ

카드사태 257
카멜레온펀드(chameleon fund) 195
commercial bank 15
KOSPI200 130
코스피지수 129
콘탱고(contango) 168
콜론(call loan) 11
콜옵션(call option) 176
credit risk 22

ㅌ

토지 218
토지대장 230
토지이용계획확인원 231
통안증권 11
투기거래 172
투자신탁(investment trust) 92
투자신탁형 집합투자기구 192
투자회사형 집합투자기구 193
튤립구근버블 47
특별자산 집합투자기구 194

ㅍ

파생상품(derivatives) 12, 77
판매보수 198
판매수수료 198
펀드환매(redemption) 196
포지션트레이더(position trader) 173
포트폴리오분석(portfolio analysis) 119
포트폴리오(portfolio) 127
표준편차(stadard deviation) 125
price to book ratio 46
표지어음 246
풋옵션(put option) 176
프리미엄(premium) 176
RP(환매조건부채권) 246

ㅎ

하우스방크시스템(Hausbank system) 24
한국거래소(www.krx.co.kr) 90
할인율(discount rate) 57

할인(discounting) 57
해제 228
해지 228
행사가격(exercise price or strike price) 175
헤지(hedge)거래 171
현금유입(cash inflow) 60
현금유출(cash outflow) 60
현금흐름(cash flow) 60
현재가치(present value : PV) 55, 100
호가(呼價) 111
혼성증권(hybrid securities) 107
혼합자산집합투자기구 194
혼합주 108
홈트레이딩시스템(HTS) 110
화폐시장(money market) 11
화폐의 시간가치(time value of money) 50
확정소득증권(fixed-income securities) 77, 134
환매금지형 집합투자기구 195
환매등기 227
환매수수료 197
효율적 시장(efficient market) 42
후배주(deferred stock) 106, 107

저자약력

조담

- 고려대학교 경영대학 경영학과 졸업
- 경영학박사(고려대학교)
- Texas Tech Univ., Univ. of Wisconsin-Madison 및 Univ. of Pennsylvania 교환교수
- 한국재무학회 편집위원장 및 부회장, 한국재무관리학회 회장 역임
- 공인회계사 시험위원 역임
- 삼성화재 및 보험개발원 자문교수, 리딩투자증권 사외이사 역임
- 국민은행 및 KB금융지주 사외이사(리스크관리위원장) 역임
- KB금융지주 이사회 의장 역임
- 전남대학교 경영대학 교수

[주요 저서]
- 제8전정판 투자론(공저, 학현사, 2008)
- 전정5판 현대재무관리(무역경영사, 2010)
- 금융계량분석(청람, 2006)

이메일 : damcho@chonnam.ac.kr
홈페이지 : http://altair.chonnam.ac.kr/~damcho

박성태

- 전북대학교 경영학과 재무관리(박사)
- 전북대학교 경영학과 재무관리(석사)
- 전북대학교 경영학과(학사)
- 사단법인 대한경영학회 고문(2009~현)
- 사단법인 한국산업경제학회 고문(2004~현)
- 사단법인 한국재무관리학회 재무위원장(현)
- 한국금융공학회 부회장(2008~현)
- KDI 경제전문가 모니터위원(2005~현)
- 한국전문경영인학회 상임이사(2008~현)
- 사단법인 대한경영학회 재무관리편집위원장, 부회장, 회장(역임)
- 사단법인 한국산업경제학회 편집위원, 부회장, 회장(역임)
- 한국재무학회 이사(역임)
- 사단법인 한국재무관리학회 이사, 상임이사, 부회장(역임)
- 경영학과장, 경영대 교학부장, 경영학부장, 경영교육원장, 경영경제연구소장, 경상대학장(역임)

금융과 투자의 기초

2011년 3월 10일 1판 1쇄 발행
2014년 2월 20일 1판 2쇄 발행

저 자 / 조담 · 박성태
발행인 / 이수영
발행처 / 도서출판 청람
서울시 마포구 대흥동 802(세양상가 109호)
전 화 / 02)3272-2601~2
팩 스 / 02)3272-2603
이메일 / crbooks@hanmail.net
홈페이지 / www.crbooks.co.kr
등 록 / 2000년 8월 26일 제6-0509호

ISBN 978-89-5972-174-0 93320 [정가 18,000원]